U0526416

广州城市智库丛书

中国城市文化产业创新发展评估

陈刚　莫佳雯　陈荣 ◎ 著

中国社会科学出版社

图书在版编目（CIP）数据

中国城市文化产业创新发展评估/陈刚等著 . —北京：中国社会科学出版社，2022.10

（广州城市智库丛书）

ISBN 978-7-5227-0326-8

Ⅰ.①中… Ⅱ.①陈… Ⅲ.①文化产业—产业发展—研究—中国 Ⅳ.①G124

中国版本图书馆 CIP 数据核字（2022）第 100211 号

出 版 人	赵剑英
责任编辑	喻 苗
责任校对	胡新芳
责任印制	王 超

出　　版	中国社会科学出版社
社　　址	北京鼓楼西大街甲 158 号
邮　　编	100720
网　　址	http://www.csspw.cn
发 行 部	010-84083685
门 市 部	010-84029450
经　　销	新华书店及其他书店
印　　刷	北京明恒达印务有限公司
装　　订	廊坊市广阳区广增装订厂
版　　次	2022 年 10 月第 1 版
印　　次	2022 年 10 月第 1 次印刷
开　　本	710×1000　1/16
印　　张	19.5
插　　页	2
字　　数	251 千字
定　　价	108.00 元

凡购买中国社会科学出版社图书，如有质量问题请与本社营销中心联系调换
电话：010-84083683
版权所有　侵权必究

《广州城市智库丛书》
编审委员会

主　任　张跃国
副主任　杨再高　尹　涛　许　鹏

委　员（按拼音排序）
　　　白国强　蔡进兵　杜家元　方　琳　郭艳华　何　江
　　　何春贤　黄　玉　罗谷松　欧江波　覃　剑　王美怡
　　　伍　庆　杨代友　姚　阳　殷　俊　曾德雄　曾俊良
　　　张赛飞　赵竹茵

总　　序

何谓智库？一般理解，智库是生产思想和传播智慧的专门机构。但是，生产思想产品的机构和行业不少，智库因何而存在，它的独特价值和主体功能体现在哪里？再深一层说，同为生产思想产品，每家智库的性质、定位、结构、功能各不相同，一家智库的生产方式、组织形式、产品内容和传播渠道又该如何界定？这些问题看似简单，实际上直接决定着一家智库的立身之本和发展之道，是必须首先回答清楚的根本问题。

从属性和功能上说，智库不是一般意义上的学术团体，也不是传统意义上的哲学社会科学研究机构，更不是所谓的"出点子""眉头一皱，计上心来"的术士俱乐部。概括起来，智库应具备三个基本要素：第一，要有明确目标，就是出思想、出成果，影响决策、服务决策，它是奔着决策去的；第二，要有主攻方向，就是某一领域、某个区域的重大理论和现实问题，它是直面重大问题的；第三，要有具体服务对象，就是某个层级、某个方面的决策者和政策制定者，它是择木而栖的。当然，智库的功能具有延展性、价值具有外溢性，但如果背离本质属性、偏离基本航向，智库必会惘然自失，甚至可有可无。因此，推动智库建设，既要遵循智库发展的一般规律，又要突出个体存在的特殊价值。也就是说，智库要区别于搞学科建设或教材体系的大学和一般学术研究机构，它重在综合运用理论和知识分析研判重大问题，这是对智库建设的一般要求；同时，具体到一家智库个体，又要依据自身独一无二的性质、类型和定位，塑造独特个性和鲜明风格，占据真正属于自己的空间和制高点，这是智库独立和自立的根本标志。当前，智库建设的理论和政策不一而足，实践探索也呈现出八仙过海之势，这当然有利于形成智库界的时代标签和身份识别，但在热情高涨、高歌猛进的大时代，也容易盲目跟风、漫天飞舞，以致破坏本就脆弱的智库生态。所以，我们可能还要保持一点冷静，从战略上认真思考智库到底应该怎么建，社科院智库应该怎么建，城市社科院智库又应该怎么建。

广州市社会科学院建院时间不短，在改革发展上也曾经历曲折艰难探索，但对于如何建设一所拿得起、顶得上、叫得响的新型城市智库，仍是一个崭新的时代课题。近几年，我们全面分析研判新型智库发展方向、趋势和规律，认真学习借鉴国内外智库建设的有益经验，对标全球城市未来演变态势和广州重大战略需求，深刻检视自身发展阶段和先天禀赋、后天条件，确定了建成市委、市政府用得上、人民群众信得过、具有一定国际影响力和品牌知名度的新型城市智库的战略目标。围绕实现这个战略目标，边探索边思考、边实践边总结，初步形成了"1122335"的一套工作思路：明确一个立院之本，即坚持研究广州、服务决策的宗旨；明确一个主攻方向，即以决策研究咨询为主攻方向；坚持两个导向，即研究的目标导向和问题导向；提升两个能力，即综合研判能力和战略谋划能力；确立三个定位，即马克思主义重要理论阵地、党的意识形态工作重镇和新型城市智库；瞄准三大发展愿景，即创造战略性思想、构建枢纽型格局和打造国际化平台；发挥五大功能，即咨政建言、理论创新、舆论引导、公众服务、国际交往。很显然，未来，面对世界高度分化又高度整合的时代矛盾，我们跟不上、不适应的感觉将长期存在。由于世界变化的不确定性，没有耐力的人常会感到身不由己、力不从心，唯有坚信事在人为、功在不舍的自觉自愿者，才会一直追逐梦想直至抵达理想的彼岸。正如习近平总书记在哲学社会科学工作座谈会上的讲话中指出的，"这是一个需要理论而且一定能够产生理论的时代，这是一个需要思想而且一定能够产生思想的时代。我们不能辜负了这个时代"。作为以生产思想和知识自期自许的智库，我们确实应该树立起具有标杆意义的目标，并且为之不懈努力。

智库风采千姿百态，但立足点还是在提高研究质量、推动内容创新上。有组织地开展重大课题研究是广州市社会科学院提高研究质量、推动内容创新的尝试，也算是一个创举。总的考虑是，加强顶层设计、统筹协调和分类指导，突出优势和特色，形成系统化设计、专业化支撑、特色化配套、集成化创新的重大课题研究体系。这项工作由院统筹组织。在课题选项上，每个研究团队围绕广州城市发展战略需求和经济社会发展中重大理论与现实问题，结合各自业务专长和学术积累，每年年初提出一个重大课题项目，经院内外专家三轮论证评析后，院里正式决定立项。在课题管理上，要求从基本逻辑与文字表达、基础理论与实践探索、实地调研与方法集成、综合研判与战略谋划等方面反复打磨锤炼，结项仍然要经过三轮评审，并集中举行重大课题成果发布会。在成果转化应用上，建设"研究专报+刊物发表+成果发布+媒体宣传+著作出版"组合式转化传播平台，形成延伸转化、彼此补充、互相支撑的系列成果。自2016年以来，广州市社会科学院已组织开展40多项重大课题研究，积累了一批具有一定学术价值和应用价值的研究成果，这些成果绝大部分以专报方式呈送市委、市政府作为决策参考，对广州城市发展产生了积极影响，有些内容经媒体宣传报道，也产生了一定的社会影响。我们认为，遴选一些质量较高、符合出版要求的研究成果统一出版，既可以记录我们成长的足迹，也能为关注城市问题和广州实践的各界人士提供一个观察窗口，是很有意义的一件事情。因此，我们充满底气地策划出版了这套智库丛书，并且希望将这项工作常态化、制度化，在智库建设实践中形成一条兼具地方特色和时代特点的景观带。

  感谢同事们的辛勤劳作。他们的执着和奉献不但升华了自我，也点亮了一座城市通向未来的智慧之光。

广州市社会科学院党组书记、院长

张跃国

2018 年 12 月 3 日

前　言

　　进入 21 世纪以来，文化因素在经济活动中扮演的角色越来越重要，并逐渐成为经济发展的新形态和新动力。国家"十四五"规划纲要明确指出要健全现代文化产业体系，"实施文化产业数字化战略，加快发展新型文化企业、文化业态、文化消费模式，壮大数字创意、网络视听、数字出版、数字娱乐、线上演播等产业"。从产业发展特征看，文化产业具有可重复性、多层次性以及持续性的产业优势特征，是一种受资源物质载体限制较弱的可持续性发展产业，同时文化产业又是一种朝阳产业，并逐渐成为国家和地区经济增长的重要组成部分和新的增长动能。

　　当前，高新科技已经成为社会生产力发展的火车头，突飞猛进的高新科技为文化产业与信息产业融合提供了良好的契机和基础。随着我国经济增长新旧动能的不断更替，文化产业与高新技术之间的不断融合开始为我国及各地方经济增长注入新的增长动能，对国民经济增长的促进作用也越来越大。从国家层面看，近年来我国文化产业规模呈稳步扩大态势，文化产业增加值及其占 GDP 比重持续上升，经济贡献度不断提升，成为国民性支柱产业的趋势明显。从国际市场来看，文化产品进出口总体保持平稳增长，贸易顺差逐步扩大，文化贸易合作伙伴稳定，东盟、欧盟以及"一带一路"沿线国家市场增长迅速。

从国内市场来看，我国文化类消费指数保持相对稳定，城镇居民文化消费需求趋稳，农村居民文化消费需求逐年增长。从城市文化产业发展来看，近年来各地推动文化发展的力度在不断加大，我国城市文化产业、文化事业、文化消费均呈现较快的发展，整体文化实力进一步增强，但也存在国际市场影响不强，文化产品的内容生产和内容出口较为薄弱，文化逆差较大且呈现持续增大态势，国内居民文化消费水平偏低，整体文化实力和影响力不强等问题。从城市文化产业与创新要素融合发展看，我国文化产业创新发展在城市间极为不平衡，除了北上广深等少数城市具有较强的文化产业创新发展能力外，多数城市文化产业创新发展相对落后，文化产业发展较为缓慢，文化消费增长乏力，整体文化竞争力不强。因此，研究如何将创新因素与城市文化产业融合发展，对加快城市文化产业发展、加速城市产业转型升级、推动城市新旧动能转换进程等方面具有重要的现实意义。

近年来，虽然有一部分学者和研究机构对我国城市文化产业创新发展进行了笼统的研究和探讨，但仍然缺乏科学系统的理论和实证研究体系。大多研究是就文化谈文化，仅仅从理论层面对文化产业创新发展进行探讨，并且大多数研究只是针对单个的文化核心要素进行研究，专门对文化产业与创新要素融合发展进行整体研究的文献相对较少。鉴于此，本书结合了计量经济学、统计学、文化学、产业经济学等理论，从统计的角度、定量的角度研究城市级文化产业创新发展问题，建立城市文化产业创新发展指数评价指标体系，采用统计分析方法，以我国文化产业创新发展较好的 20 个城市为研究样本，利用 2016—2019 年面板数据，测算和评估了我国主要城市文化产业与科技创新要素融合发展程度，深入剖析各城市文化产业发展过程中创新要素的影响及传导机制、城市文化产业创新发展的成功经验以及面临的问题等。从经济社会统计学的角度对于文化产业创新发展的核心要素进行解析，从投入、产出、效率、公平等层面对城市文化产业创新发展的创新基础、创新能力、创新投入和创新绩效进行综合评价，并深入分析城市文化产业创新发展的一般规律，通过对国内外城市文化产业创新发展的成功经验进行梳理和归纳，为进一步推动我国城市文化产业发展提供研究支撑，丰富我国城市文化产业发展的研究体系和研究成果。

目 录

第一章 绪论 (1)

第一节 文化产业与城市发展之间的联系 (1)
一 城市发展是文化产业的支撑基础 (1)
二 文化产业对城市的影响作用 (3)

第二节 中国文化产业发展的政策历程及经验 (5)
一 文化产业政策的发展历程 (5)
二 文化产业政策的发展成就 (13)

第三节 中国城市文化产业创新发展特点和趋势 (14)
一 中国城市文化产业创新发展的特点 (15)
二 中国城市文化产业创新发展的趋势 (17)

第四节 中国城市文化产业面临的消费市场特征 (19)
一 文化消费市场前景广阔 (19)
二 文化消费意愿有待进一步挖掘 (21)
三 新生代消费群体正在崛起 (22)
四 文化旅游消费稳步增长 (23)
五 高科技开创文化消费新业态 (23)

第二章 中国文化产业创新发展现状分析 (25)

第一节 产业规模 (25)
一 产业规模稳步扩大,经济贡献度不断提升 (25)

二　文化产业区域性特征明显……………………………(27)
　　三　以创意设计、内容创造生产为主的核心领域
　　　　成为增长主引擎………………………………………(29)
第二节　国际市场发展情况………………………………………(32)
　　一　贸易总额相对稳定，旅游业仍保持快速增长……(32)
　　二　受国内旅游业驱动，我国旅游经济保持快速
　　　　增长……………………………………………………(34)
第三节　国内市场不断壮大………………………………………(36)
　　一　文娱消费支出趋稳，国产电影绽放新彩…………(36)
　　二　文化娱乐类消费指数保持相对稳定………………(38)
　　三　电影业规模逐步扩大………………………………(39)
第四节　文化领域投入不断增强…………………………………(40)
　　一　文化产业公共预算支出持续扩大…………………(40)
　　二　公共服务体系不断健全……………………………(44)
第五节　文化产业逐步向其他产业融合发展……………………(46)
　　一　文化 + 旅游融合发展………………………………(46)
　　二　文化 + 金融融合发展………………………………(46)
　　三　文化 + 科技融合发展………………………………(48)
第六节　本章小结…………………………………………………(51)

第三章　中国城市文化产业创新发展现状分析……………(53)

第一节　中国主要城市文化产业创新发展情况比较……(53)
　　一　北上两市公共服务体系相对完善，文化产业
　　　　基础雄厚………………………………………………(53)
　　二　固定投资强度不及新一线城市，北上公共
　　　　支出领先全国…………………………………………(56)
　　三　文娱消费领先全国，低线级城市成电影市场
　　　　后发增长点……………………………………………(58)

四　产业规模领跑国内其他城市，向战略性支柱
　　　　产业发展 …………………………………………（61）
　第二节　中国城市文化产业创新发展情况……………（68）
　　一　中国文化产业创新成为城市发展重要趋势………（69）
　　二　中国城市文化创新发展基本情况…………………（72）
　第三节　本章小结………………………………………（81）

第四章　相关文献综述及指标体系构建………………（83）
　第一节　文化产业的相关概念…………………………（83）
　　一　国外关于文化产业概念的探讨……………………（84）
　　二　国内关于文化产业概念的探讨……………………（88）
　　三　文化产业的分类……………………………………（90）
　第二节　文化产业创新发展理论支撑分析……………（98）
　　一　文化产业与经济发展………………………………（98）
　　二　文化产业与科技创新………………………………（101）
　　三　城市文化产业创新发展相关分析…………………（104）
　第三节　文化产业创新发展指数理论模型及评价
　　　　　体系构建……………………………………（106）
　　一　理论基础……………………………………………（106）
　　二　指标体系构建………………………………………（111）
　第四节　文化产业创新发展指数测算方法选取………（113）
　　一　常见多指标综合评分方法概述……………………（113）
　　二　各多指标综合评分方法的比较……………………（122）
　　三　基于面板数据的综合评分方法：熵值法…………（126）
　第五节　指标数据选择及说明…………………………（127）
　第六节　本章小结………………………………………（129）

第五章 中国城市文化产业创新发展整体情况 (132)

第一节 中国城市文化产业创新发展指数测算 (132)
一 指标体系构建合理性分析：信度分析 (132)
二 权重 (133)
三 2019年中国城市文化产业创新发展总体得分情况 (137)

第二节 2019年综合指数得分情况 (140)
一 主要分析方法简介 (140)
二 总体分析 (141)

第三节 2019年一级指标指数得分情况 (149)
一 创新基础 (149)
二 创新能力 (156)
三 创新投入 (162)
四 创新绩效 (169)

第四节 本章小结 (175)

第六章 城市文化产业创新发展动态特征分析 (2015—2019年) (177)

第一节 综合指数变动特征分析 (177)
一 指数得分值变动特征 (178)
二 指数增长速度变动特征 (180)
三 指数排名及变动特征分析 (181)
四 指数变异系数变动特征 (183)

第二节 创新基础指数变动特征分析 (184)
一 指数得分值变动特征 (185)
二 指数增速变动特征 (187)
三 指数排名变动特征 (188)
四 指数变异系数分析 (190)

第三节 创新能力指数特征变动分析 …………………… (191)
　　一　指数得分值变动特征 …………………………… (191)
　　二　指数增速变动特征 ……………………………… (193)
　　三　指数排名变动特征 ……………………………… (194)
　　四　指数变异系数分析 ……………………………… (196)
第四节 创新投入指数特征变动分析 …………………… (197)
　　一　指数得分值变动特征 …………………………… (198)
　　二　指数增速变动特征 ……………………………… (199)
　　三　指数排名变动特征 ……………………………… (201)
　　四　指数变异系数分析 ……………………………… (203)
第五节 创新绩效指数特征变动分析 …………………… (204)
　　一　指数得分值变动特征 …………………………… (204)
　　二　指数增速变动特征 ……………………………… (206)
　　三　指数排名变动特征 ……………………………… (207)
　　四　指数变异系数分析 ……………………………… (209)
第六节 本章小结 ………………………………………… (210)

第七章　城市文化产业创新发展特征变动原因分析（2015—2019年） …………………………………… (213)

第一节 综合指数变动特征原因分析 …………………… (213)
　　一　综合指数变动原因分析 ………………………… (214)
　　二　变异系数变动原因分析 ………………………… (216)
第二节 创新基础指数特征变动原因分析 ……………… (218)
　　一　创新基础指数得分值变动原因分析 …………… (218)
　　二　设施基础得分变动分析 ………………………… (221)
　　三　资源基础得分变动分析 ………………………… (225)
第三节 创新能力指数特征变动原因分析 ……………… (227)
　　一　创新能力指数得分值变动原因分析 …………… (227)

二　业态融合得分变动分析 …………………………………（230）
　　三　市场活力得分变动分析 …………………………………（233）
第四节　创新投入指数特征变动原因分析 ……………………（236）
　　一　创新投入指数得分值变动原因分析 ……………………（236）
　　二　人力投入指标得分变动分析 ……………………………（238）
　　三　资本投入得分变动分析 …………………………………（242）
第五节　创新绩效指数特征变动原因分析 ……………………（245）
　　一　创新绩效指数得分值变动原因分析 ……………………（245）
　　二　产出规模指标得分变动分析 ……………………………（247）
　　三　产出质量得分变动分析 …………………………………（250）
第六节　本章小结 ………………………………………………（253）

第八章　国内外城市文化产业创新发展经验分析及启示 …………………………………………………（255）

第一节　国外主要城市文化产业创新发展经验分析 …（255）
　　一　新加坡 ……………………………………………………（255）
　　二　伦敦 ………………………………………………………（257）
　　三　纽约 ………………………………………………………（259）
　　四　东京 ………………………………………………………（261）
　　五　巴黎 ………………………………………………………（264）
第二节　国内主要城市文化产业创新发展经验分析 …（266）
　　一　香港 ………………………………………………………（266）
　　二　北京 ………………………………………………………（269）
　　三　上海 ………………………………………………………（271）
　　四　杭州 ………………………………………………………（272）
第三节　启示 ……………………………………………………（274）
　　一　战略布局，营造产业发展良好环境 ……………………（274）
　　二　真抓实干，加大文化创新型人才培养力度 ……………（275）

三　分工明确，政府与市场各司其职 …………… (276)
四　鼓励创新，重视文化产业融合发展 ………… (276)

第九章　对策建议 ……………………………………… (278)
第一节　中国城市文化产业创新发展普遍存在的主要问题 ……………………………………… (278)
一　文化产业结构发展不均衡 …………………… (278)
二　运行与保障机制有待完善 …………………… (279)
三　产业跨界融合发展亟待加强 ………………… (280)
四　融资不足制约产业发展 ……………………… (281)
五　相关的专业人才严重短缺 …………………… (281)
第二节　中国城市文化产业创新发展的对策分析 …… (282)
一　加快培育新型文化业态，助推文化产业结构优化升级 …………………………………… (282)
二　以政策规划为方向，引领产业的创新发展 … (282)
三　以科技创新为着力点，助推文化产业数字化、智能化 ……………………………………… (283)
四　提高文化金融服务精准度，促进产业的健康快速发展 …………………………………… (284)
五　加强对创意产业人才的培养，完善文化产业人才激励机制 ……………………………… (284)

参考文献 ………………………………………………… (286)

第一章 绪 论

第一节 文化产业与城市发展之间的联系

21世纪以来,城市经济持续保持快速发展,文化产业逐步成为新的经济增长点,不断为城市的创新发展注入新的活力和内容。结合现实情况来看,过去长期依赖资源消耗的粗放型发展方式已不再适应当今城市发展,而文化产业附加值高、创新效益好、绿色环保,本身能够为城市创造新的增长极。从世界级城市的发展历程来看,文化产业通常作为城市发展的重要方面。文化产业发展程度已成为衡量现代城市综合竞争力的重要标志。从普遍意义而言,在工业化、信息化、全球化的进程中,文化产业与城市发展密不可分,二者双向推动,相互促进。正是文化产业与城市发展的双向推动作用,促使当今世界文化产业的发展态势呈现出与城市竞争力共生共荣的趋向。[1]

一 城市发展是文化产业的支撑基础

(一)文化产业是城市发展的产物

《城市文化》[2]中指出,城市是"文化的容器,专门用来储

---

[1] 林拓:《世界文化产业与城市竞争力》,《马克思主义与现实》2003年第4期。
[2] 刘易斯·芒福德:《城市文化》,中国建筑工业出版社2009年版。

存并流传人类文明的成果"。文化产业的出现与发展本质上说是城市发展到一定阶段的产物。[①] 基于城市发展层面来看，生产力的逐渐提高，意味着城市功能不再局限于创造物质财富，而是朝着多样化方向发展，以满足人民日益增长的美好生活需要。基于产业发展层面，农业和工业经济对城市发展的支撑作用越来越弱，反而以知识、创新为特征的文化产业对城市经济扮演着越发重要的关键角色。同时，人类在工业化进程中消耗了大量自然资源，造成了严重的环境危机，这与现代城市的发展方向相违背。以知识、创意为特征的文化产业具有可重复性、多层次性、可持续性的显著特点，顺应了产业发展的必然趋势，从产业层面上迎合了城市发展的需求。

（二）城市为文化产业发展提供土壤

作为文化产业发展的土壤，城市不但为其提供广阔的发展空间，同时也提供着文化产业所必要的发展要素。从城市发展历程和经验来看，城市已成为各类发展要素在空间上聚集的主要载体，集聚了丰富的人力资源、创新创意、技术以及文化消费等要素，正是城市在上述要素的集聚功能，为文化产业的快速发展提供了充足的、必备的发展养分，充分满足了文化产业发展需求。同时，随着城市经济发展水平的不断提高，科技、创新、技术、数字等代表新一轮技术的革命成为影响未来中长期发展的关键要素之一，它们带来的变革和革新对文化产业的发展提供了巨大空间。尤其是随着城市文化消费市场已呈个性化、多元化趋势，新兴消费主体、消费模式创新对于文化产业发展加快释放巨大增长势能提出了新的要求。

---

① 吴明来：《城市文化产业对城市发展的影响研究》，硕士学位论文，福建师范大学，2014年。

二 文化产业对城市的影响作用

(一) 文化产业为城市发展叠加赋能

文化产业具有的显著文化倾向和产业特征，可以从产业和文化两个方面为城市经济充分赋能。

从产业赋能角度来看，文化产业本身属于朝阳产业，发展潜力巨大，具有资源占用少、附加值高、产业绿色化等诸多优势。在转变经济发展方式、优化产业结构的关键时期，文化产业的蓬勃发展不仅能为城市创造新的增长优势，而且其对相关产业的带动作用，能够带动城市产业体系优化，优化关键发展要素质量，提升整体产业能级，使整个城市区域实现整体增值。

在文化赋能角度，可以从多个角度理解文化产业的重要作用。其一，文化产业能够为城市提供丰富的文化产品供给和服务，满足人民群众日益增长的美好生活需要。其二，文化产业拥有丰富的文化内涵和创意品位，可以涵养城市文化气质和审美品位。尤其是随着"文化+"新业态新模式的蓬勃发展，文化产业在凝聚城市独特气质方面具有良好基础和显著优势。其三，文化是一座城市的根脉和灵魂，文化产业被赋予建构城市精神坐标的意义。通过城市文化软实力建设和城市文化价值提升，为树立城市品牌、提高城市创意经济水平和实现可持续发展发挥重要作用，并在此基础上进一步增强区域文化自信。

(二) 文化产业改造和提升城市环境

文化产业相对于其他产业，具有自然资源依赖小、环境友好的特点，对于转变经济发展方式、提升产业结构质量、做好节能减排工作意义深远，已成为工业型城市、资源型城市转型发展的重要路径选择。在过去长期以要素驱动和投资拉动为特征的发展模式中，城市经济保持了快速发展。随着城市逐渐进入后工业时代，资源约束和环境承载能力与经济发展之间的矛盾日益凸显。在此背景下，文化产业作为城市经济新动能，城市发展对有限资源的依赖性相对减弱，有助于显著缓解资源枯竭与经济发展滞后之间的矛盾，推动城市生态环境得到显著改善和提升。另外，文化产业集聚了知识、技术、文化等多种要素，其发展能够产生强烈的空间效应，能够创造多样性的城市空间形态，能够在城市空间功能转换、布局优化调整、提升城市整体空间水平和治理中发挥十分重要的作用。

（三）文化产业提升城市的整体创新能力

创新力已经是决定现代城市发展水平和竞争力的关键一环，而文化产业恰恰是提升城市创新力的核心要素。相较其他产业，创新力是文化产业的一个最大特征。第一，文化产业的快速发展往往伴随个人创造力的提升。城市创新系统的关键主体是人，因而人的创造力对城市发展的驱动作用尤为重要。文化产业从业者不仅具有扎实的知识根基，而且逻辑思维能力强大，并敢于不断尝试新鲜事物。他们来源广泛，各行各业的普通人都可以形成创意，进而为城市创意系统发展广泛聚集丰富的创新创意人才，为城市的发展源源不断地注入新的元素。第二，文化产业集聚区发展对于城市创新能力提升有很大的促进作用。文化产业以中小微企业为主，它们往往聚集发展，本身就构成了城市创新系统的重要部分。更为突出的是，它们自身也具有很强的创意创新能力，通过集聚发展带来的学习效应、知识溢出效应、正外部性效应，对于城市创新能力的提升有着积极的促进作用。第三，文化产业可以为城市传统产业提供创意土壤，为城市创新提供不竭动力。传统产业可以运用创意产业的思维逻辑和发展模式改造自身发展，实现产业创新。如旅游业，可以通过打造品牌形象，以吸引游客，同时发展品牌衍生产品。

第二节 中国文化产业发展的政策历程及经验

文化产业政策在推动文化产业发展中扮演着关键角色，为文化产业的蓬勃发展和质量提升发挥着重要作用。从已有的文化政策建构来看，在探索社会主义先进文化建设道路中，我国出台了一系列促进和规范文化产业发展的政策和措施，并取得了显著成效，初步建立了有中国特色社会主义文化政策体系。

一 文化产业政策的发展历程

根据文化政策的历史演进，总体上可以把新中国成立以来的文化政策发展历程划分为5个阶段。

(一) 第一阶段（1949年到改革开放之前）：开创萌芽时期

这一时期，文化产业面临新的政治环境与经济环境，文化的意识形态属性较为突出。文化的功能定位基本确定为意识形态的承载功能。这也就意味着，文化领域政策不以市场为导向，而是作为政治任务由党中央直接负责。[1] 1949年8月，党中央发布《关于加强电影事业的决定》，要求"加强电影艺术事业，以利于在全国范围内及在国际上更有利地进行我党及新民主主义革命和建设事业的宣传工作"。1951年5月，政务院发出《关于戏曲改革工作的指示》，强调了戏剧演出的政治服务，即意识形态宣传作用。

(二) 第二阶段（1979—1991年）：起步发展时期

第二阶段为1979—1991年，我国文化产业处在兴起阶段，文化市场建设刚刚起步，尚不成熟。这一阶段的文化政策取向

---

[1] 谢秋山、陈世香：《我国文化政策的演变与前瞻》，《中南大学学报》（社会科学版）2014年第4期。

可以概括为"计划管制，允许发展"，文化政策开始以文化发展推动经济发展为导向，允许文化产业在一定范围内发展并给予有力的支持，但主导思想仍然是以管制为主。

随着党中央做出"以经济建设为中心"的重大决策，政府开始重视文化发展，文化发展迈入了由"文化为政治服务"向"文化为人民服务"的新的历史时期，对文化与政治的关系有了更清晰的认知。邓小平认为，"党对文艺工作者的领导，不是发号施令，不是要求文学艺术从属于临时的、具体的、直接的政治任务"，而是"根据文学艺术的特征和发展规律，帮助文艺工作者获得条件来不断繁荣文学艺术事业，提高文学艺术水平"，创作出无愧于我们伟大人民、伟大时代的优秀文学艺术作品和表演艺术成果。[1] 随后，邓小平同志在讲话中再次强调"文化为人民服务、为社会主义服务"，文化的经济属性开始引起重视。1985年4月，《关于建立地上产业的统计报告》中，文化艺术首次作为第三产业范畴被列入国民经济和社会发展指标体系中，文化首次获得了"产业"的身份，这也确认了文化艺术的商品属性和产业属性。[2] 此后，一系列改革政策相继出台，推动了文化产业的复苏和繁荣。1988年2月，"文化市场"这个词首次在《关于加强文化市场管理工作的通知》中提出，并对文化市场的内涵进行了详细说明，这标志着中国"文化市场"的地位正式得到了承认。

(三) 第三阶段（1992—2001年）：快速成长时期

文化产业开始以独立产业形态的身份在经济建设中崭露头角，文化产业的经济属性越发被重视。国家层面逐步意识到发展文化产业的重要意义。文化经济政策成为文化繁荣和经济发

---

[1]《江泽民文选》第3卷，人民日报出版社2006年版。
[2] 蔡尚伟、刘锐：《论新中国文化经济及文化产业政策的演变》，《思想战线》2010年第1期。

展的重要工具,对文化产业的重要作用体现为培育、引导和规范。文化产业政策逐步发展为我国经济政策体系的核心内容,对文化产业的主动发展、积极发展起到了推动作用。

1992年7月,"文化产业"一词首次在《重大战略决策——加快发展第三产业》中提出。同年10月,党的十四大报告强调要"积极推进文化体制改革,完善文化事业的有关经济政策"。此后,文化产业在社会主义市场经济中的作用开始引起重视,我国文化体制改革的步伐明显加快。1998年8月,首次从国家层面设立文化产业专门管理机构——文化部文化产业公司。2000年10月,《中共中央关于制定国民经济和社会发展第十个五年计划的建议》明确提出"深化文化体制改革,完善文化产业政策",这是中央文件中首次出现"文化产业"和"文化产业政策"概念,这意味着文化产业已经从理论层面上升到国家发展规划和政策层面。至此,文化与产业、文化与经济开始了"合法化"的融合发展。此后,《关于支持文化事业发展若干经济政策的通知》进一步明确了支持文化产业发展的财政、税收和金融政策,文化产业进入发展快车道。从中央到地方,陆续出台了一系列政策鼓励文化产业发展。

(四)第四阶段(2002—2011年):加速推进时期

进入新世纪以来,文化产业进入了由"相对封闭"向"逐步开放"转变的快车道,文化产业的重要战略地位进一步凸显。这一阶段,国家文化产业政策基本取向体现为鼓励、扶持,注重文化产业的开拓创新,形成了内外统筹、上下联动的宏观调控格局。这一阶段文化产业政策实践内容主要包括以下方面。

一是确定文化产业战略地位以及界定文化产业的发展方向。2002年,党的十六大报告认为,"发展文化产业是市场经济条件下繁荣社会主义文化、满足人民群众精神文化需求的重要途径",首次明晰了文化产业发展方向。2003年9月,《关于支持和促进文化产业发展的若干意见》再次强调,"使文化产业成为国民经济的支柱产业和新的增长点"。2003年10月,《中共中央关于完善社会主义市场经济体制若干问题的决定》开始将文化产业纳入国民经济和社会发展总体规划,文化产业的战略地位得到进一步确认。2007年,党的十七大报告做出了"推动社会主义文化大发展大繁荣"的重要战略部署,文化产业首次被提升到国家战略层面进行部署。2011年3月,《中华人民共和国国民经济和社会发展第十二个五年规划纲要》进一步提出"加快发展文化产业""推动文化产业成为国民经济支柱性产业,增强文化产业整体实力和竞争力"。文化产业在社会发展和国民经济中的战略地位进一步凸显,加快成为新的支柱性产业。《关于进一步深化改革　推进社会主义文化建设大发展大繁荣若干问题的决议》正式提出"建设社会主义文化强国"的文化理想和奋斗目标。这是当代中国社会主义文化政策发展史上第一次提出的远大理想和目标,中国文化产业发展从此开辟了一个崭新的空间。

　　二是支持文化体制改革的有关经济政策。党的十六大报告提出"继续深化文化体制改革",意味着文化体制改革理论趋于系统化、明晰化,逐渐成为"新世纪以来我国文化产业政策演变的核心主题和最大现实背景"①。2003年6月,全国文化体制改革试点工作在北京等9个地区和35家新闻出版、广播影视和文艺院团等单位正式启动。文化体制改革的深入发展对于文化市场主体的培育壮大发挥了重要作用。2005年12月,《关于深化文化体制改革的若干意见》发布。这是新中国成立后第一次就文化体制改革出台政策依据,是新时期深化文化体制改革的纲领性文件。2006年7月,国家相继发布《关于进一步做好文

---

① 王文锋、何春雨:《中国文化产业政策研究》,云南人民出版社2015年版。

化系统体制改革工作的意见》等一系列政策文件，文化体制改革的范围愈加深入。

三是界定文化产业统计口径、范围。2004年4月，国家统计局颁布《文化及相关产业分类》，首次从政府层面对文化及相关产业的定义和范围做出了解释。随后，2005年初，国家统计局《文化及相关产业指标体系框架》完成了对文化产业形态的统计学划分。2006年5月，国家统计局首次发布了中国文化产业统计数据。随着2009年联合国教科文组织《文化统计框架》的发布以及国内文化新业态、新模式的快速发展，《国民经济行业分类》和《文化及相关产业分类（2012）》进一步丰富完善了类别结构，从统计层面上更为全面地反映文化及相关产业发展的新趋势和新现象。

四是旨在鼓励非公有制资本参与文化产业发展的产业的准入政策。2004年，《关于鼓励、支持和引导非公有制经济发展文化产业的意见》提出："进一步放宽市场准入，允许非公有制经济进入法律法规未禁止进入的文化产业领域。"2005年4月，国务院进一步发布《关于非公有资本进入文化产业的若干决定》，进一步从理论层面、法律层面支持非公有制资本进入文化产业。同年7月，文化部、国家广电总局、国家新闻出版总署、国家发展和改革委员会、商务部联合发出《关于文化领域引进外资的若干意见的通知》，进一步规范了外资进入文化领域的工作安排，实行有限度的开放，最大限度地发挥外资对文化产业的促进作用。2011年10月，《中共中央关于深化文化体制改革，推动社会主义文化大发展大繁荣若干重大问题的决定》发布，强调要推进金融资本与文化资源有效对接，并进一步完善市场准入制度，支持社会资本以多种形式投资文化产业。

五是促进文化产业逐步"走出去"。2003年12月，胡锦涛总书记在全国宣传思想工作会议上指出："大力发展涉外文化产业,积极参与国际文化竞争。""走出去"战略首次出现在文化产业领域。2005年中办、国办印发了《关于进一步加强和改进文化产品和服务出口工作的意见》,标志着中国"走出去"战略在文化产业领域已经基本成型。[①] 2006年公布的《国家"十一五"时期文化发展规划纲要》特别提到,整合资源,突出重点,实施"走出去"重大工程项目,加快"走出去"步伐,扩大我国文化的覆盖面和国际影响力。2007年中共十七大报告再次强调"加强对外文化交流,吸收各国优秀文明成果,增强中华文化国际影响力"。

(五)第五阶段(2012年至今):提质增效时期

如果说党的十六大为文化产业指明了新的发展方向,十七大为文化发展提供了新的动力,那么2012年以来,特别是经过党的十八大政策的推动,文化产业进入了全面发展的战略阶段。随着改革开放事业的深入发展,文化产业越发成为一国参与国际竞争的重要因素。与此同时,文化产业发展的瓶颈问题也凸显出来,比如文化发展质量不高,文化产业增长势头出现放缓等。为跨越这道坎,文化产业内部悄然发生着变革。特色发展、融合发展和协调发展成为我国文化产业发展新的趋势和面貌。[②] 党的十八大以来,文化产业政策并不仅仅是数量稳步增加,内容和质量也逐步提升。文化产业政策的发展特征和取向是提高质量、增加效益,发挥对新时期文化产业科学发展、理性发展和高质量发展的重要支撑作用。总的来看,新时期的文化产业政策呈现出如下特点。

首先,进一步凸显文化产业的战略地位。2012年,《文化部"十二五"时期文化产业倍增计划》出台,提出"文化产业

[①] 中国社会科学院文化研究中心:《2005—2006年中国文化产业发展分析及建议》,《中国经贸导刊》2006年第6期。

[②] 孙若风:《我国文化产业发展的政策基础与取向》,《前线》2015年第2期。

是国民经济中具有先导性、战略性和支柱性的新兴朝阳产业",进一步强调文化产业是国民经济的重要组成内容。2016年《中华人民共和国国民经济和社会发展第十三个五年规划纲要》指出,"十三五"时期将文化产业发展成为国民经济支柱性产业。

其次,文化体制改革工作稳步推进。文化体制改革向纵深拓展,文化领域"四梁八柱"性质的改革主体框架基本形成。2013年12月,决定成立中央全面深化改革领导小组。2014年2月,通过了《深化文化体制改革实施方案》,标志着新一轮文化体制改革开始进入全面实施阶段。2017年5月,《国家"十三五"时期文化发展改革规划纲要》,要求加快文化发展改革,建设社会主义文化强国。2019年进一步发布《中央企业混合所有制改革操作指引》《国有影视企业社会效益评价考核试行办法》《国有文艺院团社会效益评价考核试行办法》等条目让企业"敢于去改",也知道"如何去做",并对创作、演出、艺术普及等工作内容的社会效益考核进行了全面规定,切实为国有文化企事业单位"双效统一"与"政企分离"的双目标提供有力支持。

再次,提出数字文化创意政策,积极布局前沿领域、新兴业态,激发"文化+"潜能。2014年3月,《国务院关于推进文化创意和设计服务与相关产业融合发展的若干意见》要求"切实提高我国文化创意和设计服务整体质量水平和核心竞争力,大力推进与相关产业融合发展","到2020年,文化创意和设计服务的先导产业作用更加强化,与相关产业全方位、深层次、宽领域的融合发展格局基本建立,相关产业文化含量显著提升",这标志着文化创意与相关产业融合发展已成为国家战略。随后,针对文化与金融的融合发展,国家相继颁布了一系列措施,如《关于深入推进文化金融合作的意见》。2018年3月,《政府工作报告》明确提出,实施大数据发展行动,在文化等多领域推进"互联网+"。

最后,提高公共文化服务建设、规范市场管理,改善市场环境和生态。一方面,出台系列全面扶持政策,加强公共文化服务建设(见表1.1)。2014年8月,《推动特色文化产业发展的指导意见》,明确把特色文化产业发展工程纳入中央财政文化产业发展专项资金扶持范围。2015年5月,《关于做好政府向社会力量购买公共文化服务工作的意见》对完善公共文化服务供给体系,提高公共文化服务效能做出重要部署。2016年,《关于深化人才发展体制机制改革的意见》对改进人才制度工作做出重要安排,强调建立具有国际竞争力的人才政策。另一方面,文化部门加强了对文化市场的监管工作。例如,为促进微博客信息服务健康有序发展,颁布了《微博客信息服务管理规定》。2018年10月,《关于进一步加强广播电视和网络视听文艺节目管理的通知》,强调要严格控制嘉宾片酬与打击收视率造假现象。这些政策体现出对加强管理文化市场问题的高度针对性,文化产业面临的市场监管只紧不松。

表1.1 文化产业政策的发展历程

发展历程	时间	文化政策内容
开创萌芽时期	新中国成立之初到改革开放之前	不以市场为导向,而是作为政治任务由党中央直接负责
起步发展时期	1979—1991年	以文化发展推动经济发展为导向,允许文化产业在一定范围内发展并给予有力的支持,但主导思想仍然是以管制为主
快速成长期	1992—2001年	文化经济政策的基本取向体现为培育、引导和规范,成为文化繁荣和经济发展的自觉工具
加速推进期	2002—2011年	文化产业政策基本取向体现为鼓励、扶持,以深化文化体制改革为重心,强调文化产业的创新发展,形成了内外统筹、上下联动的宏观调控格局

续表

发展历程	时间	文化政策内容
提质增效时期	2012年至今	文化产业政策的基本取向是提高质量、增加效益，为新时期文化产业科学发展、理性发展和高质量发展提供重要保障

二 文化产业政策的发展成就

（一）文化产业发展不断"松绑"

随着文化体制改革的深入推进和多元发展，行政权力对文化发展不再过多干预，政府部门逐步简政放权，对中国特色社会主义文化发展起到了政策松绑的作用，文化体制机制束缚基本解除。文化产业政策的突破范围更深、更广，文化市场环境更加自主、公开、公平，我国的文化产业竞争力、文化传播力和影响力显著提高。尤其是党的十八大以来，公共文化服务管理运行机制更加完善。同时形成了多元市场主体、有效社会资本和外资共同参与的文化产业体系，使得文化产业主体能够更加积极地应对外部文化市场的竞争。

（二）文化产业对外开放深入人心

适应经济全球化趋势，大力推进文化产业开放发展成为文化产业政策的一项重要内容。我国文化市场不仅主动引进先进的文化成果，积极有效地参与国际文化市场竞争，对于提升文化软实力和国际影响力发挥了积极作用。在一系列文化开放政策的引领下，文化领域的对外合作和贸易力度显著增强。我国文化"走出去"步伐显著加快，内涵也更加丰富。不仅仅是简单的贸易层面的"走出去"，更是伴随着精神文明的"走出去"，使得文化自信深入国民心中。无论从规模还是质量上，高水平的文化市场开放发展势头迅猛。

（三）建立起多方位的政策扶持体系

经过四十年的历程，我国的文化产业政策供给力度不断增强，包括综合性、专门性文件，政策内容已经十分丰富。现阶段文化产业政策体系不仅政策对象多样化，尤其是文化新技术与新业态方面广泛涉及，而且涵盖了体制建设、金融支持、税收优惠、财政支持、人才支持、法制支持等多个方面。从文化政策的颁发主体看，除了文化部，国务院及其他各部门联合发布的政策也发展迅速，即相关部门合作发展趋势增强，综合型文化政策是文化政策体系的一大显著特点。多方主体介入、联动实施，不仅能够保证文化产业政策的落地性，也能够显著提升文化产业政策的科学性和可执行性。

（四）文化安全政策的制定和实施

一方面，文化知识产权保护力度增强。知识产权对于文化产业生存和创新发展意义深远。随着文化及相关产业，尤其是文化创意产业的深入拓展，文化知识产权保护逐步引起文化产业政策的重视。一系列知识产权政策密集出台，从知识侵权行为打击、知识产权强国建设等全方位部署，加大对文化知识产权的保护力度，全面推进国家文化产业创新体系的建设。另一方面，文化产业政策的作用更体现在文化安全问题上。尤其在全球文化交流和贸易中，更加重视来自西方强势文化的渗透、控制，文化产业政策更加注重加强对国家文化安全的保护。

第三节 中国城市文化产业创新发展特点和趋势

我国正处于新旧动能转换的关键时期，文化产业作为新产业、新业态、新商业模式的发展重点，呈现出全新的发展格局，稳步向国民经济支柱性产业迈进。面对经济新常态与全球科技革命交汇发展的趋势变化和新特点，创新开始作为文化产业发展的核心动力。然而，由于文化产业有其特殊性、复杂性，城市文化产业创新发展也有着其内在特点和规律。

一 中国城市文化产业创新发展的特点

（一）思想观念创新是根本要求

70年来，从"文化事业"到"文化产业"，我国文化产业观念不断取得新突破，文化产业集聚理论、文化金融理论、"文化+"理论等不断涌现。中国城市文化产业的发展历程表明，文化产业理论的不断突破与创新，为文化产业创新发展提供了厚实土壤。从这一层面来看，推动城市文化产业创新发展，需要思想观念的不断创新。首先，处理好推陈和出新的关系。能否理解推陈和出新的辩证关系，在很大程度上决定了文化产业能否获得充足的发展动力源泉。其次，处理好继承和发展的关系。推进文化发展，基础在继承，关键在创新，继承和创新是先进思想文化不断涌流的重要路径。最后，处理好借鉴和吸收的关系。借鉴和吸收是文化产业创新发展的重要方法，做好借鉴和吸收，既要反对"食洋不化"，又要反对"食古不化"。[1]

（二）内容创新是核心

从文化产业自身来看，文化产业是内容产业，内容是文化产品的核心。对于文化企业来讲，在文化产业进入高质量发展阶段，如何创造出更多高质量的文化产品、提升文化产品和服务的附加值显得尤为重要。文化产品不同于一般产品，具有意识形态属性和产业属性，其文化价值内涵十分重要。意味着文化产业的创新发展不仅要追求经济效益，更要强调社会效益，尤其要注重对文化产业内容生产的思考，做到多出精品。只有

---

[1] 张瑜：《关于中国文化产业创新发展的几点思考》，《人民论坛》2014年第8期。

不断加强文化产品内容创新、优化文化产业供给质量，才能显著提高文化产品的附加值与竞争力，进而真正意义上实现文化产业的经济效益和社会效益。

（三）科技要素创新是坚实基础

加快文化科技要素创新，特别是在人才创新、资本创新、文化创新和科技创新等方面尽快取得突破，对于促进文化产业创新发展意义深远。首先，文化产业创新需要创新品质的人才。文化产业的本质是创新，其中人的创造力扮演着关键角色，文化产业的发展尤其需要不断有"创新血液"的持续投入。只有那些具有创新意识、创新能力的创新型人才，才能为文化产业创新发展贡献力量。其次，创新需要与风险资本结合。金融资本是推动文化产业发展的最大动力，但文化产品生产的高风险性，决定了文化产业的创新发展迫切需要风险资本的力量。再次，文化产业创新离不开文化创新。文化是创新的重要来源，地方文化是形成区域独特竞争优势的文化产业动力之一。文化与科技创新的互动是近代文明演进的主旋律。最后，技术创新是现代文化生产力发展的决定性力量[1]，科技创新是文化发展的重要引擎。技术的创新不仅可以丰富文化产业的内涵，还可以逐渐丰富新的文化产业模式，拓展文化产业的内容和领域，促使文化产业向新业态、高层次发展。

（四）管理创新是关键要素

科学高效的管理是文化产业创新发展的必要条件。文化产品具有公共物品的某些特征，要求政府必须对文化产业发展进行宏观管理。结合现实基础，中国城市文化产业创新发展的问题是综合的、显著的、多元的。加强管理创新，完善文化市场管理基础，提升文化产业管理效能，加大产业政策完善力度，

---

[1] 周锦：《文化产业的创新体系和效率评价研究》，硕士学位论文，南京大学，2012年。

是引导文化市场繁荣、促进文化产业创新发展的一项重要任务。加强和改进文化产业管理工作,在体制机制、人才管理、知识产权、管理执法等软环境上不断突破创新,建立好文化市场管理的有效机制,促进文化产业创新发展保持健康、有序态势。

二 中国城市文化产业创新发展的趋势

(一)"文化+"模式逐渐走向全国

近年来,国内主要城市积极探索文化和其他业态的跨界融合发展,"文化+"新模式、新业态发展势头强劲。众多文化企业以"文化+"与"互联网+"作为两大驱动力,促进文化与实体经济的深度融合,促进文化产品和服务创新,为文化产业提质增效、满足市场多样化文化需求。"文化+科技"生机勃勃,探索产业发展新路。当今时代,文化与科技融合发展的趋势日益明显。国内城市纷纷谋划打造一批科技水平高、创新能力强的文化科技型企业,让先进科技真正成为文化产业创新发展的重要引擎。各城市进一步加强大数据、云计算、物联网、人工智能等新一代核心、关键、共性技术在文化领域的研发运用,为文化产业发展提供强有力的科技支撑。"文化+旅游"迸发魅力,点亮美好文化生活。逐步深度融合的文旅产业开始为国内主要城市的经济转型升级发挥重要作用。以特色文化资源为载体,叠加旅游、商贸、创意设计等要素,"文化+旅游"的影响不断扩大,引领着新型文化消费方式,丰富文化新体验。

(二)文化产业发展平台日趋成熟

高质量发展文化产业,需要培育新动能,需要各类文化产业发展平台提升能级和载体的支撑。平台化发展就是实现产业链整合、推动跨界融合发展的有效途径。[①] 平台化的发展有效地

---

① 崔艳天:《重视平台化发展模式 推动文化产业转型升级》,《行政管理改革》2018年第1期。

解决了信息不对称问题，来自不同行业、不同区域的企业都可以在平台上获得充分的信息沟通，有助于提高平台资源的配置效率。文化产业园区是文化产业发展的典型平台，是集聚文化相关资源、培育优质产业，提高文化产业发展效率的最有效载体。近些年来，随着文化产业园区的发展，文化产业园区运营模式也在不断创新，经历着从基本服务型园区到注重为企业提供更多增值服务的公共服务型园区的转变。随着城市文化产业发展创新进程的逐步推进，以创意园区为代表的文化产业发展平台也会得到蓬勃发展。

（三）软环境是核心竞争力

软环境作为产业发展的关键要素之一，对城市文化产业发展的作用和影响越来越重要。软环境包括城市宜居度、市场环境、政府管理水平、政策环境等。营商环境作为产业发展软环境，深刻影响着一座城市文化产业发展，这种环境能够为文化产业活动孕育、茁壮成长提供充足养料，也是城市文化产业竞争力的重要来源。多年前，俞正声担任上海市委书记时，提出了一个问题让大家讨论，这个问题就是人们熟知的上海为什么留不住阿里巴巴。实际上，这个问题讨论的就是如何营造良好的城市发展软环境。在当代社会，城市之间的竞争，在很大程度上是软环境的竞争，软环境是文化产业创新发展的重要基础条件，其状况决定着城市的吸引力和文化产业的未来发展。基于国外先进城市的发展经验，营造良好的文化产业发展软环境，将成为提升城市文化产业创新发展水平和核心竞争力的重要抓手。

（四）数字创意产业引领文化产业发展

随着创意设计的重要性日益被重视，数字文化产业发展逐步成为文化产业的制高点。具体表现在，其一，数字创意产业是文化产业各门类中增速最快的行业。其二，数字创意产业最能体现科技和文化的结合,是文化产业各门类中最具创新性、也是最有活力的行业。近年来,中国数字文化产业快速发展,结合新一代信息技术的广泛应用和推动,涌现出诸多适合新一代群体需求的新兴文化业态,文化产业结构从产业链到价值链不断优化升级,中国文化产业的影响力和市场竞争力日益提升。数字文化产业秉承引领文化产业发展的全过程全领域的重要力量,在助力中国文化产业向更高质量发展的同时,也给"科技+文化"深度融合带来无限可能。随着数字化技术应用的深入推进,新型文化生产经营模式与理念、文化新业态、新潮流、新趋势不断涌现创新,成为文化产业发展的新动能,推动文化产业提质增效加速驶入快车道。

第四节 中国城市文化产业面临的消费市场特征

　　文化消费是拉动消费、扩大内需、推动经济转型升级的新引擎。在新时代背景下,扩大城市文化消费,既可以满足居民个人精神文化消费需求,提升居民整体素质,促进人的全面发展,也可以借此改善全社会文化氛围,增强城市文化生产力、竞争力和综合实力。随着我国经济的高速成长,经济结构和社会结构的调整加速,人们的需求逐渐从物质层面上升为精神层面,文化消费也日益发挥着重要作用。随着我国消费市场规模持续扩大,市场创新步伐加快,消费环境日益优化,城市文化消费市场呈现出新的特征,对城市经济的增长也有着一定的拉动和推进作用。

一　文化消费市场前景广阔

　　随着城市经济高质量发展步伐加快和人民群众日益增加的

多样化美好生活需要，城市对文化消费的需求呈现上升趋势，文化消费内容日益多样化和丰富化。近年来，我国城市居民对于精神文化方面的需求趋于旺盛，居民文化消费支出一直保持着上升态势。从每年的"618"、双十一等大型促销节的成交额、故宫日历等文创产品的火爆以及博物馆、文化馆等文化游的流行，可以看到越来越多高品质的文化产品和服务日益涌现，用以满足人民群众日益增长的美好生活需要，这也折射出当前文化消费市场的火爆。从文化消费种类结构来看，我国文化消费主要包括文化娱乐用品消费、文化娱乐服务消费、教育消费。不仅文化产品消费保持快速增长态势，文化旅游、文化教育、文化观影等消费也渐成时尚，发挥着越发重要的作用。据国家电影专资办"中国电影票房"App 数据显示，截至 12 月 6 日 22 点 41 分，2019 年中国内地电影票房超 600 亿元，较上年提前了 24 天，超 16 亿人次观影。总体来看，国内文化消费市场的需求在不断扩大，文化消费市场前景十分广阔。

近几年文化消费城市试点工作进展也能够窥探城市文化消费市场的趋势。据统计，截至 2018 年底，全国 45 个文化消费试点城市共实现居民消费约 6 亿人次，完成文化消费约 1500 亿元，其中，参与试点公共文化机构有 8344 家，试点企业、商户数量达到 31544 家。[1] 此外，据对 26 个试点城市的抽样调查统计，居民整体满意度为 94.23%。[2]

---

[1] 数据来源：魏金金：《文化消费试点工作成果显著 20 余个城市模式受关注》，2019 年 5 月 19 日，经济日报–中国经济网（https://finance.jrj.com.cn/2019/05/19120327590110.shtml）。

[2] 数据来源：傅才武：《扩大文化消费试点 激发文旅消费潜力》，《光明日报》2019 年 9 月 23 日第 16 版（http://epaper.gmw.cn/gmrb/html/2019-09/23/nw.D110000gmrb_20190923_1-16.htm）。

二 文化消费意愿有待进一步挖掘

近年来,随着人们收入水平的不断提高和物质生活质量的逐步改善,越来越多的人更加注重生活品质,消费重心也逐渐转向文化娱乐生活,居民的文化消费意愿也在逐步提升。城镇居民的消费结构已经从以物质产品消费为主体向物质消费和文化消费并举转变,越来越重视文化生活,居民人均文化消费额逐年增长。数据显示,2013—2019年,我国居民人均文化娱乐消费金额从576.7元增加至848.6元,年均增长约7.86%。同期城镇居民的人均文化娱乐消费支出从945.7元增加至1290.6元,年均增长率为6.08%;农村居民人均文化娱乐消费支出从174.8元增加至289.1元,年均增长率达到10.89%。通过以上数据可以看到,近年来我国城乡文化消费水平呈现快速增长态势,其中农村居民文化消费增长尤为明显。值得注意的是,我国居民人均文化娱乐支出占消费支出的比重却并没有显著提升,2018年还出现了一定程度的下滑,仅为4.2%。2019年,这一比重进一步下滑至3.9%。城镇居民人均文化娱乐消费支出比重从2013年的5.1%下降至2019年的4.6%(见表1.2)。这从侧面反映出,我国城市文化消费市场的潜力有待进一步挖掘。

表1.2　　居民人均可支配收入与文化娱乐消费支出　　(单位:元、%)

	2013年	2015年	2018年	2019年
全国居民				
人均可支配收入	18310.8	21966.2	28228	30732.8
人均消费支出	13220.4	15712.4	19853.1	21558.9
文化娱乐	576.7	760.1	827.4	848.6
文化娱乐占消费支出比重	4.4	4.8	4.2	3.9

续表

	2013 年	2015 年	2018 年	2019 年
城镇居民				
人均可支配收入	26467	31194.8	39250.8	42358.8
人均消费支出	18487.5	21392.4	26112.3	28063.4
文化娱乐	945.7	1216.1	1270.7	1290.6
文化娱乐占消费支出比重	5.1	5.7	4.9	4.6
农村居民				
人均可支配收入	9429.6	11421.7	14617	16020.7
人均消费支出	7485.1	9222.6	12124.3	13327.7
文化娱乐	174.8	239	280	289.1
文化娱乐占消费支出比重	2.3	2.6	2.3	2.2

数据来源：《中国文化及相关产业统计年鉴—2020》。

三 新生代消费群体正在崛起

近年来，城市文化消费者群体在年龄构成上发生了显著变化，"80后""90后"乃至"00后"逐渐成长为文化消费市场的主力军，成为文化产业的重要目标客户。主流消费群体的变化带来的是娱乐方式和内容上的改变，这个群体有着完全不同于以往消费者的性格、文化和需求特征，他们对于文化消费内容的需求更加多元、个性化，对于满足自己独特需求的定制化产品有着特殊的偏好。根据中国人民大学发布的"2019中国文化产业发展指数和文化消费指数"，2019年，在不同年龄群体当中，26—40岁居民依然是文化消费的主力军，其中文化消费环境和满意度指数最高。其中，18—25岁居民的文化消费意愿和水平指数最高，表明"90后""00后"的青少年对文化消费的需求最旺盛，实际发生的文化消费支出也最多，已经成为文化消费的主力军。另外伴随着互联网长大的"90后""00后"，更容易在新技术、新模式催化下改变自身的消费行为，这也给城市文化产业发展带来了更为广阔的想象空间。从这个角度来说，文化产业要更好地应对文化消费市场的年轻化变革，不断用新业态、新技术满足新生代消费需求，这对于城市文化消费的未来发展提供了新的机遇。

四 文化旅游消费稳步增长

文化产业对其他产业发展有较强的辐射和带动作用，尤以旅游业最为明显。在文旅融合背景下，除了文化产品消费抢眼之外，文化旅游消费市场稳步增长。据文化和旅游部《2019年文化和旅游发展统计公报》的统计数据，2019年全年接待国内旅游人数60.06亿人次，比上年同期增长8.4%；入境旅游人数14531万人次，比上年同期增长2.9%；全年实现旅游总收入6.63万亿元，同比增长11.1%。年末全国共有A级旅游景区12402个，全年接待总人数64.75亿人次，比上年增长7.5%，实现旅游收入5065.72亿元，增长7.6%。2019年全国各类文物机构共接待观众134215万人次，比上年增长9.7%，其中博物馆机构观众114732万人次，比上年增加9.9%，占文物机构接待观众总数的85.5%。可以看出，以博物馆、展览馆为目的的文化旅游越来越受欢迎。美团门票大数据显示，博物馆、展览馆等文化游相关产品搜索量同比增长超200%，北京故宫、西安秦始皇陵博物馆以及新晋网红失恋博物馆等均成消费者热门选择。①

五 高科技开创文化消费新业态

现阶段，"打造创新生态、促进文化消费"，成为当前促进文化消费的新方向。依托互联网、多媒体、人工智能等新技术

---

① 韩维正：《文化消费成为扩大内需新引擎》，《人民日报海外版》2019年8月5日（http://www.gov.cn/xinwen/2019-08/05/content_5418651.htm）。

的广泛应用,"互联网+文化"新业态逆势上行,继续保持较快增长。特别是今年受新冠肺炎疫情影响,传统文娱产业加速向在线经济业态转型,文化新业态加快发展。据国家统计局数据,2020年,全国6.0万家规上文化及相关产业累计实现营业收入98514亿元,较上年增加2.2%。其中,受新冠肺炎疫情影响,2020年前三季度同比下滑0.6%。在文化及相关产业细分行业方面,文化新业态特征突出的16个行业小类[①]完成营业收入31425亿元,同比增加22.1%。增速较一季度、上半年和前三季度分别提高6.6、3.9和0.2个百分点;这16个文化新业态行业小类营业收入占全部6.0万家规模以上文化及相关产业企业规模的比重为31.9%,同比增加9个百分点。其中,互联网其他信息服务、其他文化数字内容服务、互联网广告服务、娱乐用智能无人飞行器制造、可穿戴智能文化设备制造等5个行业小类的营业收入增速均超过20%。[②]

[①] 根据国家统计局,这16个行业小类分别是广播电视集成播控,互联网搜索服务,互联网其他信息服务,数字出版,其他文化艺术业,动漫、游戏数字内容服务,互联网游戏服务,多媒体、游戏动漫和数字出版软件开发,增值电信文化服务,其他文化数字内容服务,互联网广告服务,互联网文化娱乐平台,版权和文化软件服务,娱乐用智能无人飞行器制造,可穿戴智能文化设备制造,其他智能文化消费设备制造。

[②] 数据来源:https://www.sohu.com/a/456107406_120054058。

第二章　中国文化产业创新发展现状分析

第一节　产业规模

党的十八大以来，我国文化产业始终坚持创新发展理念，随着文化市场准入逐步放宽，我国文化产品和服务多元化，文化与工业、农业等行业的跨界融合发展展现出了新的活力，基于"互联网+"的新型文化业态成为我国文化产业发展的新动能和新增长点，文化产业呈现全新发展格局，稳步向国民经济支柱性产业迈进。2019年，我国文化产业增加值为44363亿元，占GDP比重为4.5%，在加快新旧动能转换、推动经济高质量发展中发挥了积极作用。近年来，我国文化产业现状呈现出产业规模稳步扩大，文化贸易相对稳定，旅游业快速增长，文娱消费支出趋稳，文化投入不断加强，公共服务体系日趋完善等一系列特征，同时也与"旅游""科技""金融"等行业实现跨界深度融合发展，并取得了不错的成效。

一　产业规模稳步扩大，经济贡献度不断提升

2019年，我国文化产业实现增加值44363亿元，较2004年增长11.9倍，较2011年增长2.3倍。整体来看，2005—2019年，我国文化产业增加值的年均增速高达18.8%，超出GDP年

均增速 9.8 个百分点，文化产业增加值占 GDP 比重明显提升，2019 年为 4.50%，较 2004 年提升约 2.37 个百分点（见图 2.1）。

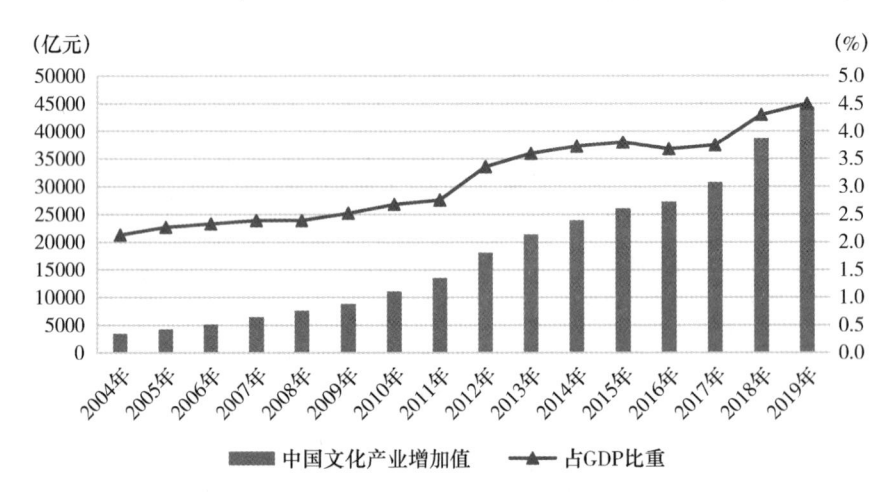

图 2.1　2004—2019 年中国文化产业增加值及占 GDP 比重情况

数据来源：《中国文化及相关产业统计年鉴—2020》。

2015—2019 年，文化和旅游单位及从业人员数均维持在一个相对稳定的水平。2019 年，我国拥有 35.05 万个文化和旅游单位，相关从业人员为 516.14 万人（见图 2.2）。

图 2.2　2015—2019 年全国文化和旅游单位及人员情况

数据来源：《中华人民共和国文化和旅游部 2019 年文化和旅游发展统计公报》。

2019年，全国共有艺术表演团体17795个，比上年末增加672个，从业人员41.23万人，较上年减少0.41万人。艺术表演团体共演出296.80万场，较上年降低5.0%，演出收入127.77亿元，较上年降低16.1%。全国共有艺术表演场馆2716个，比上年末增加238个，美术馆559个，较上年增加31个，从业人员5016人，增加272人（见图2.3）。

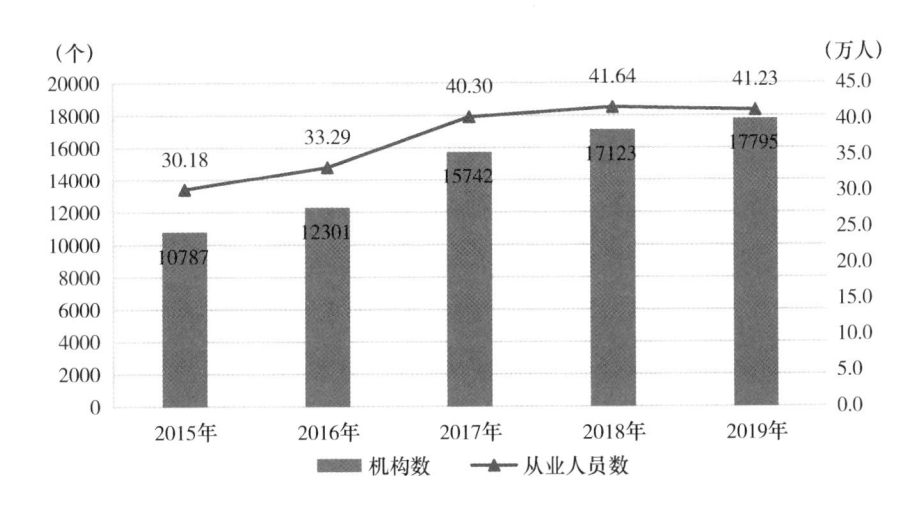

图2.3 2015—2019年全国艺术表演团体基本情况

数据来源：《中华人民共和国文化和旅游部2019年文化和旅游发展统计公报》。

二 文化产业区域性特征明显

华东、华南两区文化产业发展相对领先，东北、西北两区文化产业发展相对滞后。从区域角度划分，2018年，华东地区文化产业增加值为17637.6亿元，占全国比重为43.82%，其次华南地区文化产业增加值为8233.3亿元，占全国比重为20.46%。而经济稍欠发达的东北、西北两区文化产业增加值占全国比重分别为2.36%、3.23%，在体量上与经济较发达的华东、华南两区存在较大差距（见图2.4）。

28 中国城市文化产业创新发展评估

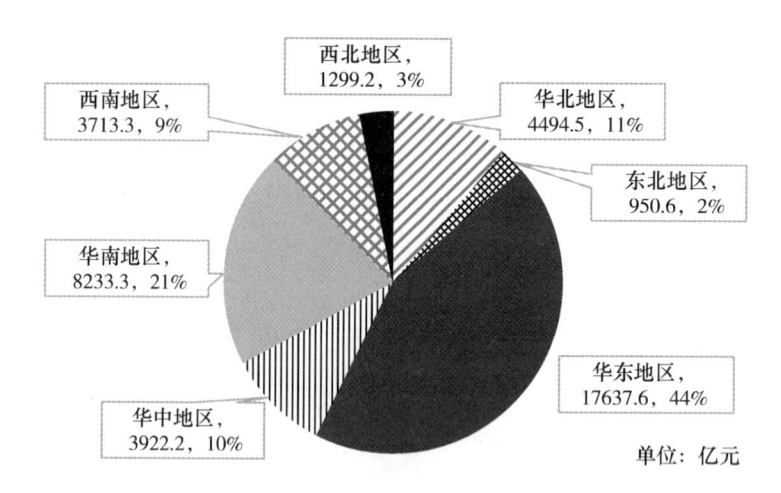

图2.4 2018年中国文化产业分区域①增加值情况

数据来源：《中国文化及相关产业统计年鉴—2020》。

广东省文化产业发展规模体量领先，北京及浙沪粤闽湘苏等五省两市文化产业已成国民经济支柱产业。从发展规模体量看，2018年广东省文化产业增加值为5787.8亿元，位居各省市第一名。从文化产业增加值占GDP比重看，2018年北京文化产业增加值占GDP比重为9.29%，位居各省市第一名，浙江（6.57%）、上海（6.09%）、广东（5.79%）、福建（5.31%）、湖南（5.05%）以及江苏（5%）等五省一市文化产业增加值占GDP比重均大于5%，表明文化产业已成为以上五省两市的国民经济支柱性产业（见图2.5）。

---

① 华北地区包括北京市、天津市、河北省、山西省、内蒙古自治区；东北地区包括辽宁省、吉林省、黑龙江省；华东地区包括上海市、江苏省、浙江省、安徽省、福建省、江西省、山东省；华中地区包括河南省、湖北省；华南地区包括湖南省、广东省、广西壮族自治区、海南省；西南地区包括重庆市、四川省、贵州省、云南省、西藏自治区；西北地区包括陕西省、甘肃省、青海省、宁夏回族自治区、新疆维吾尔自治区。

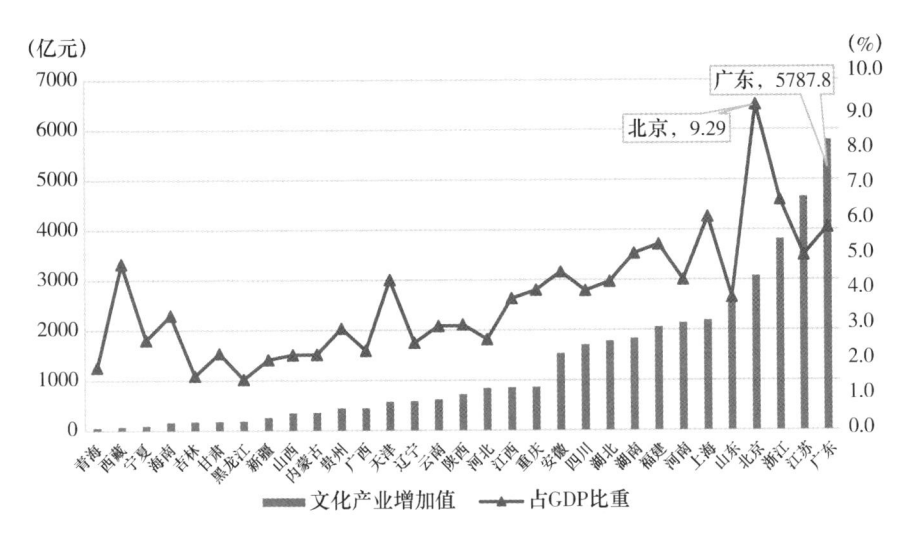

图 2.5　2018 年中国文化产业分区域增加值情况

数据来源：《中国文化及相关产业统计年鉴—2020》。

三　以创意设计、内容创造生产为主的核心领域成为增长主引擎

以内容创造生产为主的文化服务业引领文化产业发展。按行业分，2019 年文化服务业增加值为 28121 亿元，占比为 63.38%，文化制造业增加值为 11899 亿元，占比为 26.82%，文化批发和零售业增加值为 4342 亿元，占比为 9.80%，其中文化服务业增加值较上年增长 3.1%，文化制造业、文化批发和零售业的增加值分别较上年减少 2.3%、0.8%。按活动性质分，文化核心领域[①]创造的增加值为 30757 亿元，占比为 69.33%，较上年提升 2.5%，文化相关领域[②]创造的增加值为 13605 亿元，占比为 30.7%，较上年减少 2.5%。就文化核心领域来看，内

---

①　文化核心领域包括新闻信息服务、内容创作生产、创意设计服务、文化传播渠道、文化投资运营、文化娱乐休闲服务六个细分行业。

②　文化相关领域包括文化辅助生产和中介服务、文化装备生产、文化消费终端生产三个细分行业。

容创作生产占比最大,为20.9%,文化传播渠道比重提升最多,占比为11.9%,较上年提升3.7%(见图2.6)。

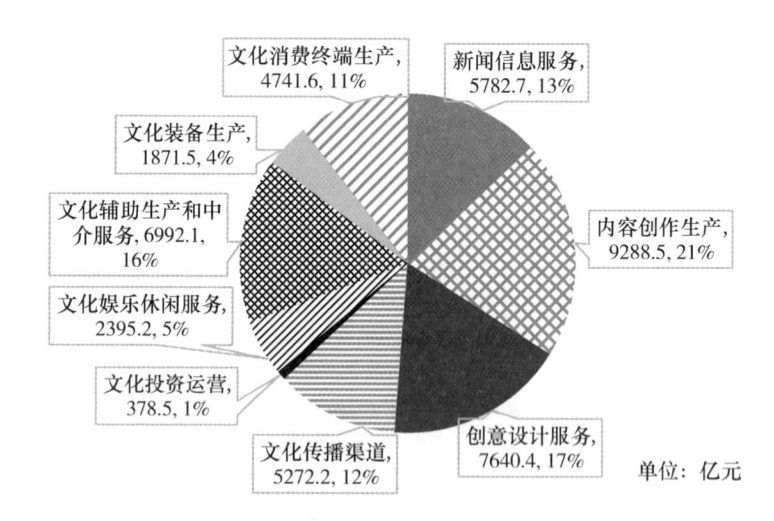

图2.6 2019年中国文化及相关产业分行业增加值情况

数据来源:《中国文化及相关产业统计年鉴—2020》。

文化企业数量稳步增长,以创意设计服务业为首的文化服务业对整体文化产业规模发展作用持续增强。2019年,我国文化产业法人单位为209.31万家,较上年减少了0.48%,较2004年增长5.58倍,文化产业从业人数约1923.27万人,较上年减少0.5%。按行业分,2019年我国文化制造业21.32万家,文化批发和零售业30.90万家,文化服务业157.09万家,分别占比为10.19%、14.76%、75.05%。其中,2015—2019年文化批发和零售业、文化服务业的法人单位数量处于快速增长态势,平均增长率分别为18.4%、19.7%(见图2.7)。自2004年以来,文化服务业的表现尤为突出,从法人单位数以及占比文化产业全部法人单位数两方面表现俱佳,成为我国文化产业发展的绝对主力军。按活动性质分,文化核心领域的法人单位数量为139.01万家,占全部文化产业法人单位数比重为66.42%,较上年提升0.7%,其中,创意设计服务比重提升最多,占比为30.24%,较上年提升0.2%。文化相关领域的法人单位数量为70.29万家,占比为33.58%,较上年减少0.7%。

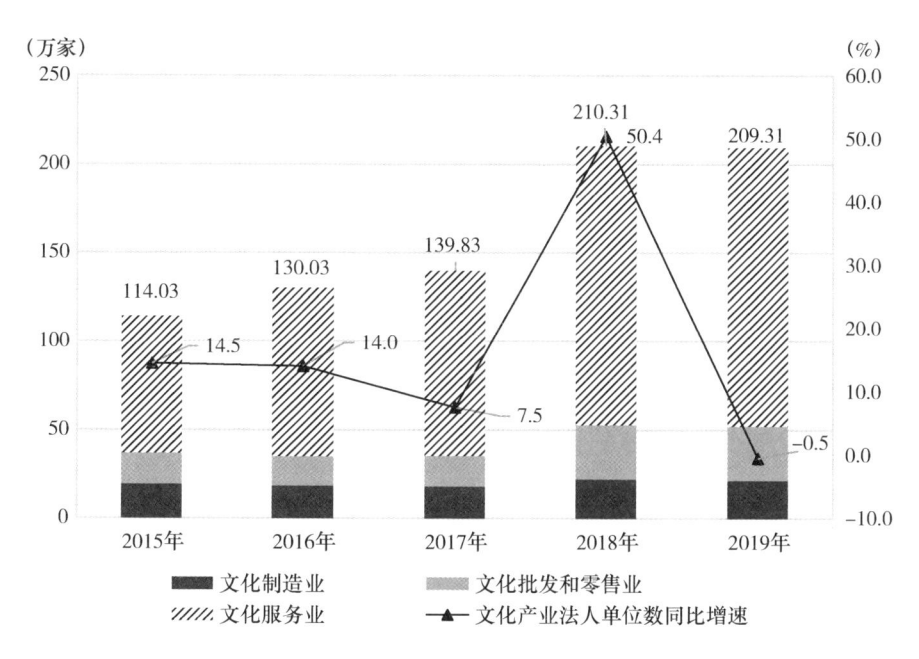

图2.7 2015—2019年中国文化产业分行业法人单位数及增长情况

数据来源:《中国文化及相关产业统计年鉴—2020》。

经营规模化效应突出,以创意设计服务为首的文化核心领域持续发力。2019年,我国文化产业营业收入约13.50万亿元,较上年增长3.72%。按规模划分,规上文化产业营业收入9.90万亿元,较上年增长2.31%,其占文化产业全部营业收入比重为73.34%,较上年下降约1个百分点。按行业分,2019年我国文化制造业4.44万亿元,文化批发和零售业2.43万亿元,文化服务业6.63万亿元,较上年相比分别减少了4.03%、12.62%和增加18.21%,分别占比为32.91%、17.98%、49.11%。按活动性质分,文化核心领域的营业收入为8.29万亿元,占比为

61.37%，较上年提升4.95%，文化相关领域的营业收入为5.21万亿元，占比为38.63%，较上年减少4.95%。就文化核心领域而言，创意设计服务比重最大，为18.96%，同时较上年增幅最大，为2.41%（见图2.8）。

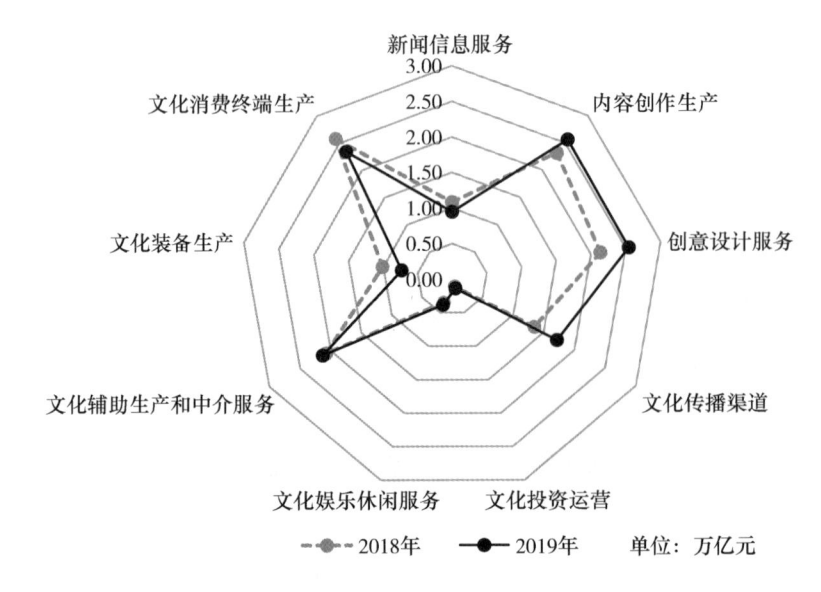

图2.8　2019年中国文化产业按活动内容细分行业营业收入情况

数据来源：《中国文化及相关产业统计年鉴—2020》。

第二节　国际市场发展情况

一　贸易总额相对稳定，旅游业仍保持快速增长

文化产业贸易稳定发展，东欧、"一带一路"沿线国家市场成为新增长点。文化产品进出口平稳增长，贸易顺差逐步扩大。2019年，我国文化产品进出口总额1114.5亿美元，较上年增长8.86%；其中，出口总额为998.9亿美元，进口115.7亿美元，分别增长7.95%、17.46%，贸易顺差规模得到进一步扩大，创下5年新高，达883.2亿美元（见图2.9）。按文化产品类别划

分，文化用品、工艺美术品及收藏品贸易体量较大且增长较快，相应的进出口总额分别占比49.09%、31.76%，与上年相比增幅分别为12.21%、11.04%，而文化专用设备贸易体量相对较大，进出口总额较上年减少4.48%，其中进口额较上年减少16.70%。

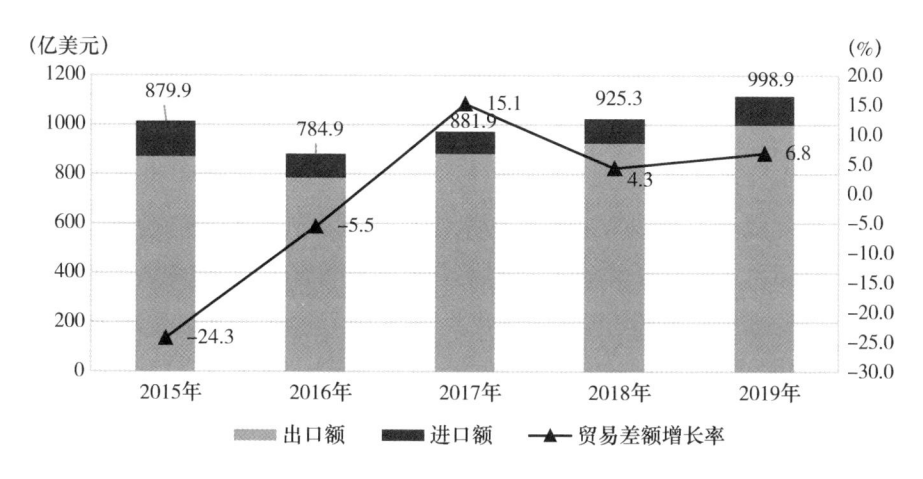

图2.9　2015—2019年中国文化产业进出口贸易额及贸易差额情况

数据来源：《中国文化及相关产业统计年鉴—2020》。

文化贸易合作伙伴稳定，东盟、欧盟以及"一带一路"沿线国家市场增长迅速。按文化产品进出口市场地区划分，与上年相比，2019年我国文化产品对东盟、欧盟出口增长较快，分别增长47.4%、18.9%，对"一带一路"沿线国家出口增长24.9%，对美出口下降6.3%。文化、体育和娱乐业对外投资5.4亿美元，下降68.0%，占我国非金融类对外投资额的0.5%。无论从地区还是贸易额而言，我国文化产品贸易均相对稳定（见图2.10），2015—2019年出口市场前五名依次分别为美国、中国香港、英国、荷兰、日本，进口市场前五名依次分别为德国、日本、越南、美国、意大利。

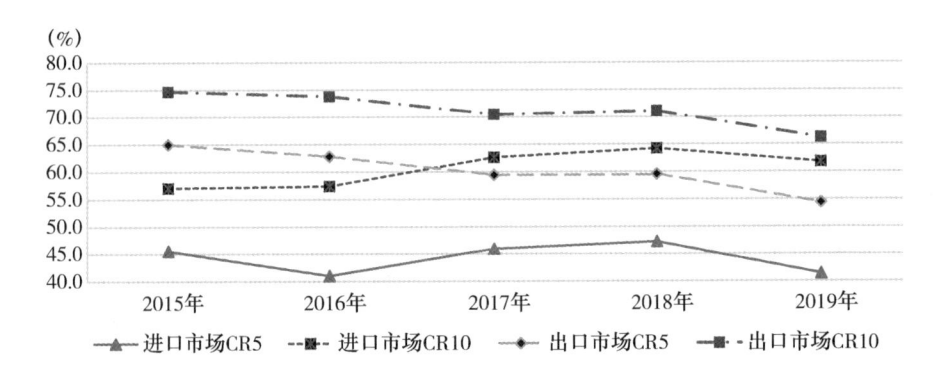

图 2.10　2015—2019 年中国文化贸易 CR5 和 CR10 情况

数据来源：《中国文化及相关产业统计年鉴—2020》。

二　受国内旅游业驱动，我国旅游经济保持快速增长

我国旅游经济继续保持高于 GDP 增速的较快增长。2019年，我国旅游总收入为 6.63 万亿元，同比增长 11%。旅游业对 GDP 的综合贡献为 10.94 万亿元，占 GDP 总量的 11.05%。其中，国际旅游外汇收入达 1312.5 亿美元（见图 2.11），约 8173.2 亿元[①]，较上年增长 3.27%，国内旅游收入达 60.1 亿元，较上年增长 11.65%，现有旅行社约 3.89 万家，较 2015 年增加 1.13 万家。从旅游收入占比来看，近五年国内旅游收入始终占我国旅游总收入的 80% 以上，并且国内旅游收入占旅游总收入比重由 2015 年的 81.35% 进一步提升至 87.51%，处于稳步提升阶段。

国内旅游业体量大，增速快是拉动我国旅游总收入增长的主要驱动因素。2015—2019 年，我国旅游总收入平均增速为 14.2%，高于同期 GDP 平均增速约 7.5 个百分点，其中国际旅

---

① 2019 年平均汇率：1 美元 = 6.8967 元人民币（1 元人民币 = 0.145 美元）；2018 年平均汇率：1 美元 = 6.6118 元人民币（1 元人民币 = 0.15124 美元）；2017 年平均汇率：1 美元 = 6.7547 元人民币（1 元人民币 = 0.14805 美元）；2016 年平均汇率：1 美元 = 6.6401 元人民币（1 元人民币 = 0.1506 美元）；2015 年平均汇率：1 美元 = 6.2272 元人民币（1 元人民币 = 0.16059 美元）。

第二章 中国文化产业创新发展现状分析

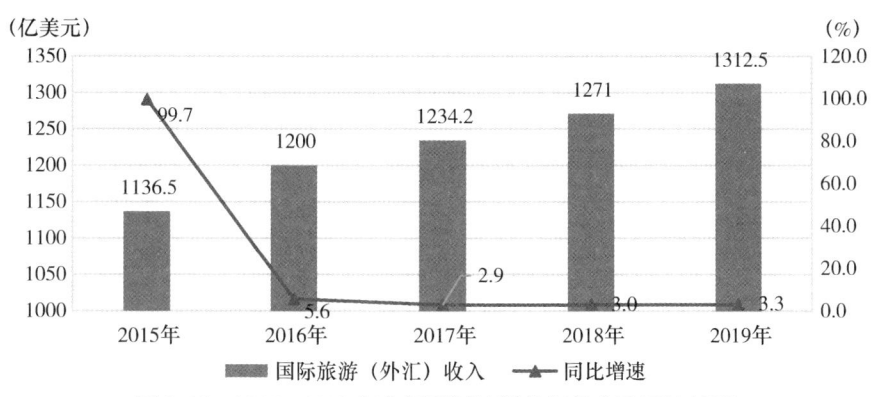

图 2.11　2015—2019 年中国国际旅游外汇收入及同比情况

数据来源：《2020 中国统计年鉴》。

游外汇收入（见图 2.12）平均增长率达 3.7%[①]，国内旅游收入平均增长率达 13.6%，高于同期 GDP 平均增速约 7.8 个百分点。从游客人均花费来看，2019 年国内游客人均花费为 953.3 元，较 2015 年增加 96.3 元，增幅约 11.2%。其中，城镇居民国内旅游人均花费近五年的平均增长率为 1.7%，农村居民国内旅游人均花费近五年的平均增长率为 3.3%（见图 2.13）。

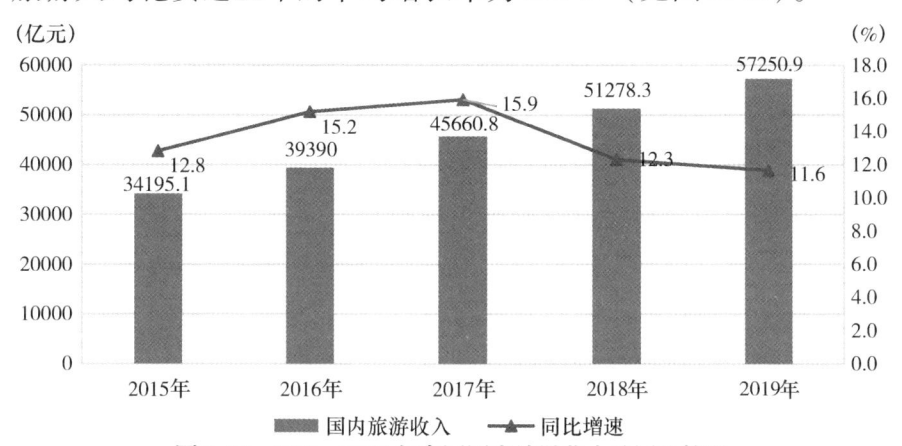

图 2.12　2015—2019 年中国国内旅游收入及同比情况

数据来源：《2020 中国统计年鉴》。

---

① 《中国文化及相关产业统计年鉴—2020》：2015 年以后，"国际旅游（外汇）收入"补充完善了停留时间为 3—12 个月的入境游客花费和游客在华短期旅居的花费。因此，此处的平均增长率不包含 2015 年同比增速。

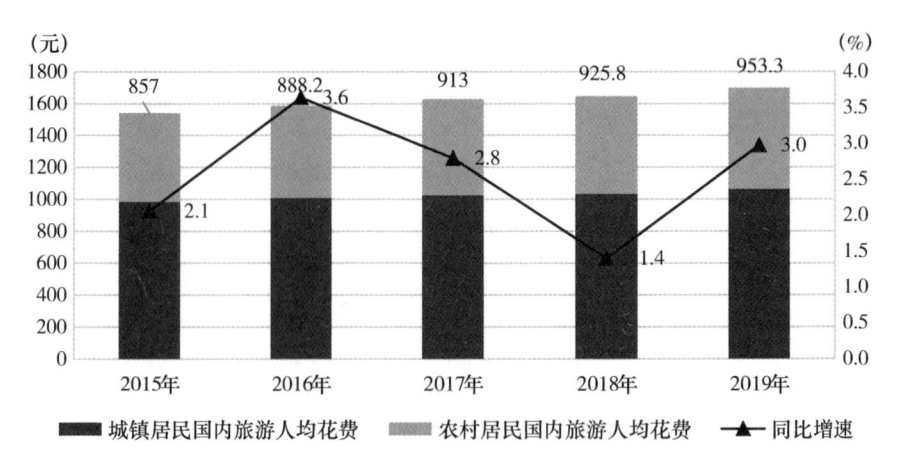

图 2.13　2015—2019 年国内旅游人均花费（城镇、居民）及增长情况

数据来源：国家统计局。

第三节　国内市场不断壮大

一　文娱消费支出趋稳，国产电影绽放新彩

居民文化娱乐消费支出相对稳定，但占消费总支出比重逐年减少。2019 年，我国居民人均文化娱乐消费支出为 848.6 元，较上年增长 2.6%，低于近五年峰值（2017 年，849.6 元），占居民人均消费支出比重为 3.9%，创五年新低，较近五年峰值（2015 年，4.8%）下降约 0.9 个百分点（见图 2.14）。此外，中国人民大学文化产业研究院发布的《2019 中国文化产业系列指数》指出，东部地区文化消费整体优于中西部地区，其中文化消费水准、文化消费能力、文化消费意愿优势明显。

城镇居民文娱消费需求趋稳，农村居民文娱消费需求逐年增长。按城镇/农村类别划分，2019 年城镇居民文化娱乐消费支出为 1290.6 元，较上年增长 1.6%，低于近五年峰值（2017 年，1338.7 元），占城镇居民人均消费支出比重为 4.6%，创五年新低，较近五年峰值（2015 年，5.7%）下降约 1.1 个百分

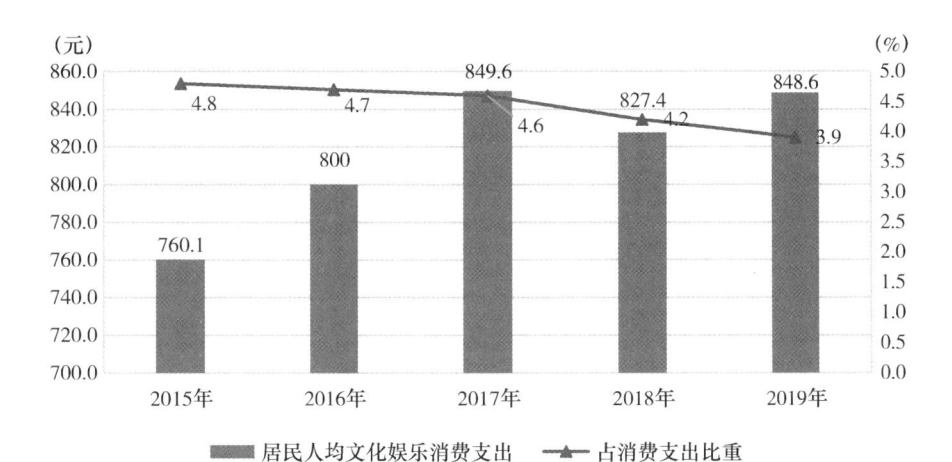

图 2.14　2015—2019 年居民文化娱乐消费支出及占消费支出比重情况

数据来源：《中国文化及相关产业统计年鉴—2020》。

点。2019 年农村居民文化娱乐消费支出为 289.1 元，较上年增长 3.3%，创近五年新高，而占农村居民人均消费支出比重为 2.2%，创五年新低，较近五年峰值（2015 年，2.6%）下降约 0.4 个百分点（见图 2.15）。

图 2.15　2015—2019 年城镇/农村人均文化娱乐消费支出及占消费支出比重情况

数据来源：《中国文化及相关产业统计年鉴—2020》。

城镇居民文娱消费水平远高于农村居民,农村居民文娱消费市场成长空间相对较大。其中,城镇/农村的居民文化娱乐消费支出比重保持在 4 以上,从 2015 年的 5.1 降低至 2019 年的 4.5,说明在城镇居民文娱消费水平趋稳的情况下,农村居民文娱消费正逐步显现上涨动力。

二 文化娱乐类消费指数保持相对稳定

文娱耐用消费品与服务价格指数增长不及居民消费价格指数,旅游价格指数围绕居民消费价格指数上下波动。2019 年,全国居民消费价格指数为 102.9,其中文娱耐用消费品价格指数为 98.7,文化娱乐服务价格指数为 101,旅游价格指数为 101.8,均低于当年居民消费价格指数水平。与居民消费价格指数相比,2015—2019 年文娱耐用消费品价格指数始终低于当年居民消费价格指数;文化娱乐服务价格指数仅有 2015 年高于当年居民消费价格指数,而 2016—2019 年均低于当年居民消费价格指数;2015—2019 年,旅游价格指数与居民消费价格指数呈现交叉,其中 2015 年、2019 年均低于当年居民消费价格指数,

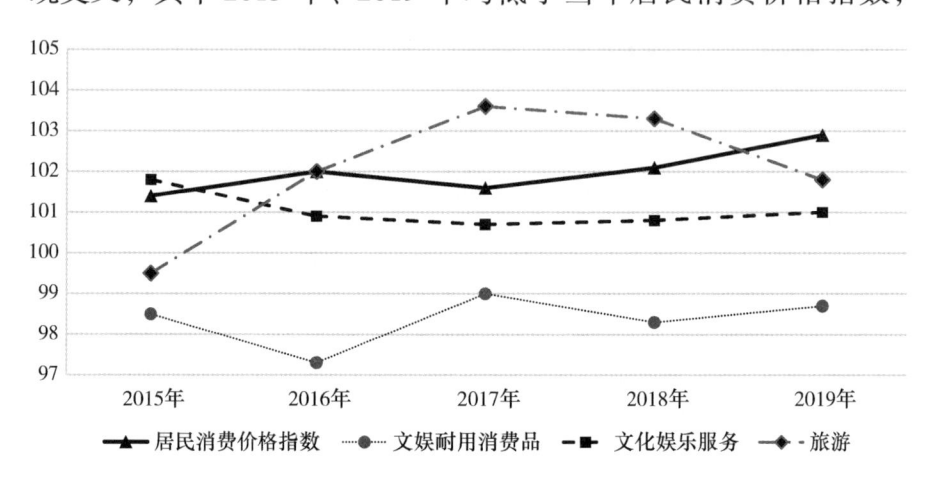

图 2.16　2015—2019 年城镇/农村人均文化娱乐消费支出及占消费支出比重情况

数据来源:《中国文化及相关产业统计年鉴—2020》,《2020 中国统计年鉴》。

2016年与居民消费价格指数持平,而2017—2018年则高于当年居民消费价格指数(见图2.16)。

三 电影业规模逐步扩大

电影票房稳步增长,国产影片精品迭出。2019年,全国电影票房为642.66亿元,较上年增长5.40%,创历史年度新高。其中,国产电影总票房411.75亿元,占总票房比重为64.07%,增幅为8.65%(见图2.17)。全年放映影片1263部,影片总量同比增长2.2%。2019年国产电影精品迭出,国产影片占全年票房前10名影片比重为80%,占票房过亿元影片比重为53.41%,引领各重点档期,春节档《流浪地球》、暑期档《哪吒之魔童降世》、国庆档《我和我的祖国》《中国机长》等影片,无一不体现国产电影正在崛起。

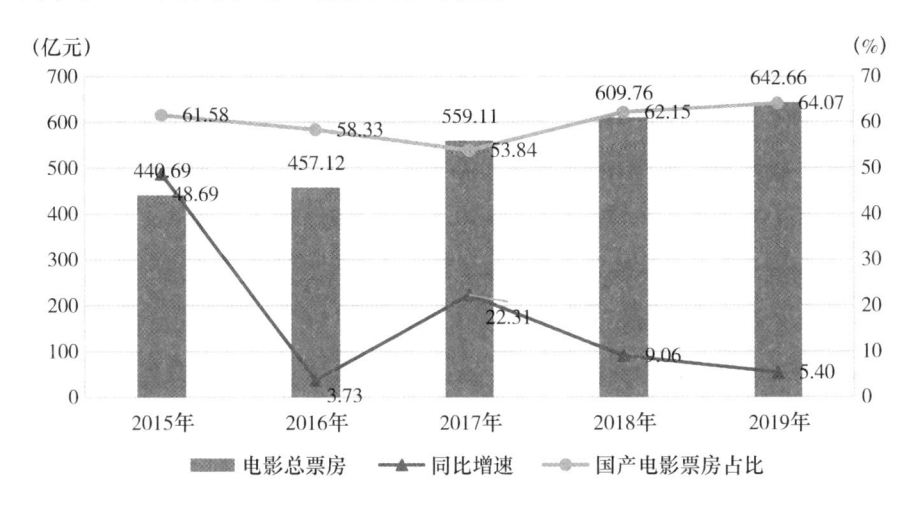

图2.17 2015—2019年全国电影票房及增长情况

数据来源:国家新闻出版广电总局。

电影院与人均院线银幕数量快速增长,向稳步增长阶段加速前进。2019年,全国现有院线影院12408家,新增影院1453家、增幅13.26%,有城市院线50条,新增2条。其中,影院数量排名前 10 的院线依次是：广东大地（1163 家）、中影数字（915 家）、南方新干线（871 家）、红鲤鱼（834 家）、上海联和（656 家）、万达（647 家）、中影星美（532 家）、横店（458 家）、广州金逸（423 家）、华夏联合（421 家）。

我国电影院数量达 12408 个，较上年增长 14.5%，电影院线银幕数量达 69787 块，较上年增加 9708 块，增长 16.2%，每万人拥有电影院线银幕为 0.5 块，较上年增加 0.07 块，增长 15.8%。2015—2019 年电影院数量平均增速为 20.7%，但增长率呈下降趋势，每万人拥有电影院线银幕数量亦是如此，近五年平均增速为 23.8%（见图 2.18）。

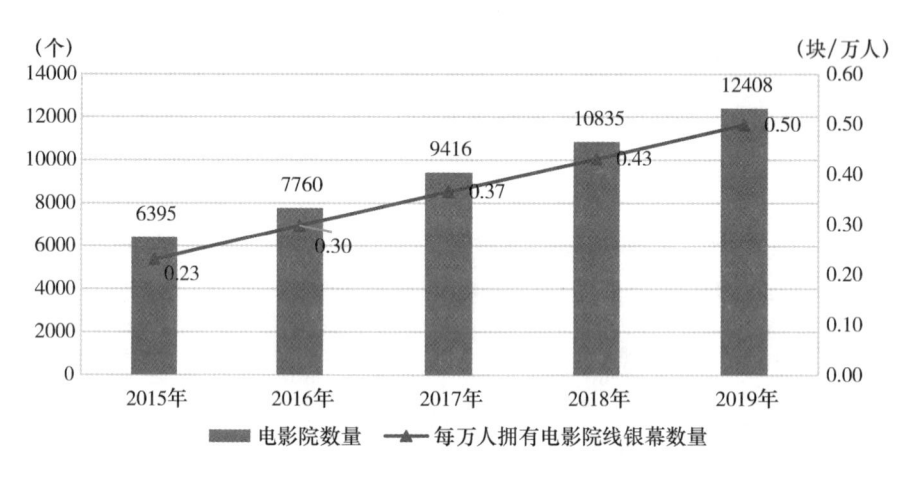

图 2.18　2015—2019 年电影院数量及每万人拥有电影院线银幕数量情况

数据来源：国家新闻出版广电总局。

第四节　文化领域投入不断增强

一　文化产业公共预算支出持续扩大

文化产业一般公共预算支出持续扩大，文化支出比重进一步提升。2019 年，我国一般公共预算文化体育与传媒支出

4086.31亿元，较上年增长15.5%，2015—2019年平均增长率为8.8%（见图2.19），高于一般公共预算收入同期平均增速约3.3个百分点。2015—2019年，文化支出平均增长率为14.87%，是一般公共预算文化体育与传媒支出分类别下增长最快的，使得其占一般公共预算文化体育与传媒支出比重由2015年的34.6%进一步提升至2019年的43.64%，提升约9.04个百分点。

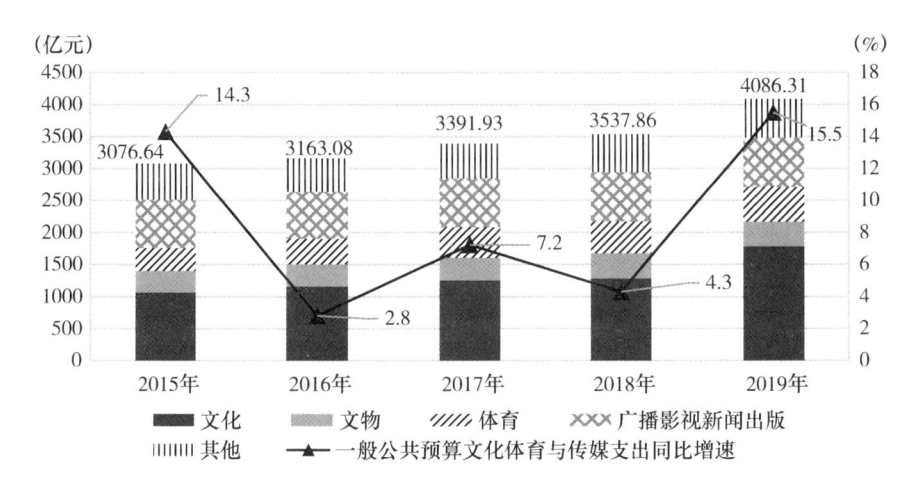

图2.19 2015—2019年分类一般公共预算文化体育与传媒支出及整体增长情况

数据来源：《中国文化及相关产业统计年鉴—2020》。

按类别来看，2019年文化支出为1783.3亿元，广播影视新闻出版支出为776.15亿元，体育支出为537.97亿元，文物支出为385.92亿元，其他支出为602.97亿元，占一般公共预算文化体育与传媒支出比重分别为43.64%，18.99%，13.17%，9.44%，14.76%。其中，2019年文化支出同比增速达38.70%，而文物支出同比增速首次出现负增长（-1.62%）（见图2.20）。

按文化公共预算支出占比GDP来看，2019年我国一般公共预算文化体育与传媒支出占GDP比重为0.41%，较上年增长0.03个百分点。2015—2019年，我国一般公共预算文化体育与传媒支出占GDP比重呈现波动趋势，其中最小值（2018年，0.38）

与峰值（2015年，0.45%）相差0.07个百分点（见图2.21）。

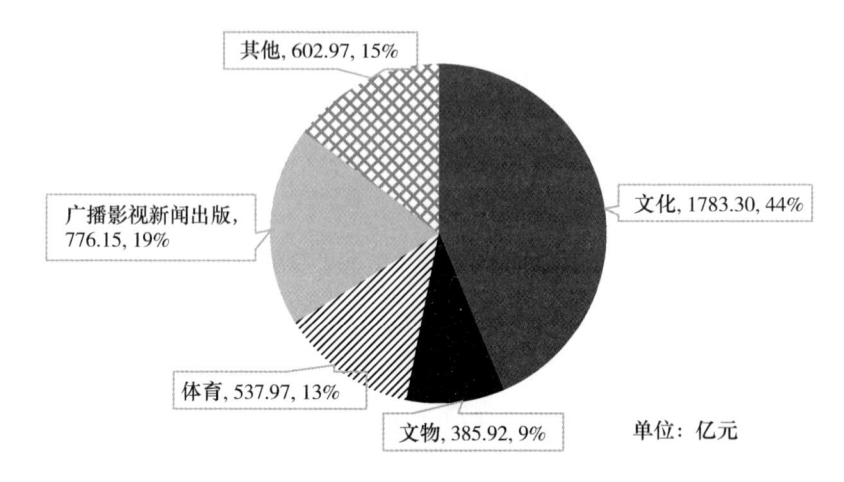

图 2.20　2019 年分类一般公共预算文化体育与传媒支出及占比情况

数据来源：《中国文化及相关产业统计年鉴—2020》。

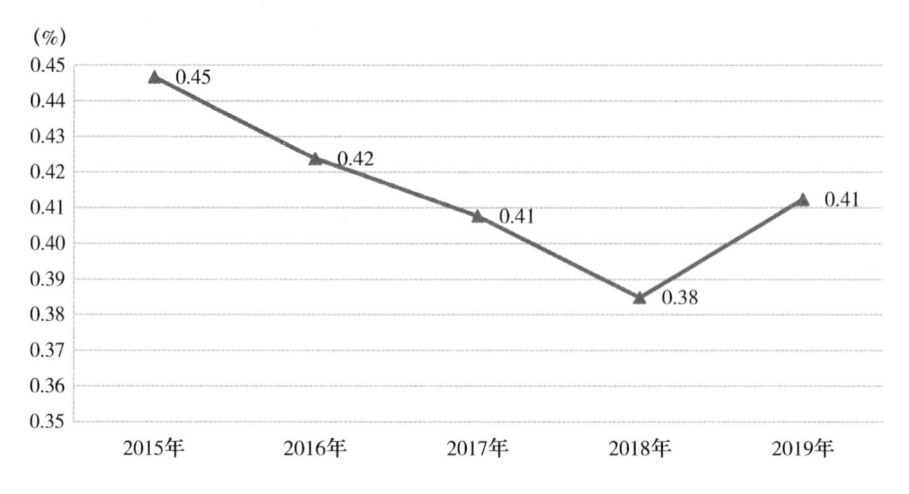

图 2.21　2019 年一般公共预算文化体育与传媒支出占 GDP 比重情况

数据来源：《2020 中国统计年鉴》。

文化及相关产业固定资产投资呈现减速上升趋势。2019 年，全国文化及相关产业固定资产投资为 41449.05 亿元，较上年增长 1.10%，占全社会固定投资比重为 7.39%，相比 2015 年提升约 2.25 个百分点。从文化及相关产业固定资产投资的绝对值上看，2015—2019年呈现上升趋势，占全社会固定投资比重不断提升（见图2.22与图2.23）。从文化及相关产业固定资产投资增长速度看，2015—2019年增速基本呈直线下降趋势，其中，新闻信息服务、内容创作生产、文化传播渠道、文化娱乐休闲服务以及文化装备生产等五个细分领域2019年相应的固定资产投资增速呈现不同程度的负增长，是导致2019年文化及相关产业固定资产投资增长率进一步下降的主要原因。

图2.22　2015—2019年文化及相关产业固定资产投资及增长情况

数据来源：《中国文化及相关产业统计年鉴—2020》。

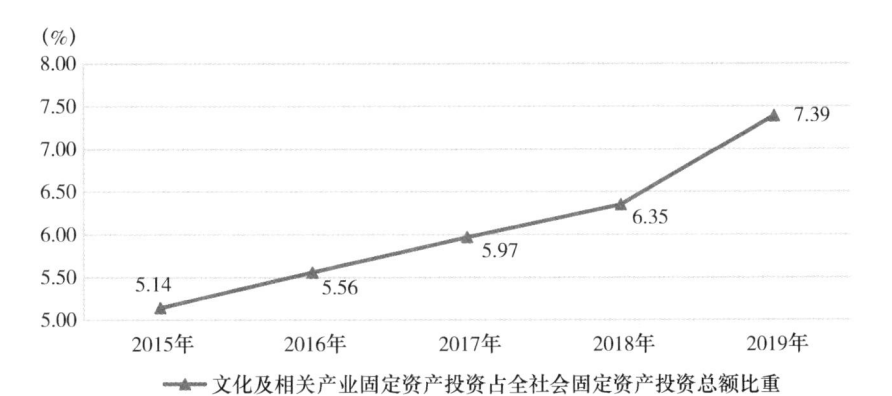

图2.23　2015—2019年文化及相关产业固定资产投资占全社会固定资产投资总额比重情况

数据来源：《中国文化及相关产业统计年鉴—2020》，《2020中国统计年鉴》。

二 公共服务体系不断健全

2019年，我国进一步贯彻落实《中华人民共和国公共文化服务保障法》《中华人民共和国公共图书馆法》，切实推动落实各项公共服务领域重点改革任务，2325个县（市、区）出台公共文化服务目录，494747个行政村（社区）建成综合性文化服务中心。1649个县（市、区）建成文化馆总分馆制，1711个县（市、区）建成图书馆总分馆制。

2019年，我国拥有公共图书馆3196个，较上年增长0.63个百分点，总藏量11.18亿册，较上年增长7.3%，其中电子图书藏量占比77.43%。全国人均图书藏量0.79册，较上年增加0.05册（见图2.24）。

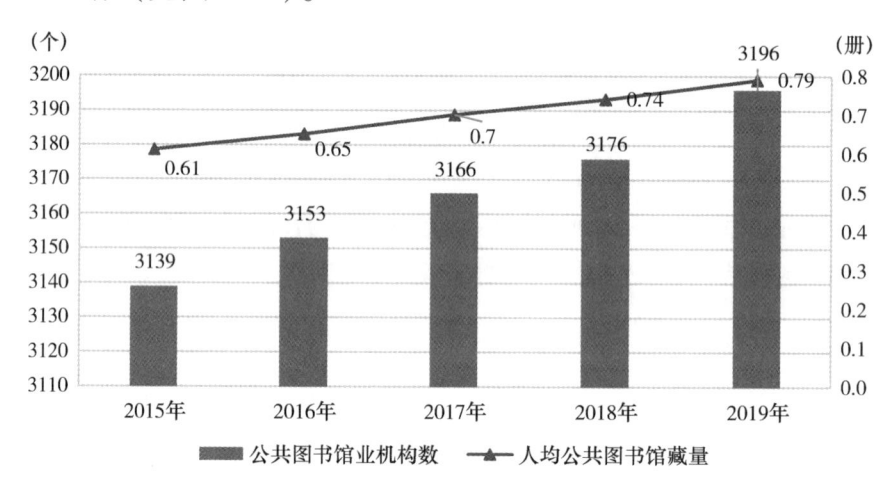

图2.24 2015—2019年公共图书馆及人均公共图书馆藏量情况

数据来源：国家统计局，《中华人民共和国文化和旅游部2019年文化和旅游发展统计公报》。

2019年，全国拥有群众文化机构4.41万个，比上年末减少391个。其中乡镇综合文化站33530个，比上年末减少328个，群众文化机构从业人员190068人，比上年末增加4431人，平均每万人群众文化设施建筑面积322.72平方米，较上年增加15.77平方米（见图2.25）。

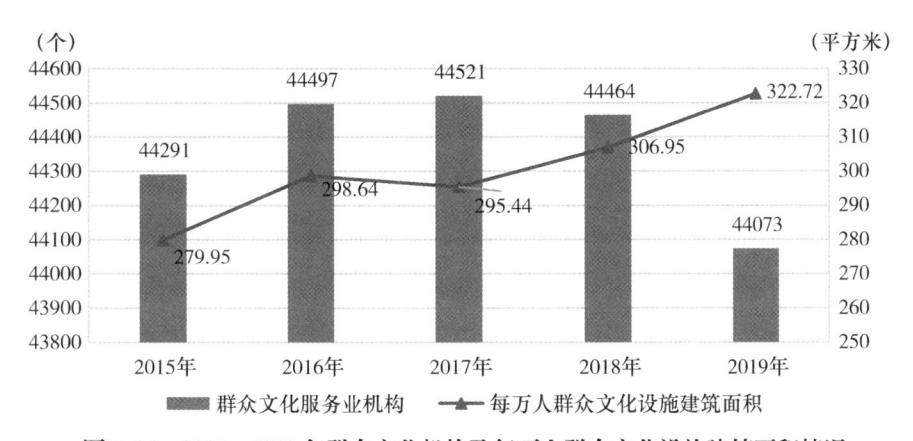

图 2.25　2015—2019 年群众文化机构及每万人群众文化设施建筑面积情况

数据来源：国家统计局，《中华人民共和国文化和旅游部 2019 年文化和旅游发展统计公报》。

2019 年，全国有博物馆 5132 个，较上年增加 214 个（见图 2.26），博物馆业从业人员 107993 人，较上年增加 487 人；藏品数 3954.83 万件/套，较上年增加 20.08 万件/套，增长约 5.35%；基本陈列展览品 28701 个，较上年增加 2355 个，增长约 8.94%。全国共有 3068 位国家级非遗代表性传承人，拥有 1372 项国家级非遗代表性项目。全国共有非物质文化遗产保护机构 2453 个，从业人员 17032 人。

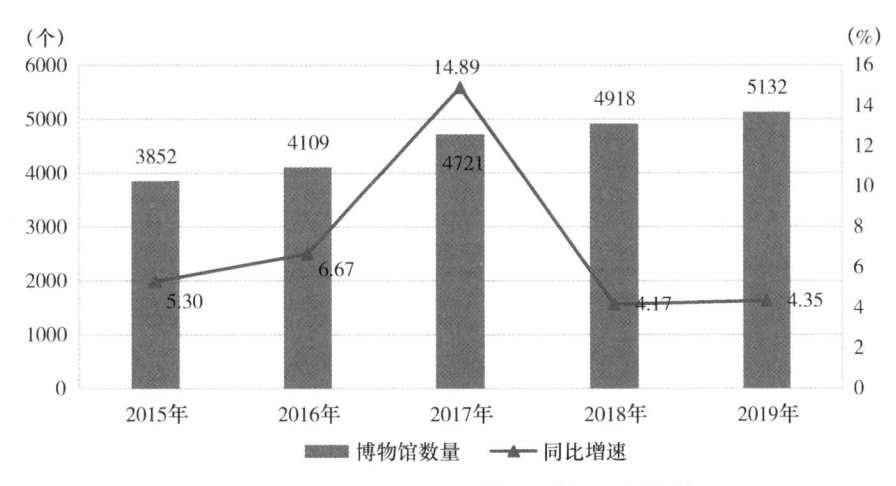

图 2.26　2015—2019 年全国博物馆数量及增长情况

数据来源：《中国文化及相关产业统计年鉴—2020》。

第五节 文化产业逐步向其他产业融合发展

一 文化+旅游融合发展

近年来,我国持续推动"文化+旅游"深度融合,总结推广引导城乡居民扩大文化消费试点工作经验模式,印发了《关于进一步激发文化和旅游消费潜力的意见》。推动"数字化艺术品图像显示系统的应用场景、框架和元数据"标准被批准成为国际标准。实施文化和旅游创客行动、区域特色产业发展扶持计划和国家级文化产业园区服务能力提升计划。举办数字文旅产业创新发展论坛及VR文旅、品牌授权等专项活动。实施高质量产业人才培养扶持项目,培训3500余名各类文化和旅游产业人才。举办第4届中国—中东欧国家文化创意产业论坛、第12届中日韩文化产业论坛。组织300余家文化企业以"中国展区"形式集中亮相8个海外国际重点展会。[1]

全域旅游是近年来我国旅游业发展的一条主线,围绕这条主线,串起了旅游业发展的诸多亮点。各地全域旅游示范区在创建过程中,文旅融合成为重要趋势。自"全域旅游"概念[2]提出后,国家旅游局先后公布了国家全域旅游示范区创建名录,共计500个,并于2019年和2020年公布第一批、第二批国家全域旅游示范区名单,分别有71个、97个创建单位入选。

二 文化+金融融合发展

2019年,我国文娱投融资热度消退,投融资案例为348起,

---

[1] 文化和旅游部:《中华人民共和国文化和旅游部2019年文化和旅游发展统计公报》,2020年6月20日,https://www.mct.gov.cn/whzx/ggtz/202006/t20200620_872735.htm。

[2] 2016年1月19日国家旅游局局长李金早在全国旅游工作会议上提出:中国旅游要从"景点旅游"到"全域旅游"转变。至此,"全域旅游"这个概念开始受到关注。

较上年减少72.38%，金额为824亿元，较上年减少60.44%。2015—2019年，我国文娱投融资案例数量和金额上均呈现先增后减趋势，案例数量最小值（2019年，348起）较峰值（2016年，2635起）减少了2287起，投融资金额最小值（2019年，824亿元）较峰值（2018年，2083亿元）减少了1259亿元，其案例数量与投融资金额的锐减主要是，2018年以来文娱行业监管趋严、二级市场股价下跌的传导等综合因素影响，加之赛道内整合加剧，优质初创项目数量少、融资金额小（见图2.27）。

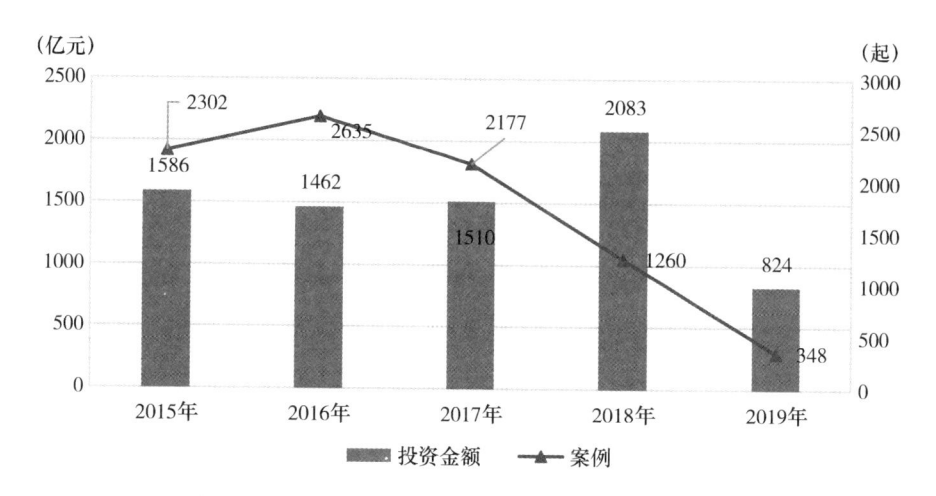

图2.27 2015—2019年中国文娱行业投融资规模及案例数量情况

数据来源：鲸准洞见36Kr创投。

2019年，我国文娱行业平均单笔融资金额为2.37亿元，较上年增长43.64%。2015—2019年，文娱行业平均单笔融资金额整体呈现上升趋势，其复合增长率为36.14%。其中2018年较上年增速高达139.13%（见图2.28）。结合前述分析，尽管近年文娱领域整体投资热度下降明显，但投资金额的降幅弱于投资项目数量的降幅，头部优质的被投项目仍然具备强势吸金能力，获得更多的资本支持。

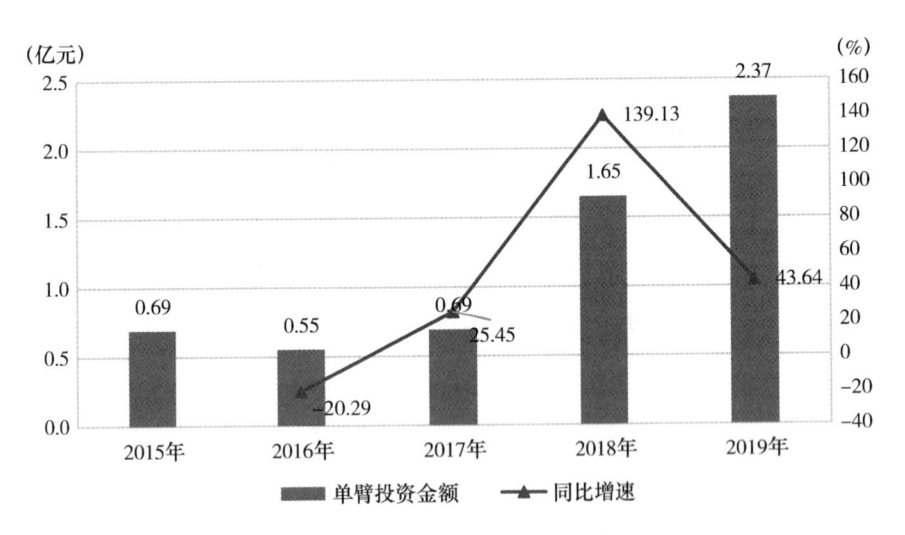

图 2.28 2015—2019 年中国文娱行业单笔投资金额及增长情况

数据来源：鲸准洞见 36Kr 创投。

三 文化 + 科技融合发展

2019 年，我国实施国家文化和旅游科技创新工程项目，全年共有 19 个研究和培育项目进入储备库并委托实施。发布文化行业标准 11 项，旅游行业标准 9 项，推动文化和旅游领域国家标准立项 12 项，遴选"文化和旅游装备提升优秀案例"29 项。通过"国家社科基金艺术学项目课题指南""国家社科基金艺术学重大项目招标选题""文化和旅游研究项目选题"等发挥对相关领域研究的引领作用，全年共受理各类项目申报近 4000 项，资助国家社科基金艺术学重大项目 27 项、年度项目 214 项、后期资助项目 57 项。推动"互联网+"、大数据、云计算、人工智能、5G 等信息新技术在文化和旅游领域的创新应用，组织开展 15 个信息化发展专项研究项目。持续推动文化艺术和旅游领域新型智库培育，共资助"文化和旅游智库项目"27 个，设立

9家企业联系点。[①]

专利授权数量快速增长，实用新型专利和外观设计专利仍为主要增长动力。2019年，全国文化及相关产业专利授权总数为153268个，较上年增长7.25%，较2014年增长了1.15倍。2015—2019年文化及相关产业专利授权数量平均增速为16.92%，主要受实用新型专利和外观设计专利授权数量快速增长的驱动。2019年，全国文化及相关产业发明专利授权数量为22384个，较上年增长19.5%，实用新型专利授权数量为59785个，由于实用新型审查趋严和上年同期增速过快等因素，近五年来首次出现负增长，较上年减少2.3%，外观设计专利授权数量为71099个，较上年增长12.9%（见图2.29）。

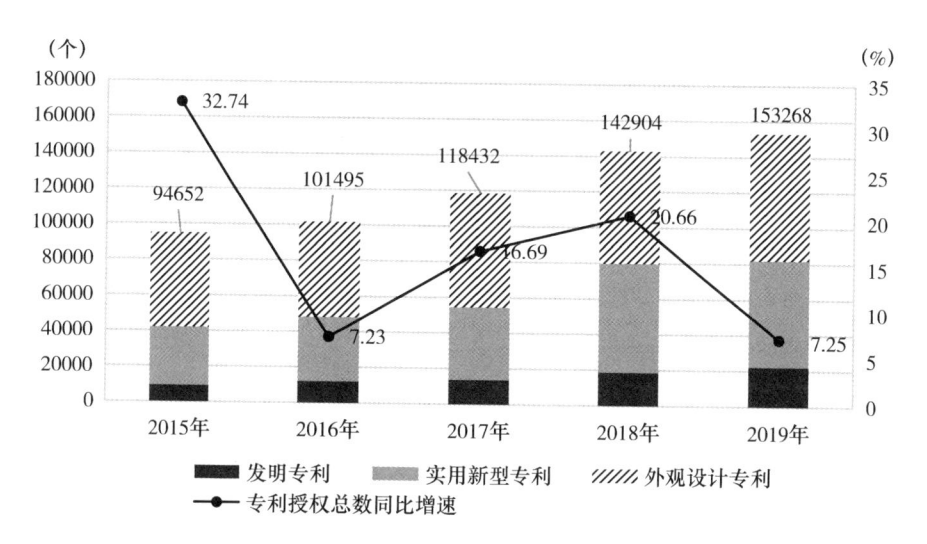

图2.29 2015—2019年国内文化及相关产业专利授权数量及增长情况

数据来源：《中国文化及相关产业统计年鉴—2020》。

专利授权质量不断增强，文化产品科技含量提升。2019年，

---

① 文化和旅游部：《中华人民共和国文化和旅游部2019年文化和旅游发展统计公报》，2020年6月20日，https://www.mct.gov.cn/whzx/ggtz/202006/t20200620_872735.htm。

全国文化及相关产业发明专利、实用新型专利以及外观设计专利占比分别为14.60%、39.01%、46.39%。其中，发明专利比重由2015年的9.85%提升至2019年的14.6%，实用新型专利比重由2015年的34.64%提升至2019年的39%，外观设计专利比重由2015年的55.51%降低至2019年的46.39%（见图2.30）。以上说明，发明专利虽然体量小但处于快速增长阶段，实用新型专利体量大，处于稳步增长阶段，而外观设计专利体量大但增长速度不及其他专利。

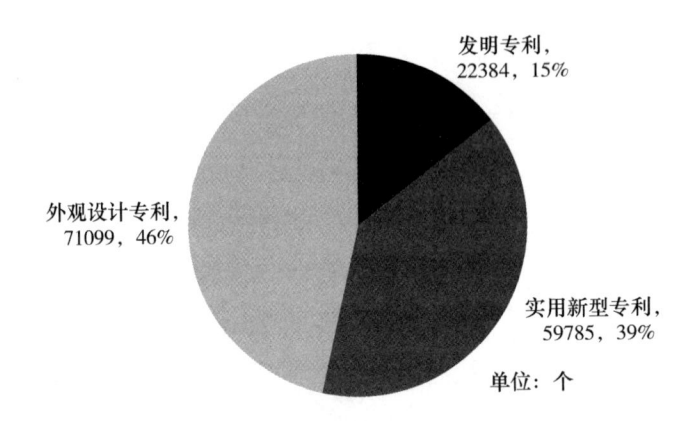

图2.30　2019年国内文化及相关产业专利授权数量分类占比情况

数据来源：《中国文化及相关产业统计年鉴—2020》。

文化科技融合东强西弱态势明显（见图2.31）。为增强文化产业领域科技实力，充分发挥文化和科技相互促进作用，科技部、中宣部、文化部、广电总局、新闻出版总署五部门于2012年、2014年、2019年联合发布了第一批、第二批和第三批国家级文化和科技融合示范基地，共计54个，多数分布在各直辖市、省会城市以及副省级城市。其中，2019年国家级文化和科技融合示范基地名单中显示出，文化装备制造和媒体融合细分领域正成为文化科技融合的重要领域，民营企业是文化科技深度融合发展的中坚力量的特点。

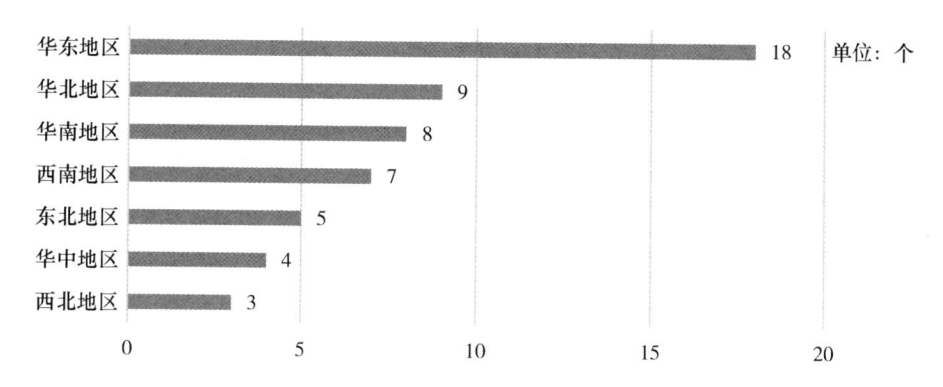

地区	数量
华东地区	18
华北地区	9
华南地区	8
西南地区	7
东北地区	5
华中地区	4
西北地区	3

单位：个

图 2.31　截至 2019 年我国国家级文化和科技融合示范基地分布情况

数据来源：国家文化和旅游部。

第六节　本章小结

近年来，我国文化产业规模呈稳步扩大态势，文化产业增加值及其占 GDP 比重持续上升，经济贡献度不断提升，成为国民性支柱产业趋势明显。当前，我国文化产业发展具备明显的东南强西北弱的区域性特征，以创意设计、内容创造生产为主的核心领域已成为我国文化产业增长主引擎。由于政策和市场导向作用，与大多数产业一样，各产业之间的界限模糊化，我国文化产业逐渐与旅游、金融、科技等行业深度融合。

从国际市场来看，文化产品进出口总体保持平稳增长态势，贸易顺差逐步扩大，文化贸易合作伙伴稳定，东盟、欧盟以及"一带一路"沿线国家市场增长迅速。我国旅游业呈现体量大、增速快的特征，得益于我国旅游经济继续保持高于 GDP 增速的较快增长。从国内市场来看，我国文化娱乐类消费指数保持相对稳定，城镇居民文娱消费需求趋稳，农村居民文娱消费需求逐年增长，总体占消费支出比重逐年减少。同时，我国电影票房稳步增长，国产影片精品迭出。电影院与人均院线银幕数量快速增长，向稳步增长阶段加速前进。

我国文化领域投入不断增强，其中文化产业一般公共预算支出持续扩大，支出比重进一步提升，而文化及相关产业固定资产投资呈现减速上升趋势。在此背景下，我国公共服务体系不断健全，公共图书馆、博物馆、文化艺术机构提供服务能力不断增强。

第三章 中国城市文化产业创新发展现状分析

第一节 中国主要城市文化产业创新发展情况比较

北京、上海、广州、深圳、杭州等五市文化产业在公共服务体系、资本投入、文娱消费、产业规模、公共服务等多方面领先全国，为国内其他城市发展文化产业起到了积极示范作用。因此，本部分选取北上广深杭五市来作为分析中国城市文化产业发展情况的典型城市，以小见大地刻画出当前中国城市文化产业发展情况。通过分析可得，北上广深杭五市在文化产业规模上领跑国内其他城市，积极向城市战略性支柱产业发展，其中在公共服务方面北上表现强势，而广州和深圳两市有待进一步完善，资本投入方面，北上广深杭五市固定投资强度不及新一线城市，但北京、上海两市在文化类公共支出方面仍然领跑全国，文娱消费方面，以广州领跑的五市，文娱消费领先全国，而电影业市场成长的新增长点逐渐转变为低线级城市。

一 北上两市公共服务体系相对完善，文化产业基础雄厚

（一）公共图书馆

2019年，北京、上海两市拥有相对较多的公共图书馆，分

别为 24 个、23 个，相比其他两个直辖市重庆和天津来说，仍存在较大差距，其中重庆拥有 43 个公共图书馆，而天津拥有 29 个图书馆。与广、深两市的公共图书馆数量相比，仍略显不足（图 3.1）。

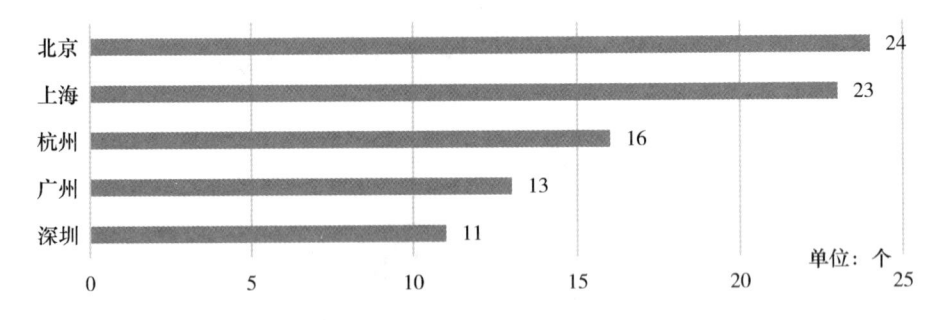

城市	数量
北京	24
上海	23
杭州	16
广州	13
深圳	11

图 3.1　2019 年北上广深杭公共图书馆数量情况

数据来源：各市 2020 年统计年鉴，各市 2019 年统计公报。

就公共图书馆图书藏量而言，2019 年上海拥有 8063 万册，相比其他四个城市形成了绝对的领先优势，约为深圳的 1.70 倍，北京的 1.85 倍，广州的 2.49 倍，杭州的 3.15 倍。从人均公共图书馆图书藏量来看，五市均领先于全国平均水平（0.79 册），深圳的人均公共图书馆图书藏量最高，上海次之，其中上海当年常住人口居全国城市第一名，其公共图书馆图书藏量的领先优势相对削弱（见图 3.2）。

（二）传统文化遗产

2019 年，上海拥有 98 个博物馆，领先于其他四个城市，但略低于重庆、西安两市，而历史底蕴稍显不足的广州、深圳两市所拥有的博物馆数量相对较少，分别为 28 个、55 个（见图 3.3）。

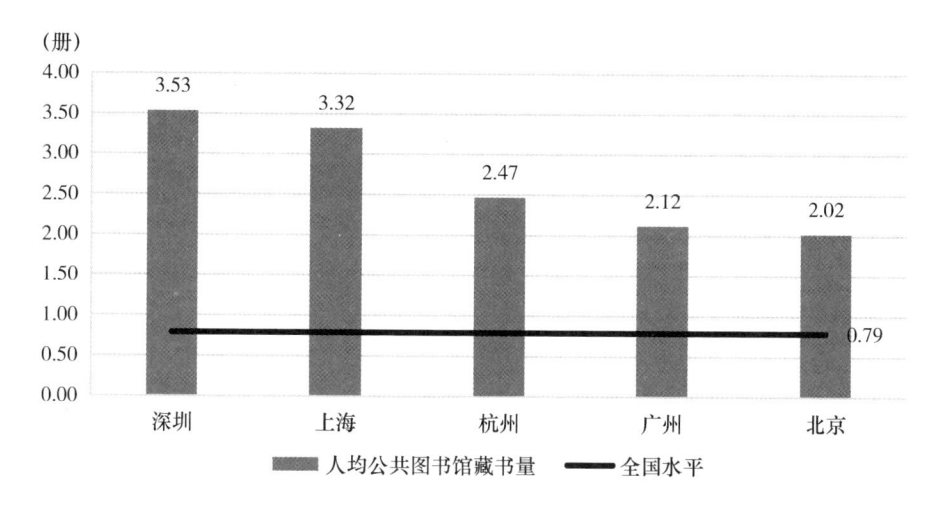

图 3.2　2019 年北上广深杭五市人均公共图书馆藏书量情况

数据来源：各市 2020 年统计年鉴，《中华人民共和国文化和旅游部 2019 年文化和旅游发展统计公报》。

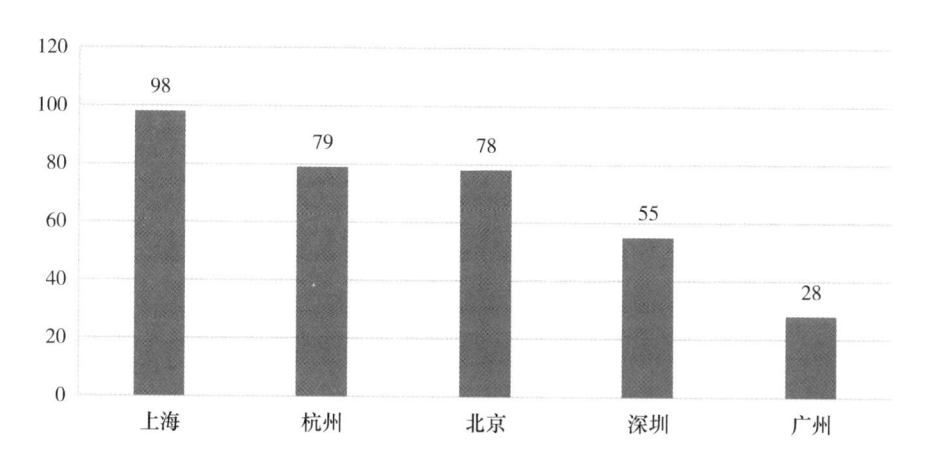

图 3.3　2019 年北上广深杭五市博物馆数量情况

数据来源：各市 2020 年统计年鉴。

就国家及以上级别非物质文化遗产而言，2019 年北京拥有 102 个，是五市中最多的，广深两市在该项指标上同样表现弱势（见图 3.4）。就纳入国家传统工艺振兴目录项目数量而言，2018 年五市共计 44 人，占比为 11.49%，其中上海拥有 19 个，是五市中最多的，同样，广深两市在该项指标上表现弱势，深圳市 2018 年无人入选第一批国家传统工艺振兴目录（见图 3.5）。

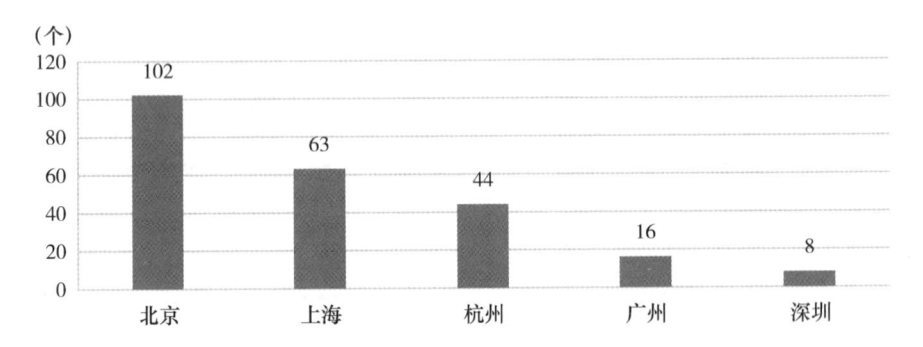

图 3.4　2019 年北上广深杭五市国家及以上级别非物质文化遗产数量情况

数据来源：中国非物质文化遗产网·中国非物质文化遗产数字博物馆。

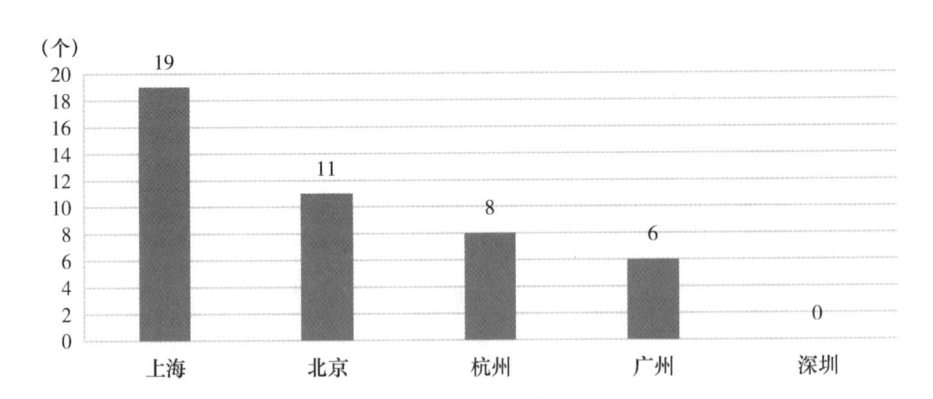

图 3.5　2018 年第一批纳入国家传统工艺振兴目录项目数量情况

数据来源：文化和旅游部、工业和信息化部《第一批国家传统工艺振兴目录》。

二　固定投资强度不及新一线城市，北上公共支出领先全国

（一）固定资产投资

2019 年，北京文化、体育和娱乐业固定资产投资额为 215.45 亿元，相比其他四市领先优势明显，也是五市中占全社会固定资产投资额比重唯一超过全国平均水平（2.15%）的城市。相比南京、长沙、重庆等其他新一线城市，北上广深在文化、体育和

娱乐业的固定投资上略显不足,尤其是占全社会固定资产投资额比重与长沙(22.30%)存在巨大差距(见图3.6)。与2018年相比,广州是五市中唯一文化、体育和娱乐业固定资产投资额以及占全社会固定资产投资比重出现负增长的城市。新一线城市与一线城市文化、体育和娱乐业固定资产投资在绝对值以及相对值上的差异,主要是源于一线城市有关文化产业发展的基础设施建设基本较为完备,新一线城市在此方面相对不足。

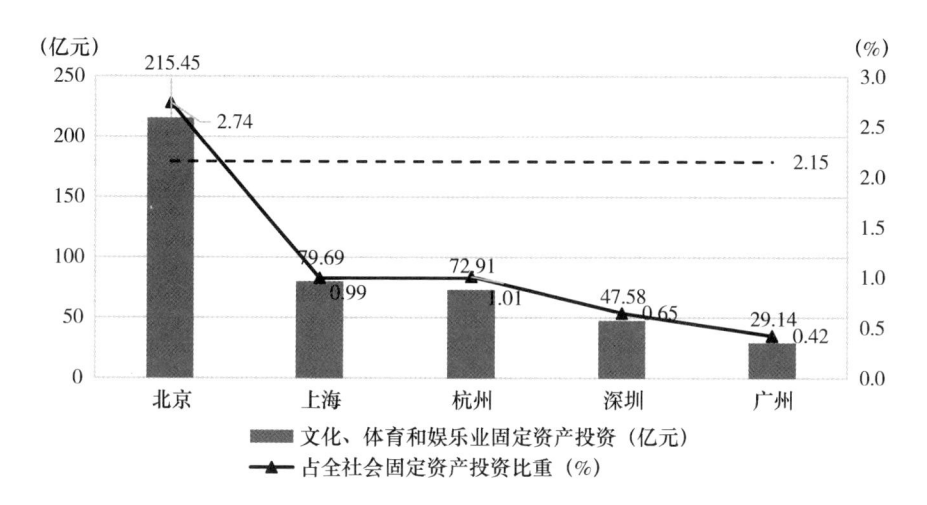

图3.6 2019年北上广深杭文化、体育和娱乐业固定资产投资及占全社会固定资产投资比重情况

数据来源:《2020中国统计年鉴》,各市2020年统计年鉴。

(二) 财政支出

与固定资产投资不同的是,北京、上海在财政支出方面占据绝对优势,一般公共预算文化体育与传媒支出领先其他三市,其中北京一般公共预算文化体育与传媒支出为279.32亿元,是深圳的4.17倍,广州的5.30倍,杭州的7.17倍。针对一般公共预算文化体育与传媒支出占GDP比重而言,北京、上海两市均处于全国平均水平(0.41)之上,而深圳、广州、杭州三市均处于全国平均水平(0.41)之下(见图3.7)。

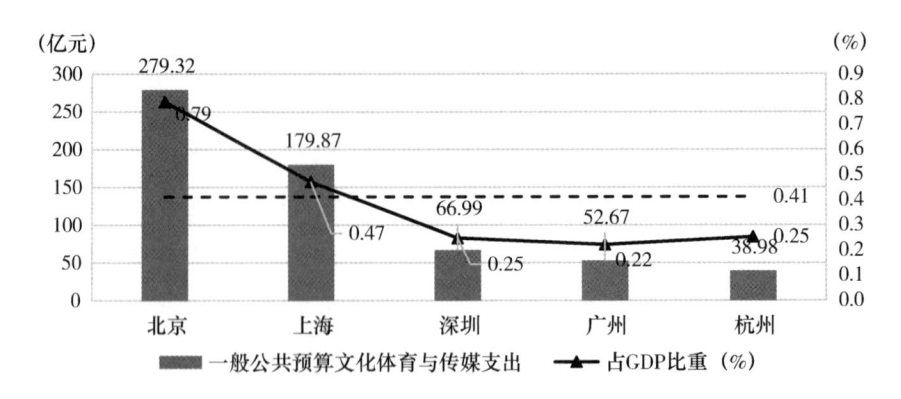

图 3.7　2019 年北上广深杭一般公共预算文化体育与传媒支出及 GDP 比重情况

数据来源：《2020 中国统计年鉴》，各市 2020 年统计年鉴。

三　文娱消费领先全国，低线级城市成电影市场后发增长点

（一）居民教育文化娱乐消费

广州已连续多年位居全国居民人均教育文化娱乐消费及支出第一的城市，2019 年，广州该项指标为 6146 元，上海为 5995 元，深圳、北京以及杭州三市则处于 4000—5000 元这一梯队，值得一提的是，同年南京居民人均教育文化娱乐消费支出为 6134.04 元，其消费水平与第一名广州相近。就居民人均教育文化娱乐消费支出占人均消费支出比重而言，五市均远高于全国平均水平（3.90%），其中广州、上海、深圳三市的排名情况保持不变，而杭州（10.37%）超越北京，成为五大城市中的第四名，北京则位于五大城市教育文化娱乐消费水平末尾（见图 3.8）。

按城镇/农村划分，无论是城镇居民人均教育文化娱乐消费支出还是农村居民人均教育文化娱乐消费支出，广州均高于其他四市，从相应的占比情况来看，广州城镇/农村居民人均教育文化娱乐消费支出占比同样均高于其余四市。杭州城镇居民人均教育文化娱乐消费支出占比超过深圳，但全体居民人均教育文化娱乐消费支出占比低于深圳，主要是深圳当年城镇化率为

第三章 中国城市文化产业创新发展现状分析 59

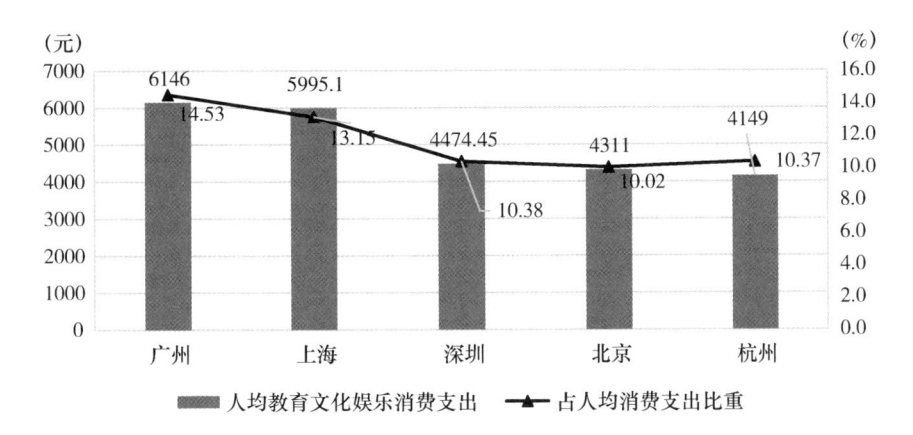

图 3.8　2019 年北上广深杭居民人均教育文化娱乐消费支出及占人均消费支出比重情况

数据来源：各市 2020 年统计年鉴。

100%，杭州农村居民人均教育文化娱乐消费支出占比相对较低所致（见图 3.9）。

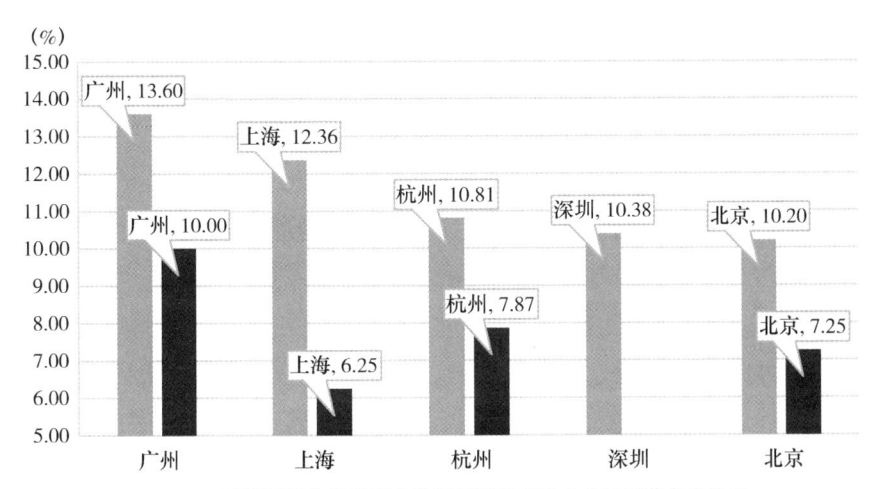

图 3.9　2019 年北上广深杭城镇/农村居民人均教育文化娱乐消费支出及占人均消费支出比重情况

数据来源：各市 2020 年统计年鉴及公开资料搜集整理所得；深圳市自 2014 年起城镇化率为 100%，因此深圳市 2020 年统计年鉴中未反映农村居民人均教育文化娱乐消费支出相关情况。

（二）电影票房

2019年，北上广深杭五市的电影市场集中度为19.92%，以直辖市、省会城市以及副省会城市为主的20城电影市场集中度为41.56%（见图3.10）。2015—2019年，北上广深杭五市以及20城的电影票房收入处于稳步增长阶段，而市场集中度均呈现波动下降的趋势，说明一二线城市人口净流入的红利优势相对削弱，而二线以下的低线级城市随着电影院线银幕的增加显现出强劲的后发增长动力。

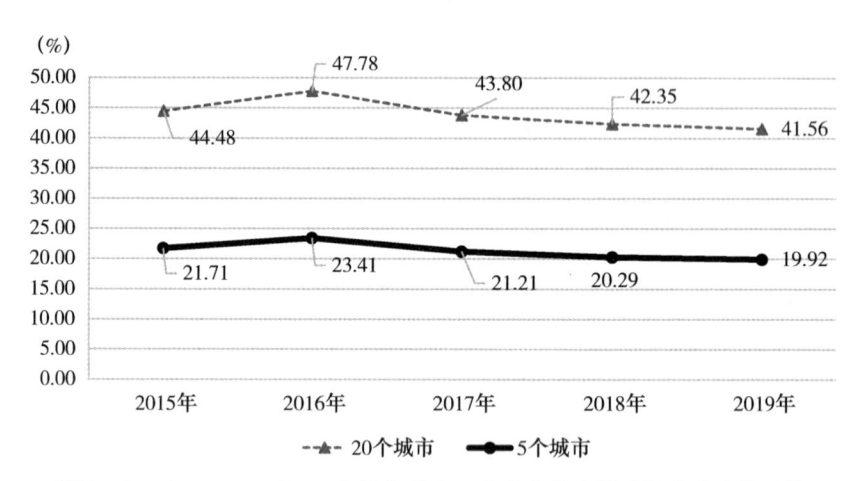

图3.10　2015—2019年20个城市以及5个城市的电影市场集中度情况①

数据来源：猫眼票房专业版，国家新闻出版广电总局。

上海电影票房收入登顶，电影事业发展火爆。2019年，上海电影票房收入达35.52亿元，位列全国城市第一，但同比增速与广州（5.16%）、杭州（4.44%）存在一定差距（见图3.11）。2019年上海出品共完片102部电影，比2018年增长19%。其中

---

① 电影市场集中度=城市电影票房收入/中国电影票房收入。5个城市分别为北京、上海、广州、深圳、杭州，20个城市分别为北京、上海、广州、深圳、杭州、成都、西安、武汉、南京、苏州、重庆、天津、厦门、宁波、大连、哈尔滨、济南、长沙、无锡、东莞。

上海本地电影公司出品的院线影片共计33部，占2019年的国产片总票房比重为12.70%。共有九部上海出品的电影票房过亿元，其中亭东影业《飞驰人生》票房17.17亿元，上影集团《攀登者》票房10.94亿元，均进入全年国产片票房排名前十。

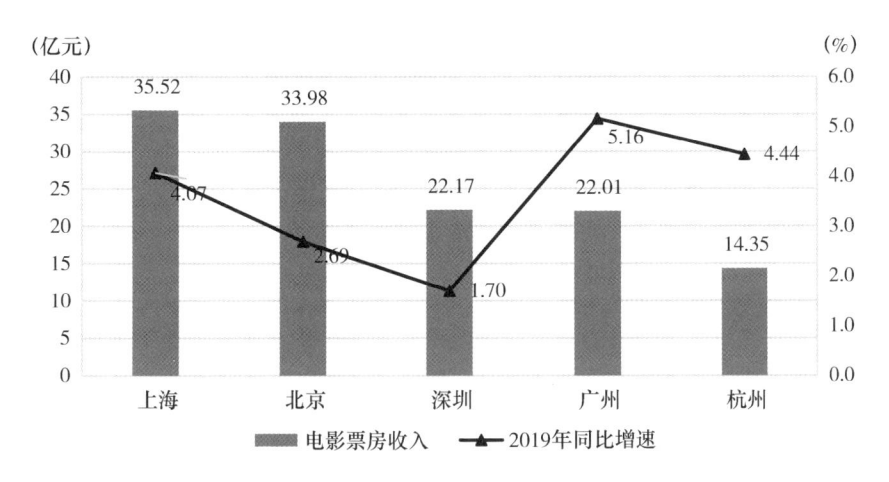

图3.11 2019年北上广深杭五市的电影票房收入及同比增速情况

数据来源：猫眼票房专业版。

四 产业规模领跑国内其他城市，向战略性支柱产业发展

（一）文化产业增加值

2019年，北京文化产业增加值为3318.40亿元，是全国城市中文化产业增加值唯一超过3000亿元的城市，是广州文化产业增加值的2.07倍，就文化产业增加值占GDP比重来看，2019年五市该项指标均超过5%，说明文化产业已成为地区国民经济支柱性产业，其中杭州为13.74%，远高于其他四市，充分说明杭州文化产业发展迅猛，对国民经济发展的影响作用更甚（见图3.12）。

就2019年文化产业增加值增长率而言，杭州该项指标达16.83%，是五大城市中最高的，其次为广州（16.81%），而北

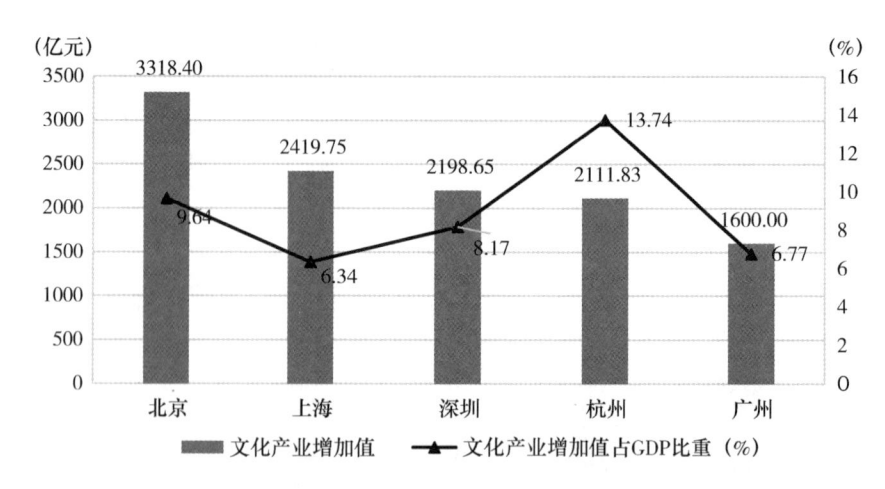

图 3.12 2019 年北上广深杭五市的文化产业增加值及占 GDP 比重情况

数据来源：公开资料搜集，其中上海数据为估算数。

京 2019 年文化产业增加值增长率为 7.92%，主要与上年文化产业增加值规模大小、人力资源及资本投入等因素有关。就 2015—2019 年文化产业增加值复合增长率来看，杭州、深圳两市复合增长率均在 20% 以上，反观上海复合增长率低于 10%，广州、北京两市复合增长率处于 10%—20% 之间，说明杭州、深圳两市文化产业处于高速扩张阶段，广州、北京两市文化产业处于中高速增长阶段，上海文化产业处于稳步增长阶段（见图 3.13）。

（二）旅游规模

2019 年，北上广杭四市的旅游总收入规模均超过 4000 亿元，其中北京旅游总收入为 6224.6 亿元，是全国城市中旅游总收入唯一超过 6000 亿元的城市，而深圳旅游总收入（1715.17 亿元），仅为北京的 27.55%。值得一提的是，重庆（5734 亿元）、成都（4650 亿元）等新一线城市旅游总收入规模也处于 4000 亿元以上梯队。从 2019 年旅游总收入同比增速（见表 3.14）来看，广州市同比增速为 28.27%，而北上深三市同比增速处于 10%—20% 区间，杭州市则小于 10%。从 2015—2019 年

第三章　中国城市文化产业创新发展现状分析

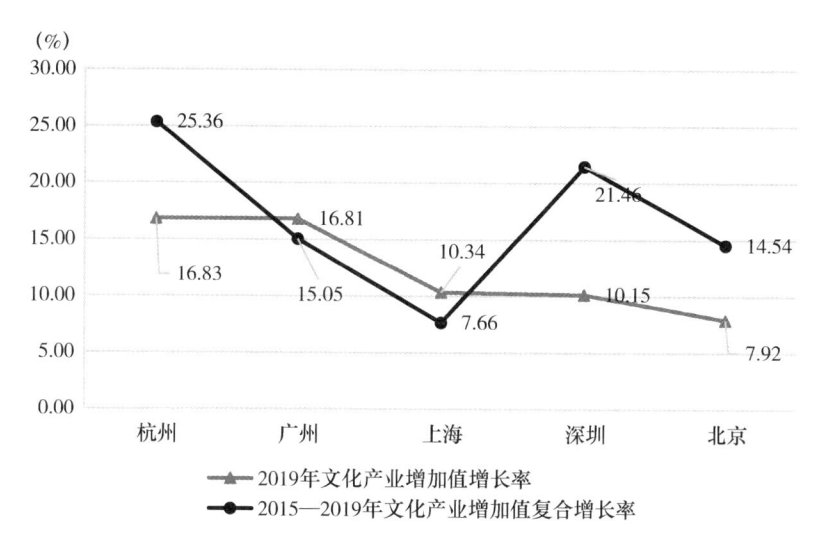

图 3.13　2019 年北上广深杭五市文化产业增加值增长率以及
2015—2019 年文化产业增加值复合增长率情况

数据来源：公开资料搜集。

旅游总收入复合增长率来看，广州复合增长率为 16.14%，仍在五市中排名首位，杭州、上海复合增长率处于 10%—15%，而北京、深圳两市复合增长率小于 10%，充分说明了广州、杭州、上海三市旅游业规模呈现体量大、中高速增长等特征，北京市旅游业规模体量大，处于稳定增长阶段，而深圳市则呈现出体量小，增速不及同期 GDP 增长（9.93%）的特征。

2019 年，北京国内旅游收入为 5866.2 亿元，仍然是五市中排名首位的城市，其收入规模大于上海当年旅游总收入规模，上海、广州、杭州、深圳的国内旅游收入依次分别为 4789.3 亿元、4003.46 亿元、3953.7 亿元、1369.47 亿元。从国内旅游收入比重来看，杭州、北京两市比重超过 90%，分别为 98.73%、94.24%，广州、上海两市比重处于 80%—90% 区间，分别为 89.87%、83.53%，而深圳比重为 79.84%，略低于 80%（见图 3.15），该比重由城市定位、区位因素、主导产业、自然禀赋

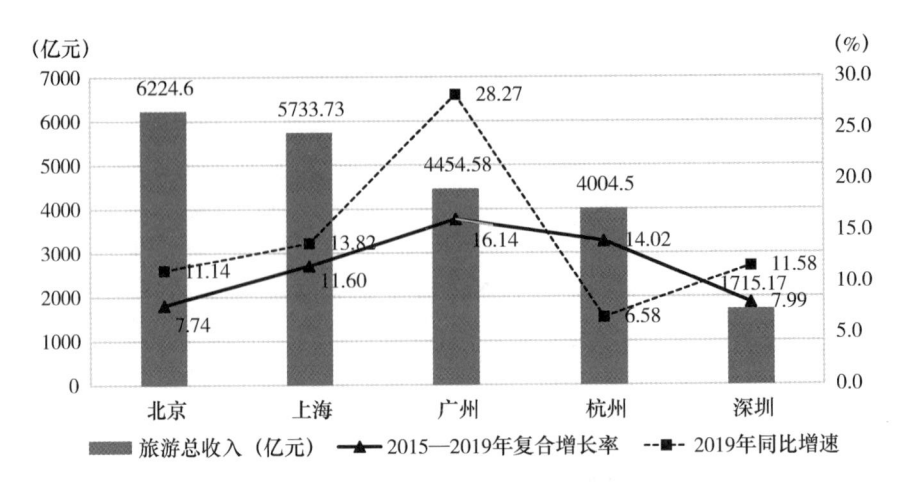

图 3.14 北上广深杭五市 2015—2019 年旅游总收入以及增长情况

数据来源：2016—2020 年各市统计年鉴，2015—2019 年各市统计公报。

等多种因素决定，如杭州地处长江三角洲，其开放程度不及其他四市，同时拥有西湖、大运河和良渚古城遗址等文化景区，因此国内旅游收入比重相对较高。

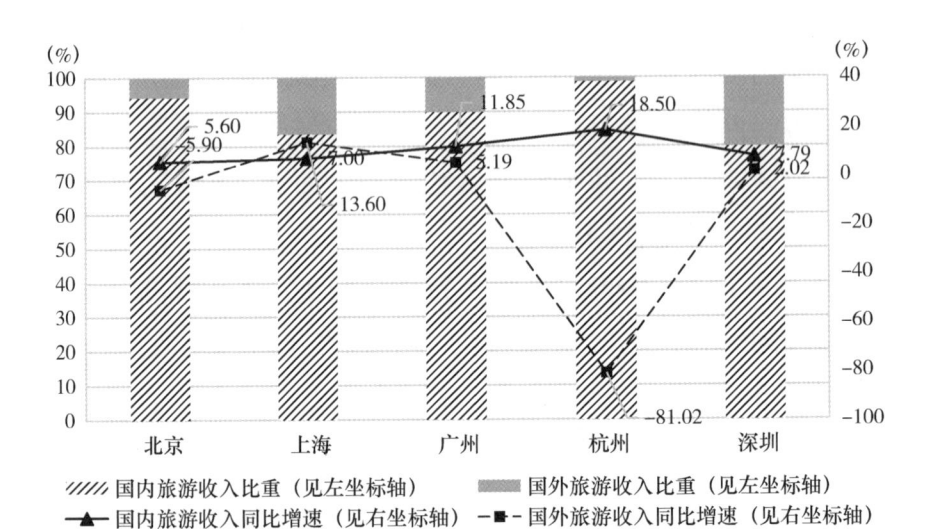

图 3.15 北上广深杭五市 2019 年国内/国外旅游收入比重以及增长情况

数据来源：2016—2020 年各市统计年鉴，2015—2019 年各市统计公报即公开资料。

(三) 头部企业

截至2019年，北京拥有32家文化传媒上市公司，比上海多20家，是杭州、广州的3倍多，比深圳高4.33倍。其中，按文化传媒上市公司的上市地点来划分，在中国沪深两市的上市公司（不含新三板）中，北京拥有19家，杭州拥有9家，上海、广州各拥有8家，而深圳拥有1家；在美股的上市公司中，北京拥有8家，上海拥有2家，而广州、深圳、杭州三市各拥有1家；在港股的上市公司中，北京拥有5家，上海拥有2家（见图3.16）。可见，北京文化传媒类行业上市公司最多，与上海一样，在沪深、美股以及港股均有上市公司。

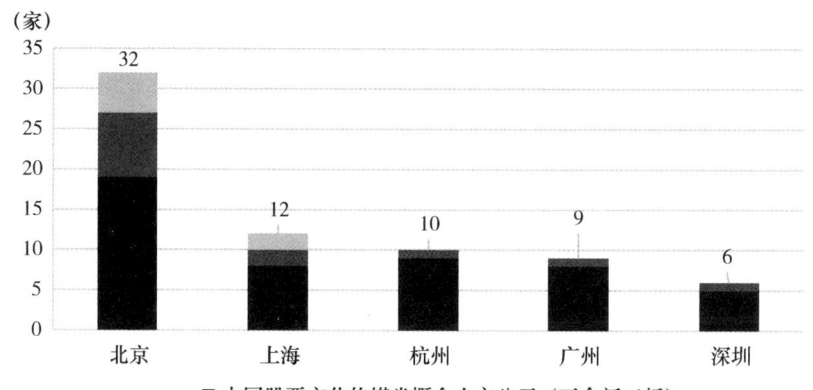

图 3.16 截至 2019 年北上广深杭五市文化传媒类概念上市公司情况

数据来源：WIND。

文化品牌评测技术文化和旅游部重点实验室、中国人民大学创意产业技术研究院发布了"2020中国文化和旅游企业品牌价值TOP50"榜单中，北上广深杭五市共计29家企业上榜，占比58%，其中29家企业总品牌价值为6235.44亿元，占比89.30%。从上榜企业数量来看，北京拥有15家，广州、杭州、深圳三市各拥有 4 家，而上海只有 2 家；从上榜企业总品牌价值来看，深圳上榜企业品牌总价值排名第一，北京、广州两市上榜企业品牌总价值处于 600 亿—700 亿元的区间，而上海、杭州两市上榜企业品牌总价值处于 100 亿—200 亿元的区间。值得一提的是，腾讯公司品牌价值达 4601.57 亿元，是深圳上榜企业品牌总价值第一的主要因素（见图 3.17）。

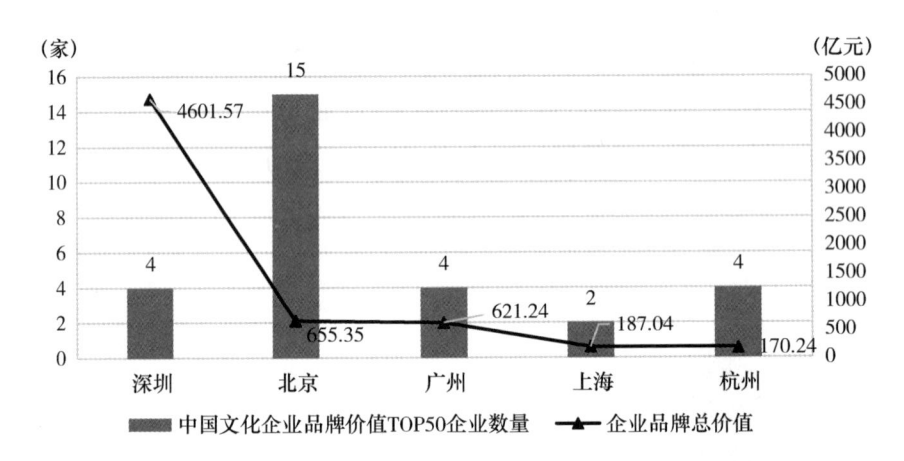

图 3.17　2020 年北上广深杭五市中国文化和旅游企业品牌价值 TOP50 情况
数据来源：中国人民大学创意产业技术研究院。

（四）就业人数

北上广深杭五市的规上文化产业从业人数阶梯性明显。2019 年，北京依然是规上文化产业从业人数最多的城市，为 54.24 万人，与深圳同处于 50 万人以上的区间，上海、广州两市规上文化产业从业人数分别为 39.02 万人、37.26 万人，而杭州最少，为 16.90 万人（见图 3.18）。

2015—2019 年，广州、深圳、杭州三市规上文化产业就业人员规模都在稳步增长，相应的复合增长率为 5.38%、1.20%、10.33%，而北京规上文化产业就业人员规模呈现波动上升趋势，复合增长率为 5.01%，上海规上文化产业就业人员规模呈

第三章　中国城市文化产业创新发展现状分析

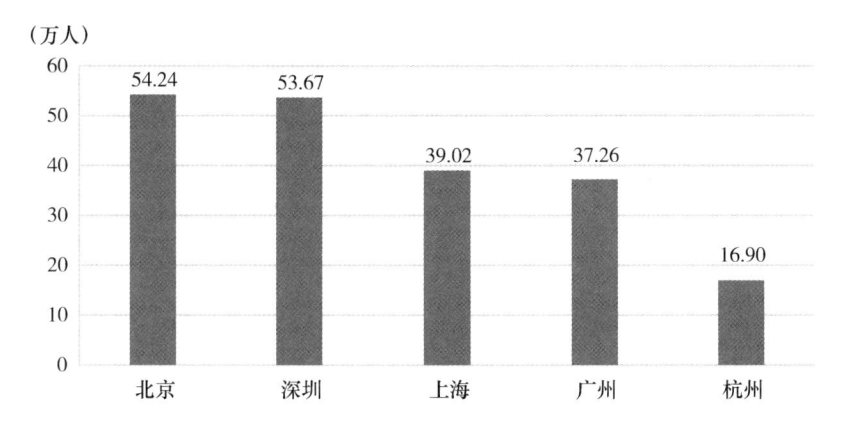

图 3.18　2019 年北上广深杭五市规上文化产业就业人数情况

数据来源：《中国文化及相关产业统计年鉴—2020》及公开资料搜集，广深数据由往年数据估算而得。

波动下降趋势，复合增长率为 -1.05%，最高值（2017 年，43.78 万人）比最低值（2018 年，30.02 万人）多 4.76 万人，结合上海 2015—2019 年文化产业增加值复合增长率（7.66%）在五市中排名末尾的实际情况，上海文化产业发展呈现出较为明显的稳定发展期特征（见图 3.19）。

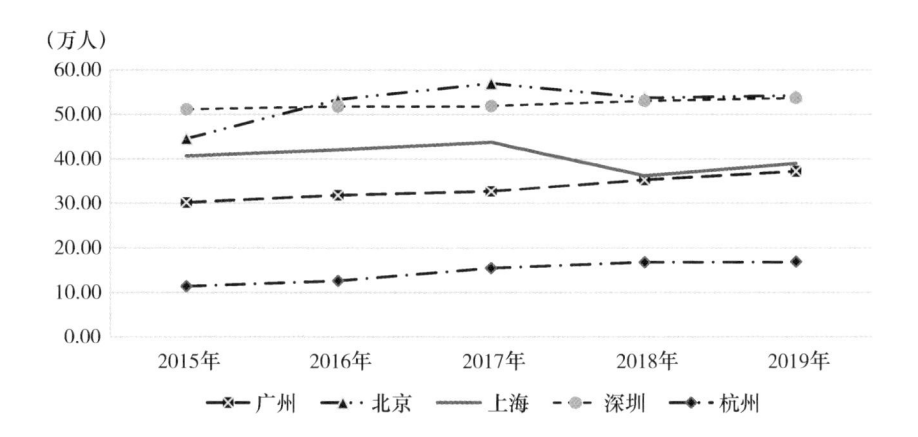

图 3.19　2015—2019 年北上广深杭五市规上文化产业就业人数情况

数据来源：《中国文化及相关产业统计年鉴—2020》及公开资料搜集，广深数据由往年数据估算而得。

（五）文化影响力

以"文化产业"为关键词的百度资讯指数①显示，2019年，北京"文化产业"资讯指数的日均值为5174，位列全国城市第一，紧追其后的是上海（4619），两市"文化产业"资讯指数的日均值均在4000以上，其余三市"文化产业"资讯指数的日均值均处于2000—3000的梯队，从2019年同比增速来看，广州、深圳两市均在300%以上，主要系2018年基础指数值较小，上海2019年同比增速为261.14%，仍保持了高增速，而北京2019年同比增速为54.82%，是五市中最小的，主要系2018年基础指数值较大（见图3.20）。

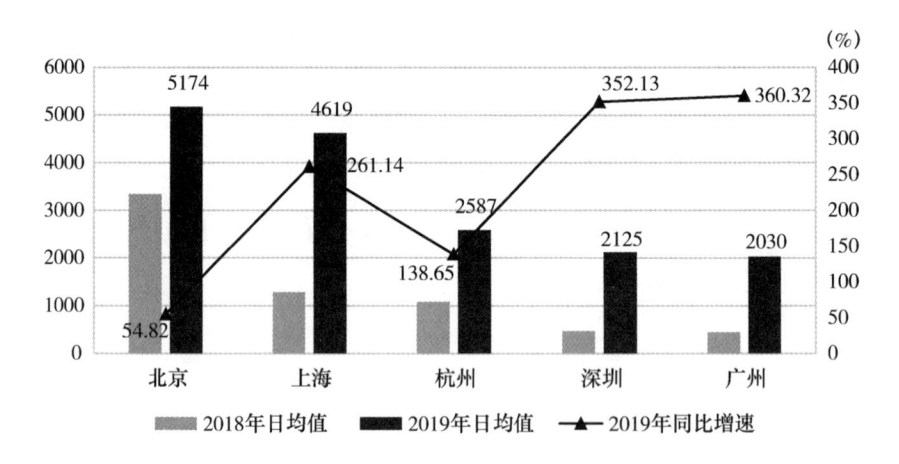

图3.20　2018—2019年北上广深杭五市"文化产业"资讯指数及增长情况
数据来源：百度指数。

第二节　中国城市文化产业创新发展情况

根据党的十九届五中全会精神，2021年起我国进入新发展

---

① 资讯指数：指新闻资讯在互联网上对特定关键词的关注及报道程度及持续变化。计算方式：以百度智能分发和推荐内容数据为基础，将网民的阅读、评论、转发、点赞、不喜欢等行为的数量加权求和得出。

阶段。习近平总书记在庆祝中国共产党成立95周年大会上明确提出，中国共产党人"坚持不忘初心、继续前进"，就要坚持"四个自信"即"中国特色社会主义道路自信、理论自信、制度自信、文化自信"。他还强调指出，"文化自信，是更基础、更广泛、更深厚的自信"。互联网新业态的快速发展改变了文化产业发展格局，文化消费需求的提高促进了内容产业的提质升级，"文化＋"与其他行业的跨界融合，助力文化产业向高质量发展转变。当前，我国城市文化创新发展主要是"文化＋"的融合创新为主，与科技、旅游、数字、金融等的深度融合发展，并涌现了一批文化创新发展的典型案例。

一 中国文化产业创新成为城市发展重要趋势

文化的生命力在于创新。无论是在知识方法层面，还是在制度安排以及物化成果的转化方面，追求创新的文化精神和文化生命表达都是城市创新的内在动因。从文化创新的落脚点出发，文化创新是为了满足人民日益增长的精神文化需求，同时也是我国进入新时期后建设文化强省、文化强市的发展需求。"互联网＋"成为文化创新发展的重要媒介，近年来在国家省市积极政策引导下，我国文化产业的创新日趋加速，呈现出不断转型升级的良好态势，这是改革开放以来我国坚持创新驱动和建设创新体系的必然结果。

（一）城市发展需求

城市是文化的载体，也是文化的产物。城市文化既需要传承，也需要创新，只有在传承中创新，在创新中传承，城市文化才不会被割裂，才能更好地延续。创新城市发展方式，协调统筹城乡发展，已成为全社会的重要共识。习近平总书记强调："要保护弘扬中华优秀传统文化，延续城市历史文脉，保护好前人留下的文化遗产。要结合自己的历史传承、区域文化、时代要求，打造自己的城市精神，对外树立形象，对内凝聚人心。"

随着各地对文化软实力的重视和发掘，关于城市文化的话题一度成为社会舆论的热点，直观地表露出各地对于优秀文化形象的强烈渴求，同时也体现出各地城市面对国际化形势下的一系列新变化、新机遇、新挑战，纷纷把文化建设提升到城市发展的战略高度来实施。

文化创新，推动文化发展与城市定位相得益彰。文化创新，是创新发展的关键一环，是引领城市理性发展的强劲动力。纵观世界先进城市，它们都有立意高远的自我文化定位。比如，伦敦关于文化产业发展定位是"世界卓越的创意和文化中心"，北京的定位则是"世界文化名城"。

(二) 政策积极引导

自党的十五届五中全会提出"文化产业"概念起，我国开始区分文化事业与文化产业，明确文化发展的地位与作用，提出解放和发展文化生产力，加强公共文化服务体系建设。从国家文化政策制定和实施的历程看，围绕大局、与时俱进、突破瓶颈、积极探索、促进发展是推动文化产业政策创新的基本规律。

中国特色社会主义进入新时代，文化产业发展也进入新时代。党的十九大以来，我们党创新理论最大的成果之一是提出了文化自信重大命题。2019年《国务院关于文化产业发展工作情况的报告》提到要推动文化产业实现高质量发展，以优秀文化产品和服务满足人民群众美好生活新期待，其中有关文化创新的论述主要有：一是坚持创造性转化、创新性发展，加快文化供给侧结构性改革；二是把创作生产优秀文化产品作为中心环节；三是创新文化生产经营机制，增强文化企业的市场竞争实力；四是推动文化和科技深度融合，提升文化产业科技支撑水平，改造传统文化产业，发展新兴文化产业，提升新型文化业态的比重；五是加快推进符合文化产业发展需求和文化企业特点的金融产品与服务创新，积极探索文化资产管理、文化产业融资租赁、文化保险担保等金融业务创新，促进文化资源与金融资本有效对接。

（三）人民精神文化需求

近年来，我国已转向高质量发展阶段，人民群众改善生活品质的愿望更加强烈，享有更丰富、高品位文化生活的期盼日益高涨，文化消费、文化经济、知识付费等持续升温，人们的文化生活出现了品质化、个性化、多样化的需求。

从经济学的角度来看，人的任何现实需要都离不开生产和消费。文化消费是指对精神文化类产品及精神文化性劳务的欣赏、享受和使用。文化消费是以物质消费为依托的，有益的文化消费不仅能够带来一定的经济效益，还能在传播思想、陶冶情操、提振精神等多方面起到积极作用。

服务人民大众，是文化建设的根本目的，也是文化创新的基本出发点和落脚点。因此，从服务人民大众的落脚点出发，人民群众日益增长的精神文化需求，就要求文化产品与服务的供给侧结构性改革，以科技和创意推动文化创新，让更多富有创意、创造性，具备科技力量的文化创新产品或服务，来满足人民日益增长的精神文化需求。

（四）"互联网+"打破行业壁垒

"互联网+"的内涵也已经不仅仅是"互联网+传统产业"，而是互联网思维方式和生活方式的进一步实践。未来，随着5G时代的到来，无论是文化还是科技，都将继续与制造业、农业、金融等产业深度融合，并在跨界思维的引导下裂变出涉及内容更广、运行机制更复杂的新兴业态。

"十四五"规划提出要实施文化产业数字化战略，加快发展新型文化企业、文化业态、文化消费模式，从市场层面来看，数字文化市场表现为供需两旺。截至2020年3月，我国已拥有8.5亿网络视频（含短视频）用户，总量位居数字文化各领域首位；网络直播用户5.6亿，相较2018年底增长41.1%，增速显著；典型数字文化领域用户在网民中占比均过半，数字文化已经成为当前大众文化消费的主流形态。一方面，互联网技术作为一项人类科技革命史上里程碑式的技术革命，对文化领域的颠覆性影响正在向纵深推进，分享经济、粉丝经济、社群经济等正在深刻影响和改造着文化的生产、传播和消费流程，颠覆着传统对于文化事业和文化产业的边界划分，拓展了文化创意产业的边界，一些新的泛文化创意产业正在蓬勃发展。另一方面，大数据、云计算、人工智能、VR/AR、3D打印，这些新的技术浪潮对文化领域的颠覆性影响已经初露头角，未来必将诞生出许多新兴的文化服务和文化消费业态。疫情防控期间，各地推出的"线上博物馆""线上图书馆""线上剧院"等线上公共文化服务，为广大群众超越时间、空间限制，享受优秀公共文化产品提供了可能，也让中国的优秀文化能为最广大的人群所了解和感知。

二 中国城市文化创新发展基本情况

在2021年3月十三届全国人大四次会议上，《政府工作报告》明确提出"加快数字化发展，打造数字经济优势，协同推进数字产业化和产业数字化转型""强化国家战略科技力量，推进国家实验室建设，完善科技项目和创新基地布局"。文旅产业领域应当全面贯彻落实《关于推动数字文化产业高质量发展的意见》，培育一批新型文化企业，建设新型文旅产业国家重点实验室，加快推进云计算、大数据、区块链、物联网等前沿技术在文旅产业领域的应用，着重发展沉浸式体验、数字艺术、数字娱乐、线上演播等新兴文旅业态。

（一）文化与科技

2019年，五市共计15个基地入选国家文化和科技融合示范基地，其中2012年第一批国家文化和科技融合示范基地名单中，北上深杭四市各入选1个，而广州并未入选；2014年第二批国家文化和科技融合示范基地名单中，广州入选1个，而北上深杭四市并未入选；2019年第三批国家文化和科技融合示范基地名单中，深圳入选集聚类基地和单体类基地各1个（深圳南山国家文化和科技融合示范基地、华强方特文化科技集团股份有限公司国家文化和科技融合示范基地），北京入选单体类基地4个（北京四达时代软件技术股份有限公司国家文化和科技融合示范基地、利亚德光电股份有限公司国家文化和科技融合示范基地、掌阅科技股份有限公司国家文化和科技融合示范基地、北京蓝色光标数据科技股份有限公司国家文化和科技融合示范基地），上海、广州两市入选单体类基地各1个（上海科技馆国家文化和科技融合示范基地、广州励丰文化科技股份有限公司国家文化和科技融合示范基地），杭州入选单体类基地2个（浙报传媒控股集团有限公司国家文化和科技融合示范基地、咪咕数字传媒有限公司国家文化和科技融合示范基地）（见图3.21）。

另外，2018年由国家文化和旅游部文化品牌服务平台发布的文化科技融合TOP30强榜单中，北上广深杭五市共入选19家企业，其中北京共入选9家企业，包括爱奇艺、掌阅科技等文化科技融合亮点企业；深圳共入选3家企业，包括腾讯、华侨城、华强方特；上海共入选3家企业，包括东方明珠、阅文集团、风语筑；广州共入选2家企业，包括分众传媒、网易；杭州共入选2家企业，包括浙数文化、宋城演艺（见图3.22）。

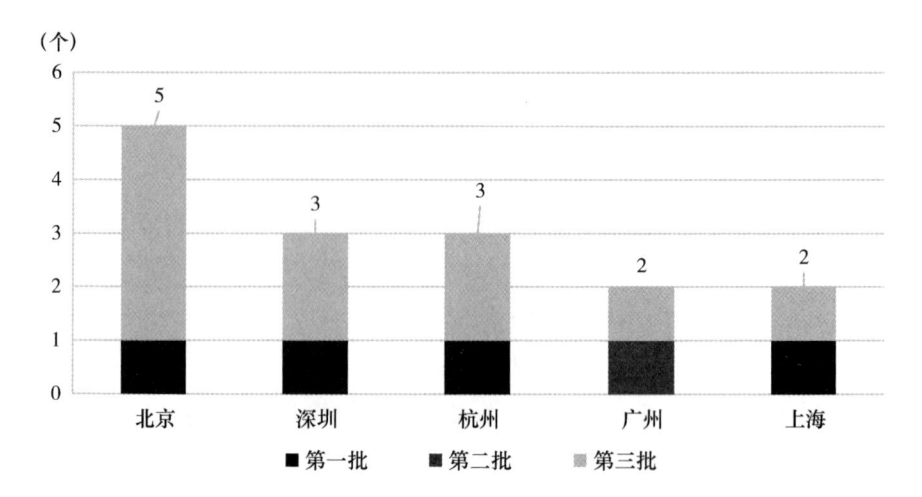

图 3.21　截至 2019 年北上广深杭五市国家文化和科技融合示范基地情况

数据来源：公开资料。

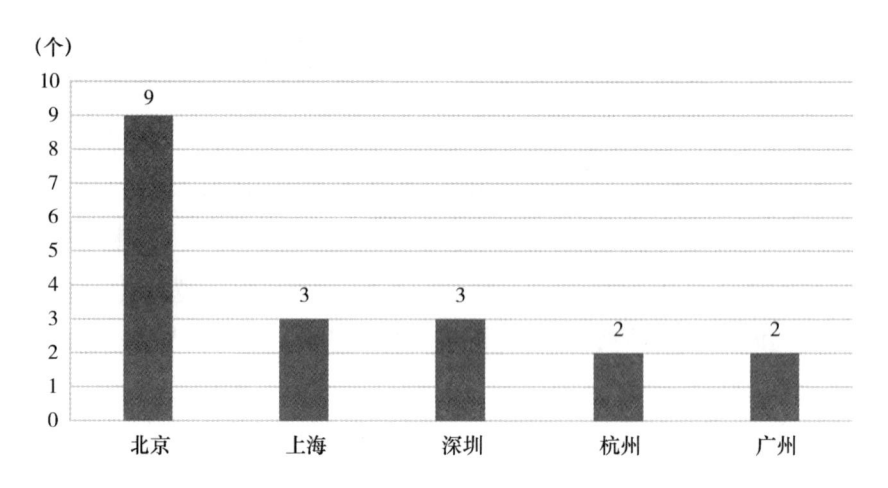

图 3.22　截至 2019 年北上广深杭五市文化和科技融合 TOP30 强榜单企业数量

数据来源：国家文化和旅游部文化品牌服务平台。

（二）文化与旅游

截至 2020 年，国家旅游局共公布两批全域旅游示范区，北上广深杭五市共入选 12 个，其中北京共入选 5 个，第一批 3 个，第二批 2 个，上海共入选 4 个，第一批 2 个，第二批 2 个，广州共入选第一批 1 个，深圳、杭州两市入选第二批各 1 个（见图 3.23）。

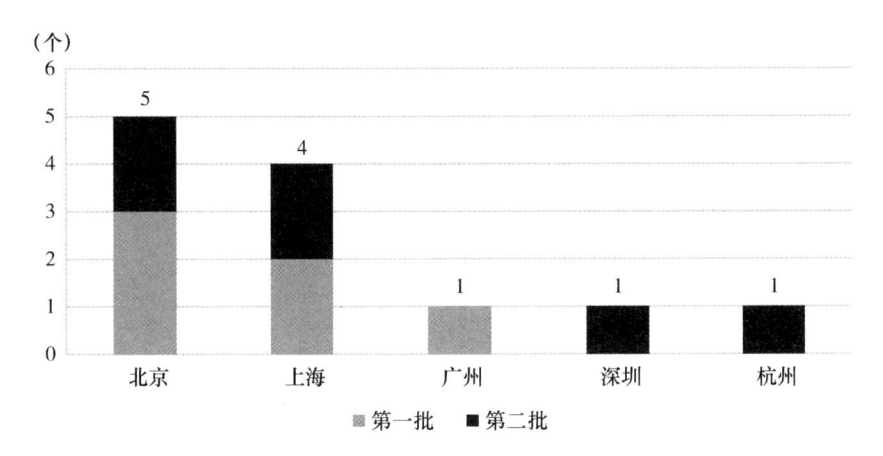

图 3.23　截至 2020 年北上广深杭五市国家全域旅游示范区数量

数据来源：国家文化和旅游部。

（三）文化与数字

2020 年 9 月，腾讯研究院发布的《2020 数字中国指数报告》中，北上广深杭五市入选 2019 年数字文化指数[①]TOP10 城市榜单，其中北京、广州、上海、深圳四个数字一线城市的数字文化指数排名占据前四位，继续领跑全国，作为数字二线城市的杭州位于成都、重庆两市后，位列第七（见表 3.1）。

表 3.1　2018—2019 年北上广深杭五市数字文化指数排名情况

城市	2019 年排名	2018 年排名	排名变化
北京	1	1	—
广州	2	4	上升 2 名
上海	3	3	—
深圳	4	2	下降 2 名
杭州	7	7	—

数据来源：腾讯研究院《2020 数字中国指数报告》；"—"表示 2018 年与 2019 年排名无变化。

---

① 数字文化指数汇集长视频、短视频、新闻、动漫、游戏、音乐、网文、电影、直播九大板块，基于腾讯视频、腾讯微视、腾讯新闻客户端、腾讯动漫、腾讯游戏、腾讯音乐娱乐集团、阅文集团及猫眼娱乐的使用总量数据，衡量全国 351 个地市的数字文化消费情况及变化趋势。

北京在新闻、视频、文学、短视频四大细分市场中排名第一，广州在动漫、音乐两大细分市场中排名第一，上海在电影细分市场中排名第一，深圳在游戏细分市场中排名第一，其中北上广深四市在除短视频外的七个细分市场均牢牢占据榜单城市前四。根据《2020数字中国指数报告》，2019年各数字文化细分市场中，北上广深杭五市均有不同的表现。新闻细分市场，北京、广州、上海占据前三位，深圳、杭州分别位列第五、第六；视频细分市场，北京、广州、深圳、上海占据前四位，杭州位列第七；文学细分市场，北京、上海、深圳占据前三位，广州、杭州分别位列第六、第八；动漫细分市场，广州、北京、上海、深圳占据前四位，杭州位列第八；短视频市场，北京排名第一，深圳、广州、上海、杭州则位列第四至第七；电影市场，上海、北京、深圳、广州占据前四位，杭州位列第八；音乐市场，广州、深圳、上海、北京占据前四位，杭州位列第八；游戏市场，深圳、广州、北京、上海占据前四位，杭州则未入选榜单前十城市（见表3.2）。

表3.2　　2019年数字文化细分市场的十强城市排行榜

排名	新闻	视频	文学	动漫	短视频	电影	音乐	游戏
1	北京	北京	北京	广州	北京	上海	广州	深圳
2	广州	广州	上海	北京	成都	北京	深圳	广州
3	上海	深圳	深圳	上海	重庆	深圳	上海	北京
4	成都	上海	重庆	深圳	深圳	广州	北京	上海
5	深圳	重庆	长沙	成都	广州	成都	重庆	重庆
6	杭州	成都	广州	重庆	上海	重庆	成都	成都
7	重庆	杭州	成都	东莞	杭州	武汉	东莞	东莞
8	武汉	武汉	杭州	杭州	东莞	杭州	杭州	苏州
9	南京	南京	东莞	苏州	苏州	苏州	苏州	天津
10	长沙	西安	苏州	佛山	长沙	南京	郑州	武汉

数据来源：腾讯研究院《2020数字中国指数报告》。

(四) 文化与金融

北京、上海、深圳三市文化与金融融合发展示范效用明显。作为文化产权交易及相关投融资的重要渠道，早在2011年，中宣部、商务部、文化部等5部委共同发布《关于贯彻落实国务院决定加强文化产权交易和艺术品交易管理的意见》指示，上海、深圳成立国家级文化产权交易所。除此之外，北京设立了北京文化产权交易中心、北京文化艺术品交易所等，杭州设立了杭州文化产权交易所，广州并未设立，而是由广东省委、省政府批准设立了广东省南方文化产权交易所股份有限公司（南方国际版权交易所）。

2019年12月，经文化和旅游部、中国人民银行、财政部批复同意，北京市东城区和浙江省宁波市创建国家文化与金融合作示范区。另外，上海、广州、深圳、杭州四市也在积极探索文化与金融融合的发展路径，如2020年9月广州市海珠区揭牌海珠文旅特色银行，积极为海珠区申报创建国家文化与金融合作示范区打基础。

(五) 文化产业创新发展典型案例

近年来，文化产业创新发展呈现出"数字化"特征。我国文化产业发展区域性特征明显（见表3.3），以广东省为领跑的东南沿海地区发展水平较高，相应的文化产业创新发展也走在全国前列，涌现了一批文化创新发展的典型案例。

表3.3　　　　国内重点城市或区域数字文化发展情况

城市或区域	数字文化发展情况
北京市	推进网络、应用、终端全面支持 IPv6，推动3D影视、超高清视频、网络游戏、VR、AR等高带宽内容发展
天津市	推进智慧文娱建设，构建民间美术、舞蹈、传统戏剧、手工技艺、民俗等天津非物质文化遗产的数字资源库，实现对文化遗产的数字化保存传承

续表

城市或区域	数字文化发展情况
江苏省	开设线上"文旅超市",运用手机 App 整合文旅产品,推进 5G、人工智能等新技术应用
上海市	在全国范围内首发数字文化创意内容出海扶持的"千帆计划"。"全球电竞之都""游戏创新之城"成为上海数字经济新标签、新动能
珠三角	动漫游戏、视频、数字音乐、数字艺术展示等蓬勃发展。粤剧、龙舟、武术、醒狮等为代表的岭南文化,广州、佛山(顺德)特色饮食文化借助数字技术,名扬海内外。珠三角与港澳共同组成了中国对外多元文化交流的窗口,是"一带一路"重要的国际文化交往中心
成都	大力发展文创,建设天府文创城、成都游戏动漫基地、四川电竞产业基地。大力发展数字媒体、数字出版、3D 动漫等数字内容供给

数据来源：腾讯研究院《2020 数字中国指数报告》。

1. 北京数字文化产业

北京集聚了文化产业各细分领域的头部企业,特别是网络新视听、数字广告、数字出版、电竞游戏等数字文化产业形态的企业。

政策方面,目前,北京市已发布了数字文化产业未来规划和发展路线。2020 年 4 月,北京市推进全国文化中心建设领导小组出台《北京市推进全国文化中心建设中长期规划（2019 年—2035 年）》,提出到 2035 年,实现数字图书馆、数字文化馆、数字博物馆各区全覆盖,充分发挥数字文化服务在公共文化服务体系建设中的重要作用。另外,2020 年 6 月,北京市出台《北京市加快新场景建设培育数字经济新生态行动方案》,指出要围绕内容创作、设计制作、展示传播、信息服务、消费体验等文化领域关键环节,推动人工智能、大数据、超高清视频、5G、VR 等技术应用,促进传统文化产业数字化升级,培育新型文化业态和文化消费模式。

应用场景方面，在政策的支撑引领带动下，北京市各类数字化技术不断应用于文化生产，数字文化产品供给质量不断提升，提供了新的消费模式和场景，包括数字图书馆、数字博物馆、数字非遗展示等项目和模式。大量文化活动搬上"云端"，云观展、云游览等新业态满足了消费者线上新兴文化消费需求。例如，在疫情期间，北京民俗博物馆、故宫博物院、国家博物馆等多家博物馆推出线上展览、线上直播等丰富多彩的"云端"活动；中文在线和东城区第一图书馆联合举办了系列网络直播活动，请文化名家推广阅读，参与人次远超疫情前的线下活动。

"文化+"金融方面，2020年，北京市数字文化产业发生社会融资案例93起，涉及资金规模为375.87亿元，同比减少27.12%，但在全国数字文化产业社会融资总规模中的市场份额仍然达到30.44%，仅次于广东省。在投资方面，北京市新三板挂牌数字文化企业对外投资步伐放缓，涉及资金规模为2.47亿元，同比下降11.17%，但仍位列全国第一；而55家上市数字文化企业投资规模为297.06亿元，同比增长177.83%，投资市场明显升温，且位居全国第二名，领先优势明显。

2. 上海电竞产业

上海稳居电竞一线城市，上海市政府从顶层规划、专项资金扶持、营商环境优化、教育与人才培育、产业园区建设等多方面促进电竞发展带动相关产业及城市文化品牌发展，积极推动数字文化产业、政策、生态协同发展。

产业方面，上海是电竞产业最活跃、最具影响力的一线城市。《2019上海电子竞技产业发展评估报告》显示，知名电竞俱乐部约占全国的48.7%，三成大型知名赛事落地上海。同时，产业集群化效应显著，多家优质电竞游戏研发企业、电竞媒体、电竞赛事服务企业、专业化场馆集聚上海。

政策方面，2018年11月，上海市文化和旅游局出台《上海市电子竞技运动员注册管理办法》。2019年6月,上海市出台《促进电子竞技产业健康发展20条意见》。闵行、静安、杨浦、浦东、普陀等多区先后出台产业扶持政策。

生态方面,带动相关产业及城市文化品牌发展。2020年,上海电竞产业为其他领域带来的收入预计将达36.3亿元,其中直播收入约为16.37亿元。电竞对交通、餐饮、旅游、购物等相关行业的带动效应同样显著。

3. 广州永庆坊的传承和创新

永庆坊坐落在广州市荔湾区西关,仍保留着浓郁的岭南文化气息。近几年的城市更新政策下,永庆坊在西关老城风貌的基础上融合了一些时尚元素,成为广州年轻人文化创意的聚居地。

在永庆坊周边,还分布着粤剧艺术博物馆、八和会馆、李小龙祖居、神秘政客故居和广州最长最完整的骑楼等历史文化建筑群,再往外走两三公里,是两千多年历史的南越王宫和西汉木质水闸。这里一年到头,文化展览不断,弦歌不绝于耳,是广州城里古典与现代兼容、怀旧与潮流并蓄的经典所在,成为广州众多特色文化街区的代表。

广州先后涌现了一大批诸如音乐剧《西关小姐》、粤剧《碉楼》等荣获中宣部"五个一工程"奖和戏曲"文华奖"的优秀文艺作品。其实,创新作为广州的城市文化,早已超越狭隘的文化概念,成为助推广州社会经济全面发展的动力。这样的案例不胜枚举,24号一夜成名的永庆坊就是文化创新的新成果。永庆坊旧城改造中改变了过去"推倒重来、大拆大建"的做法,采取"微创改造"的创新理念,使这个文化沉淀深厚的老街区呈现出"老树新芽"式的勃勃生机。

4. 深圳观澜版画村的文创光影秀

观澜版画村,位于中国新兴木刻运动的先驱者、著名版画家、美术理论家陈烟桥的故乡——深圳市龙华区观澜街道牛湖社区。她是深圳为数不多的古村落,被誉为"深圳最美的乡村",典型的客家人居住的风格,依山傍水,排屋形制,粉墙黛瓦,木门石基,水塘、古井、宗祠、碉楼。

观澜版画村文创灯光提升工程打造了全新的以版画艺术和客家文化为主题的文创灯光秀。升级改造后的版画村,在以前的古朴典雅中注入了一些绚丽斑斓,在国庆期间为游客带来了一场如梦如幻的沉浸式多媒体夜游体验。

观澜版画村夜景提升改造项目是深圳市政府十大重点项目之一,将版画村的独特文化与夜景照明相结合是本项目的打造重点。正如版画村的改造诉求一样,不同城市中个性化照明表达的需求日益凸显,而源于传统照明,但是高于传统照明的文创灯光成为未来城市照明中长期改造的出路。

第三节 本章小结

本章选取北上广深杭五市来说明当前我国城市文化产业创新发展现状,并选取了数字文化、电竞产业、文旅融合等典型案例。总体来看,北上广深杭五市文化产业发展领跑国内其他城市,已成为各地区国民性经济支柱产业,正向战略性支柱产业发展。其电竞产业中北京、上海是国内文化产业当之无愧的领头羊,广州、深圳、杭州则是国内文化产业发展领先城市,展现出不同的发展潜力。

具体来看,公共服务方面,北京、上海公共服务体系相对完善、文化资源基础较为丰富,文化财政支出实力雄厚,在文化、体育和娱乐业固定资产投资强度上不及新一线城市。文娱消费方面,广州则表现出强大的消费需求和能力,连续多年成为全国居民人均教育文化娱乐消费支出第一的城市,农村和城市人均教育文化娱乐消费支出双双领先。电影票房方面,各城市票房收入稳步增长，受一二线城市人口净流入的红利优势相对有所削弱影响，低线级城市增长潜力巨大。产业规模方面，北京文化产业增加值与旅游总收入全国领先，拥有最多的文化传媒上市公司，境内外上市公司最多，并提供了最多的文化产业就业岗位，同时拥有最强的文化影响力，在以上方面领先于上海、深圳两市。杭州、广州分别在文化产业增加值和旅游总收入方面展现出较大的增长潜力，深圳在头部企业品牌价值以及就业人数上直逼北京。

当前，文化产业创新发展趋势是在城市发展需求和人民精神的双轮驱动下，受益于政策积极引导，"互联网＋"作为重要介质等多重因素下促就的。在文化产业创新发展的大背景下，我国城市文化产业创新发展主要以"文化＋"的融合创新为主，与科技、旅游、数字、金融等的深度融合发展，所选取城市始终处于全国领先地位。其中，文化与科技方面，北京国家文化和科技融合示范基地是入选批次最多，数量最多的城市，北京文化科技融合企业占据全国 TOP30 的 30%。文化与旅游方面，北京、上海全域旅游示范区数量较多，其余城市表现一般。文化与数字方面，北京、广州、上海、深圳四个一线城市的数字文化指数排名占据前四位。从数字文化细分市场来看，北京在新闻、视频、文学、短视频四大细分市场中排名第一，广州在动漫、音乐两大细分市场中排名第一，上海在电影细分市场中排名第一，深圳在游戏细分市场中排名第一。文化与金融方面，北京、上海、深圳三市文化与金融融合发展示范效用明显，其中上海、深圳拥有国家级文化产权交易所，北京市东城区与浙江省宁波市创建国家文化与金融合作示范区，同时，广州、杭州四市也在积极探索文化与金融融合的发展路径，如杭州设立了杭州文化产权交易所，广州拥有广东省南方文化产权交易所股份有限公司，以及成立海珠文旅特色银行等。

第四章 相关文献综述及指标体系构建

第一节 文化产业的相关概念

1947年阿多诺（Theodor Adono）与霍克海默（Max Horkheimer）共同编写的《文化产业：欺骗公共的启蒙精神》一文中，首次出现了"文化产业"一词，并把"文化产业"纳入研究范畴。在此之后，学术界和各国政府才开始对文化产业的理论和实践研究加以关注。第二次世界大战使全球各国经济遭受重创，为尽快恢复和加快社会发展，全球各国把经济发展放在首位，在各国经济发展过程中，文化产业也经历着从无到有、从弱到强的壮大历程。当前，文化产业已经成为全球各国经济结构中的重要组成部分，在一些国家甚至已经占据了举足轻重的经济地位，成为国民经济支柱产业和新的经济增长点。在此过程中，国内外学者对文化产业也展开着深入而卓有成效的研究和探讨，并形成了诸多具有较强代表性的理论和成果。随着社会的不断发展，学者们对文化产业进行的相关研究和探索也在逐步深入，对文化产业的理解也在不断加深，而对文化产业的相关概念和定义也在不断地革新，并形成了诸多的解释和理解。[1]

---

[1] 常凌翀：《文化产业的概念与分类》，《新闻爱好者》2013年第12期。

一 国外关于文化产业概念的探讨

虽然学术界关于文化产业的研究始于阿多诺和霍克海默，但在著作中他们并未就文化产业的概念做出一个较为明确的解释，只用"文化产业"这一概念来批判资本主义凭借其先进的技术手段进行大规模复制、传播和消费文化产品的现象。[1] 可见，在他们看来，"文化产业"一词具有一定贬义性质。但在之后的相关研究中，学者们开始将文化产业看作一种全新的产业类别，这种方式被学术界广泛地运用于各国文化产业的理论和实践研究中。[2] 纵观已有相关研究可以发现，国外对于文化产业的研究主要集中在英国、法国、韩国、荷兰、欧盟、美国、澳大利亚、加拿大等文化产业发展较为出色的发达国家，此外，联合国教科文组织也对文化产业的概念进行了相关的定义。

英国政府是最早对文化产业进行深入研究，他们对文化产业的开展相关研究始于1998年，他们将文化产业称为创意产业（Creative Industries），英国是把文化产业看作全新的产业进行重点扶持和发展的国家。[3] 为减缓传统制造业的持续衰退对英国经济发展造成的负面影响，英国的布莱尔政府专门成立了创意产业特别工作组，指导和规划本国创意产业发展，并将创新产业当成推动当时英国经济发展的重要新兴产业。他们将创新产业定义为源于个人的创意、技能以及才华，并通过对知识产权进行有效的开发和广泛应用，具备创造财富和就业潜力特征的新

---

[1] 王宇、罗荣华：《文化产业与经济增长关系的文献综述》，《北京印刷学院学报》2018年第6期。

[2] 何勇军：《文化产业集聚模式及其机制研究——基于系统动力学的实证分析》，博士学位论文，天津大学，2013年。

[3] 詹美燕：《地方文化产业对区域竞争力的影响研究——以千岛湖"淳"牌有机鱼文化产业为例》，硕士学位论文，浙江大学，2011年。

兴行业。① 从该定义中可以发现，他们认为创新产业的价值源泉在于具有创意的头脑对知识的创造性应用，而非土地、机器、劳力等传统生产要素。②

法国的相关机构将文化产业定义为"传统文化事业中特别具有可大量复制性的产业"③。该定义强调了文化产业具有"大量可复制性"的产业特性。该概念在一定程度上揭示了文化产业脱胎于传统文化事业的事实，同时也强调了文化产业是传统文化事业中具备大量可复制性特征的行业的事实。④

在韩国于 1997 年颁发的《文化产业振兴基本法》中，从政府层面对文化产业的概念进行了说明，它们将文化产业定义为"与文化商品的生产、流通、消费等有关的产业。具体行业门类包括：影视、广播、音像、游戏、动画、卡通形象、演出、文物、美术、广告、出版印刷、创意性设计、传统工艺品、传统服装、传统食品、多媒体影像软件、网络以及与其相关的产业。"⑤ 此外，还有根据国家总统令指定的产业。韩国统计厅的文化产业统计指标包括了出版产业、唱片产业、游戏产业、电影产业、广播产业、演出产业、其他文化产业（如建筑、摄影、创意性设计、广告、新闻、图书馆、博物馆、工艺品及民族服装、艺术文化教育等）"。⑥ 由此可见，韩国对文化产业的定义进一步拓展其产业范围，将与文化商品有密切关联的生产、流通、

---

① 郭琳嫒：《我国电视综艺节目"三俗"问题及解决对策研究》，硕士学位论文，河南大学，2011 年。

② 曾贵：《文化产业在经济危机中的抗衰性研究》，《哈尔滨市委党校学报》2010 年第 1 期。

③ 郝挺雷：《科技创新视域下我国文化产业竞争力研究》，博士学位论文，华中师范大学，2017 年。

④ 曾贵：《基于文献综述的文化产业概念反思》，《创新》2010 年第 5 期。

⑤ 王雪梅：《我国文化贸易逆差的原因及对策》，硕士学位论文，对外经济贸易大学，2011 年。

⑥ 黄一璜：《韩国文化产业跨越式发展述评》，《湖北成人教育学院学报》2007 年第 1 期。

消费等经济活动统统纳入了文化产业的范畴。

与韩国对文化产业的定义有所不同的是，荷兰文化产业委员会充分考虑了文化在内涵、范围和服务政策目标方面的差异性特征，从四个层面对文化产业的概念进行了定义：一是对文化产业的概念进行了更加综合和广义的定义，将文化产业定义为以文化价值或文化意义为基础进行的一切相关生产活动。二是指文化产业也包含了传统的和现代的艺术作品、艺术创作、艺术展览以及文化传播活动。① 三是指文化产业同时还包含与商业运作、听众和观众规模以及文化和艺术作品的传播扩大能力有关的相关商业活动。四是狭义上的文化产业，即指文化企业，把文化和艺术的创作看作企业的生产行为。②

1997年，欧盟委托芬兰教育部成立了文化产业委员会，对欧洲文化产业现状重新进行调查并试图重新定义文化产业，他们将文化产业定义为是一种基于文化意义为内容的生产活动，除出版、视听、广播、文学、网络、艺术以及音乐创作等行业外，它还包括所有带有现代文化标志的产品和贸易，如摄影、舞蹈、工业和建筑设计、艺术场馆、艺术拍卖、体育、文化表演、教育活动等。③

此外，也有部分学者对文化产业的概念进行了著名的阐述。美国学者斯科特（Allen J., Scot）从市场需求角度对文化产业的概念进行了详细的阐述和说明，他认为文化产业是"基于娱乐、教育和信息等目的的服务产出和基于消费者特殊嗜好、自我肯定和社会展示等目的的人造产品的集合"④。可见，斯科特

---

① 国际统计信息中心课题组：《国外关于文化产业统计的界定》，《中国统计》2004年第1期。
② 龚大有：《江苏省经济转型与文化产业发展互动研究》，硕士学位论文，南京财经大学，2015年。
③ 王雅梅：《试析保护和发展文化产业对欧盟的重要意义》，《德国研究》2007年第2期。
④ 李艳平：《开封市文化产业园区开发模式探究》，硕士学位论文，河南大学，2015年。

将文化产业发展的主要目的归纳为满足人们的娱乐、教育、自我肯定等方面的精神需求，而不是物质方面的需求。澳大利亚学者大卫·索斯比（C. David Throsby，2001）认为文化产业是"在生产中包含创造性，凝结一定程度的知识产权并传递象征性意义的文化产品和服务"[1]。加拿大学者弗朗索瓦·科尔伯特从狭义和广义两个维度对文化产业进行了概述，他认为狭义上的文化企业是指生产、制造文化产品，并对其进行销售的专业性机构，例如表演艺术团体、画廊、博物馆、公共图书馆和文化遗产所在地等；而广义上的文化产业还可应包括电影业、音像业、出版业及工艺美术业等文化生产类行业以及广播、电视及报纸期刊业等传媒类行业。[2]

联合国教科文组织（UNESCO）将文化产业定义为："按照工业标准生产、再生产、储存以及分配文化产品和服务等一系列的活动，采取经济战略，其目标是追求经济利益而不是单纯为了促进文化发展。"[3] 他们认为发展文化产业主要为了追求经济利益，并未阐明文化产品和服务是为了满足人们精神需要的本质特征，仅强调了必须按照工业的标准，能够进行规范性、规模性和可持续性的产业发展特征。可见，联合国教科文组织对文化产业的定义也不能为各国文化产业与其他产业、界定文化产业外延提供科学合理的指引，造成人们进行此类研究时产生一定的歧义。

从现有的研究来看，文化产业在各国政府和学者关于文化产业的产业定位和分类标准并不统一，现有的文献已经归纳和梳理了文化产业的内涵。各国的学者也从自己的研究领域对文化产业的内涵和外延进行了不断的扩展，文化产业的内涵界定

---

[1] 卜敏现：《中国文化产业现状及发展战略研究》，硕士学位论文，燕山大学，2005年。
[2] 方宝璋：《略论中国文化产业的内涵与分类》，《当代财经》2006年第7期。
[3] 方宝璋：《略论中国文化产业的内涵与分类》，《当代财经》2006年第7期。

也相对较为模糊。

二 国内关于文化产业概念的探讨

与全球发达国家相比,中国的文化产业发展起步相对较晚,因此,我国学术界对文化产业开展的相关研究在一定程度上滞后于发达国家,这也就造成了国内学者们对文化产业概念的定义大多是在吸纳和借鉴国外关于文化产业相关研究成果之上形成的。

江蓝生和谢绳武在《2001—2002年中国文化产业蓝皮书总报告》中,从产品性质和经济过程两方面对文化产业的概念进行了归纳和阐述:一是从提供产品的性质上可将文化产业定义为向消费者提供精神产品或服务的行业;二是从经济发展过程的性质上可将文化产业定义按照工业标准生产、再生产、储存以及分配文化产品和服务的一系列活动。[①]

万里通过研究,将文化产业定义为"是进一步提高人类生活品质尤其是精神生活品质而提供的可以商品交易方式进行的相关生产及服务活动"。可见,从其定义中,可以认为文化产业领域的产品包含了物质、知识、教育、技能、服务、娱乐、精神消费等诸多种类,该类产品均具备提高人类生活特别是人们精神生活品质的基本功能和作用。[②] 胡惠林也有类似的判断,他认为文化产业应是一个以精神产品的生产、交换和消费行为为主要特征的产业系统[③],在一定程度上强调了文化产业领域中产品具有精神性特征,但他没有把精神服务纳入文化产业范畴当中。

---

① 王丽岩:《黑龙江省文化产业发展中的问题与对策》,硕士学位论文,黑龙江大学,2010年。
② 万里:《关于"文化产业"定义的一些思考》,《湖南第一师范学报》2001年第1期。
③ 胡惠林:《文化产业发展与国家文化安全——全球化背景下中国文化产业发展问题思考》,《上海社会科学院学术季刊》2000年第2期。

张曾芳和张龙平从广义和狭义两个维度对文化产业进行了概述：一是从广义上看，文化产业就是生产文化产品或提供文化服务以满足社会需要的各类行业门类的总称；二是从狭义上看，文化产业是生产文化产品或提供文化服务以满足社会精神需要的各类行业门类的总称，它排除指向于物质生产和物质生活领域的文化活动，例如某些高科技产业活动、技术贸易和服务活动等。[1]

李江帆将文化产业定义为国民经济中生产具有文化特性的服务产品和实物产品的单位的集合体。他将文化产业在一定程度上等同于服务产品和精神产品的集合体，但与其他产业有所不同的是，文化产业领域的产品具有文化性特征，而其他产业却没有此类特性。[2] 方宝璋认为文化产业应是按照工业的标准从事文化产品的生产或文化服务活动，通过满足人们的精神文化需要而获取一定经济利润的文化企业集合体。[3] 他对文化产业的定义与联合国教科文组织有一定相似性，但他强调了文化产品的精神文化特性。邓安球从产业市场属性对文化产业进行了阐述，他认为文化产业应是市场进行创造、生产、流通、销售具有文化含量的产品和服务的活动，以及与其有一定联系性的各种支撑、参与等活动的集合。[4]

在政府层面，我国文化和旅游部在 2003 年 9 月下发的《文化部关于支持和促进文化产业发展的若干意见》将文化产业概括为："从事文化产品生产和提供文化服务的经营性行业。"[5] 该

---

[1] 张曾芳、张龙平：《论文化产业及其运作规律》，《中国社会科学》2002 年第 2 期。
[2] 李江帆：《文化产业：范围、情景与互动效应》，《经济理论与经济管理》2003 年第 4 期。
[3] 方宝璋：《略论中国文化产业的内涵与分类》，《当代财经》2006 年第 7 期。
[4] 邓安球：《论文化产业概念与分类》，《湘潭大学学报》（哲学社会科学版）2008 年第 5 期。
[5] 张欣：《内蒙古文化产业"走出去"战略影响因素分析与对策研究》，硕士学位论文，内蒙古财经大学，2016 年。

定义强调了文化产业是一种具备经营性行业的市场特征。2004年4月，国家统计局联合文化部、广电总局等九大部委共同印发了《文化及相关产业分类标准（2004）》，该文件将文化产业明确定义为："为社会公众提供文化、娱乐产品和服务的相关活动，以及与这些活动有关联的活动的集合。"[1] 在其后颁布更新的版本——《文化及相关产业分类（2012）》中，国家层面对文化产业的定义进行了更加精准的概括，即将文化产业定义为"为社会公众提供文化产品和文化相关产品的生产活动的集合"，并进一步说明了文化产品的生产活动（从内涵）和与其相关生产活动（从外延）的范围指向。[2] 最新印发的《文化及相关产业分类（2018）》依旧沿用了该定义。

随着我国市场经济的不断发展，在当前的文化经济新常态大时代下，文化产业在国民经济结构中的地位不断提升，并逐渐成为各地区社会经济发展的新的增长点，这也为学术界深入研究文化产业发展问题提供了大量的现实素材。国内外许多专家学者基于不同的视角对文化产业的内涵进行了较为全面的剖析，关于文化产业的相关概念和内涵也越来越统一。

三　文化产业的分类

（一）国外关于文化产业的研究

通过对文化产业的相关文献进行综合性学习和归纳，我们可以发现文化产业所包含的内容和门类非常丰富，可以认为文化产业是一个具有多系统多组织构成的有机复杂整体。由于文化产业自身发展的变化性较强，造成学术界对文化产业的分类

---

[1] 黄巧华：《江西省文化产业政府管理对策研究》，硕士学位论文，合肥工业大学，2008年。

[2] 王艺媛：《同城化背景下宁镇扬文化产业协同发展研究》，硕士学位论文，扬州大学，2016年。

第四章　相关文献综述及指标体系构建

至今没有形成一个规范科学的标准。但从整个学科领域来看，关于文化产业的分类，当前学术界尚未达成统一的共识，造成出现这种现象的主要原因在于研究对象对文化产业进行分类有一定的困难、复杂性和局限性。此外，当前学术界关于文化产业的概念仍为达成统一共识，世界各国地域、经济、文化背景、产业政策等也不尽相同，所以造成各国在制定文化产业分类标准和文化产业体系构成方面存在较大的差异性。表 4.1 为主要国家和著名学者关于文化产业的分类情况。

表 4.1　　　　　　　　　国外关于文化产业的分类

组织或学者	名称	分类
联合国教科文组织	文化产业	文化遗产，印刷品，音乐和表演艺术，视觉艺术，视听媒介；音乐，影院和摄影，电视和收音机，建筑和设计，广告，新型媒介；视听及相关服务，特许使用税和许可费，娱乐、文化和运动服务，个人服务；广告、市场研究和民意调查，建筑、工程和其他技术服务，新闻机构服务等
法国	文化产业	展现传统文化服务的文化基础设施建设、文化设施的管理、图书出版、电影、旅游业等几个方面①
英国	创意产业	广告、建筑、艺术和古董市场、手工艺、设计、时尚设计、电影、互动休闲软件、音乐、电视和广播、表演艺术、出版和软件 13 个部门②
澳大利亚	创意产业	文学，图书（含出版、各类图书馆、档案馆），音乐，表演艺术，美术（含设计、摄影），电影、广播电视，艺术教育，群众文化，健身娱乐（含体育与旅游）等③

---

① 罗兵、温思美：《文化产业与创意产业概念的外延与内涵比较研究》，《甘肃社会科学》2006 年第 5 期。
② 周政：《创意产业价值链研究》，硕士学位论文，东南大学，2007 年。
③ 方宝璋：《略论中国文化产业的内涵与分类》，《当代财经》2006 年第 7 期。

续表

组织或学者	名称	分类
韩国	文化产业	影视、广播、音像、游戏、动画、卡通形象、演出、文物、美术、广告、出版印刷、创意性设计、传统工艺品、传统服装、传统食品、多媒体影像软件、网络以及与其相关的产业①
美国	版权产业	文化艺术业（表演艺术、艺术博物馆），影视业，图书报刊，出版业等②
加拿大	创意产业	信息和文化产业（影视、互联网、信息业），娱乐和消遣（演艺、体育、古迹遗产机构、游乐、娱乐业）
日本	娱乐观光业	电影、音乐、游戏软件、观光旅游、艺术设计等③
印度	娱乐和媒介产业	电视业、电影业、广播业、唱片业和出版业④
贾斯廷·奥康纳	文化产业	广播、电视、出版、唱片、设计、建筑、新媒体；视觉艺术、手工艺、剧院、音乐厅、音乐会、演出、博物馆和画廊等⑤
大卫·索斯比	文化产业	音乐、舞蹈、戏剧、文学、视觉艺术、工艺等创造性艺术⑥；电影、广播、报刊和书籍；建筑、广告、观光等

（二）国内关于文化产业分类的研究

我国学术界对文化产业的划分标准和分类亦进行了较为系

---

① 王雪梅：《我国文化贸易逆差的原因及对策》，硕士学位论文，对外经济贸易大学，2011年。

② 王雅霖：《民族文化产业生态化发展的理论与路径研究》，博士学位论文，兰州大学，2018年。

③ 舒茂扬：《湖北省文化产业发展的问题与对策研究》，硕士学位论文，华中科技大学，2008年。

④ 常凌翀：《文化产业的概念与分类》，《新闻爱好者》2013年第12期。

⑤ 栾晓梅：《文化产业政策与文化生态国内外研究述评》，《湖北社会科学》2013年第7期。

⑥ 朴智渊：《延边地区文化产业发展研究》，硕士学位论文，延边大学，2013年。

统性的研究，但学者们对于文化产业的划分类别，也因研究实际情况而存在一定的差异性，表 4.2 为我国部分学者和组织对文化产业的分类划分。

表 4.2　　　　　　　　国内对文化产业的分类

组织或学者	分类
李江帆	狭义文化产业包括文化艺术业（艺术、出版、文物保护、图书馆、档案馆、群众文化、新闻、文化艺术经纪和代理、其他文化艺术业）和广播电视电影业
胡惠林	文化艺术业、新闻出版业、广播电视业、电影业、音像制品业、娱乐业、版权业和演出业
张曾芳和张龙平	文化产业分为科教产业、休闲产业、媒介产业、体育产业四种形态①
方宝璋	文化产业分为艺术娱乐业、媒介业、文化旅游业、体育业和一些行业不宜归入上述四大类的，如职业教育与培训、会议展览业、文物拍卖等五大类②
中国	新闻服务；出版发行和版权服务；广播电视电影服务；文化艺术服务；网络及软件文化服务；文化休闲娱乐服务；其他文化服务；文化用品、设备及相关文化产品的生产；文化用品、设备及相关文化产品的销售

国内学者对我国文化产业领域进行相关研究时，大多数学者往往选择参照国家政府关于文化产业的分类标准开展相关研究，单独对文化产业进行重新分类，进而开展的相关研究相对不多。我国统计部门制定文化产业分类标准最早可追溯到 1985 年。1985 年国家统计部门在借鉴发达国家文化产业分类标准的基础上，结合我国实际情况，专门制定了符合中国国情的文化

---

① 张曾芳、张龙平：《论文化产业及其运作规律》，《中国社会科学》2002 年第 2 期。
② 方宝璋：《略论中国文化产业的内涵与分类》，《当代财经》2006 年第 7 期。

产业分类标准和体系。在最初的划分体系中，它们最初将"文化艺术"纳入第三产业统计项目中，但国家层面并没有重视文化产业发展问题。2002年党的十六大开始明确提出发展中国文化产业的迫切要求，党的十六大报告提出要"积极发展文化事业和文化产业，……完善文化产业政策，支持文化产业发展，增强我国文化产业的整体实力和竞争力"。文化产业从此开始受到国家政府部门的重视，而制定符合我国实际情况的科学的文化产业分类标准也被正式提上议事日程。[①]

为深入贯彻落实党的十六大关于加快推进中国文化产业发展的现实要求，2004年，国家统计局会同多个部门共同制定了文化产业分类标准，他们在《国民经济行业分类》（GB/T4754—2002）的基础上，制定并颁布了作为我国首个官方认定的文化产业分类指导标准文件——《文化及相关产业分类（2004）》，该文件对我国文化产业的内容进行了科学而全面的划分和统计，有力地推进了中国文化产业的发展。此次分类标准对文化产业概念的界定提供了有价值的思考，从政府层面对文化产业进行了统一的定义。文件根据文化活动的重要性分为文化服务和相关文化服务两大部分，共包含新闻服务、出版发行和版权服务、广播、电视、电影服务等9个大类，24个种类和80个小类，其中文化服务包含新闻服务、出版发行和版权服务、广播、电视、电影服务等七个大类，相关文化服务包含文化用品、设备及相关文化产品的生产和销售两个大类，详见图4.1。为反映国家对文化建设和文化体制改革的要求，还可将文化产业按重要程度进一步组合出文化产业核心层、文化产业外围层和相关文化产业层，详见图4.2。

---

① 常凌翀：《文化产业的概念与分类》，《新闻爱好者》2013年第12期。

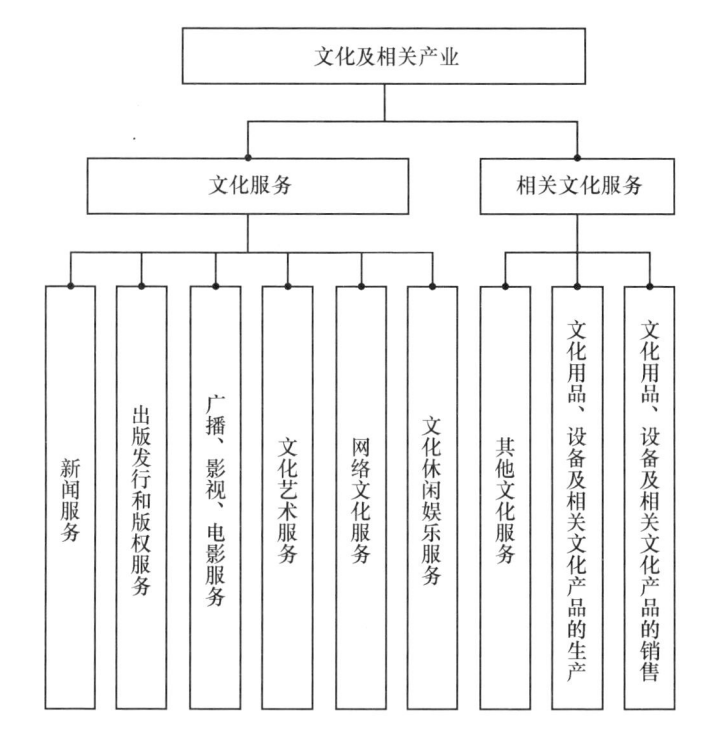

图 4.1 2004 年中国文化产业构成体系

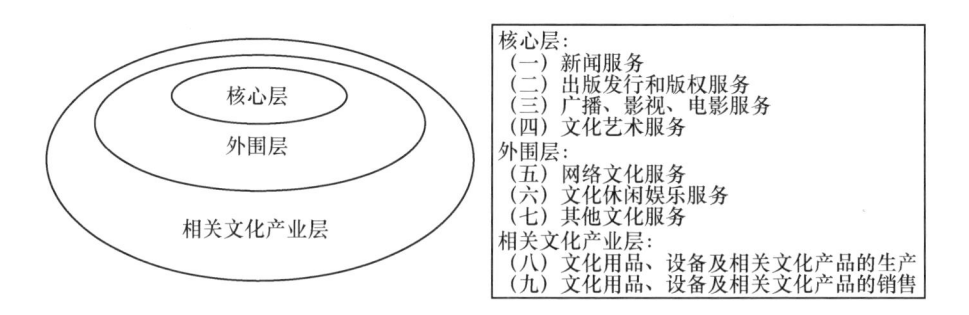

图 4.2 2004 年中国文化产业体系层级

核心层：
（一）新闻服务
（二）出版发行和版权服务
（三）广播、影视、电影服务
（四）文化艺术服务
外围层：
（五）网络文化服务
（六）文化休闲娱乐服务
（七）其他文化服务
相关文化产业层：
（八）文化用品、设备及相关文化产品的生产
（九）文化用品、设备及相关文化产品的销售

2012 年 7 月，为进一步满足我国文化产业发展的实际需要，国家统计局参照联合国教科文组织发布的《文化统计框架 2009》，在延续原有的分类原则和分类方法基础上，进一步调整了文化及相关产业的类别和结构，新增了以文化创意为核心特征的新兴业态，对部分行业小类进行了细分，去除了少量与文

化产业不相关的产业类别。① 根据 2012 年的分类标准可知，文化产业的内容更新为文化产品的生产活动、文化用品的辅助活动和文化专用设备的生产活动成为文化及相关产业，其中文化产品的生产活动构成了文化及相关产业的主体，该套指标体系共包含 10 个大类②、50 个中类③和 120 个小类④，详见图 4.3。

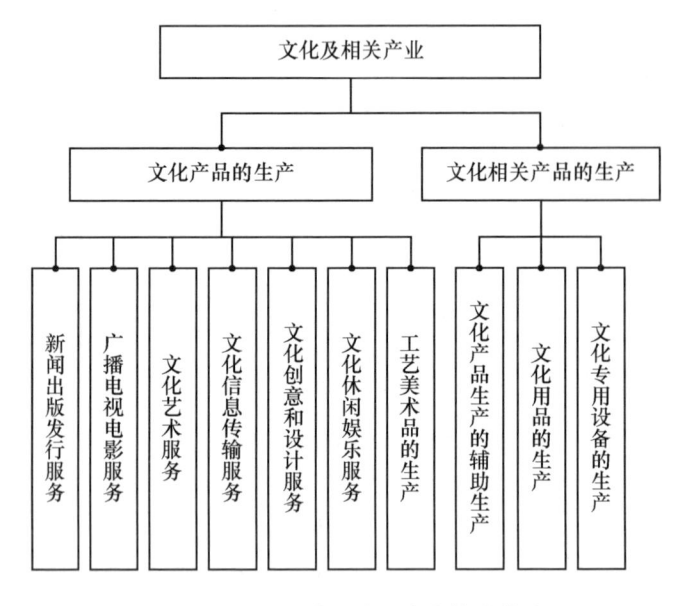

图 4.3　2012 年中国文化产业构成体系

2018 年，以适应新时代文化产业创新发展需求，在《文化及相关产业分类（2012）》的基础上，国家统计局又一次对文化及相关产业进行了更新和修订。并于 2018 年 4 月印发了《文化及相关产业分类（2018）》，该文件将文化产业生产活动范围划分为两大部分：一是文化核心领域，指的是为直接满足人们的

---

①　张成虎：《兰州市文化产业发展中的政府职能研究》，硕士学位论文，西北师范大学，2015 年。
②　根据管理需要和文化生产活动的自身特点进行划分。
③　根据文化生产活动的相近性进行划分。
④　根据文化及相关产业的具体活动类别进行划分。

精神需要而进行的创作、制造、传播、展示等文化产品（包括货物和服务）的生产活动。具体包括新闻信息服务、内容创作生产、创意设计服务、文化传播渠道、文化投资运营和文化娱乐休闲服务等活动；二是文化相关领域，即为实现文化产品的生产活动所需的文化辅助生产和中介服务、文化装备生产和文化消费终端生产（包括制造和销售）等活动。新修订的分类类别依旧保留着9个大类的设置，但具体内容上确有变化，新的九大类分别是新闻信息服务、内容创作生产、创意设计服务、文化传播渠道、文化投资运营、文化娱乐休闲服务、文化辅助生产和中介服务、文化装备生产、文化消费终端生产。根据活动相似性，文化核心领域包括前6个大类、计25个中类和81个小类，文化相关领域包括后3个大类、计18个中类和65个小类。共计43个中类和146个小类，中小类总量分别较2004年和2012年增加了105个和19个，如图4.4所示。

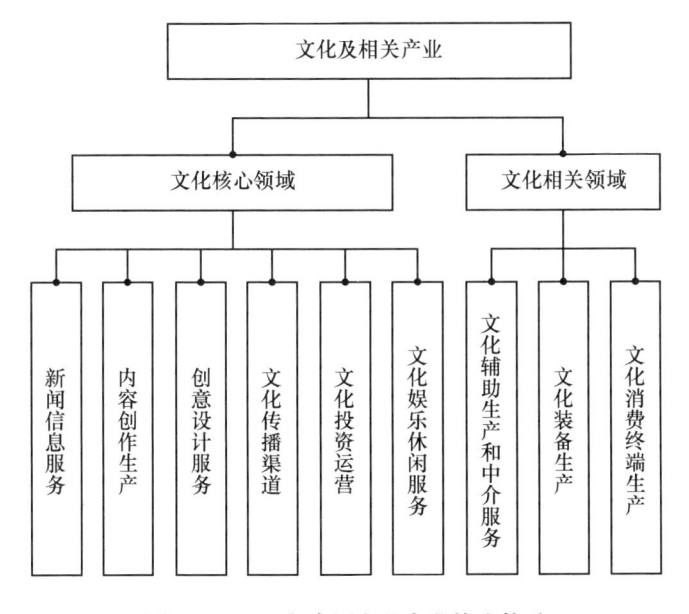

图4.4　2018年中国文化产业构成体系

与之前两版相比，2018年版的修订变化主要表现在以下三个方面：一是新增设了分类编码，将文化及相关产业科学的划分为三个层面，层次和编码更加简洁明了；二是新增加了符合文化及相关产业定义的活动小类，其中包括了互联网文化娱乐平台、观光旅游航空服务、娱乐用智能无人飞行器制造、可穿戴文化设备和其他智能文化消费设备制造等文化新业态[①]；三是对分类的类别结构进行了进一步调整和优化。此次修订充分吸纳了近年来国家层面关于文化体制改革的相关成果，着重突出了文化核心领域的内容，充分体现了我国文化生产活动的特点，类别结构的设置更加符合我国文化改革和发展管理的现实需要和认知习惯。

第二节 文化产业创新发展理论支撑分析

国内外政府和学术界在文化产业领域已经开展了多年的相关研究，不同学者基于不同的学科和研究视角，对文化产业以及文化产业相关内容进行了大量的理论探讨和实践研究，得出了诸多颇有价值的研究成果，为我们进一步研究和测算城市文化产业创新发展情况奠定了坚实的理论基础和实践经验。在本章节中，我们将围绕研究需要，对文化产业与经济发展、文化产业与科技创新以及城市文化产业创新方面的相关研究成果进行详细的梳理和归纳。

一 文化产业与经济发展

自文化产业这个概念被提出以来，文化产业与经济发展之间的关系就一直是众多学者关注的焦点问题之一。道格拉斯·

---

① 张怡：《我国文化产业统计体系完善及发展趋势探讨》，《西部财会》2018年第9期。

诺思（1990）从制度角度分析了文化与经济增长的关系，他认为习惯、习俗、传统和文化等是一种非正式的规则制度，文化既有助于正视规则的塑造，又对非正式规则具有支撑作用，因而制度和意识形态共同决定了经济绩效，文化是经济增长的重要解释因素之一。迈克尔·波特（1999）则基于竞争力视角，提出了"经济文化"的概念，他认为在经济生活中，对企业单位及生产服务组织和个人活动有显著影响的人们的信念、态度和价值观均具有一定的经济特性。罗纳德·英格尔哈特和韦恩·贝克（2000）基于"世界价值观的调查数据"绘制了一张"全球文化地区"图，他们发现，文化观念与经济发展水平之间有着较强的正相关性。

在文化产业与经济增长领域的研究方面，通过对已有研究进行梳理，我们发现文化产业与国民经济发展之间是一种相互影响、相互促进、互为因果的作用机制。文化产业不仅能够有效提升国民经济增长速度和质量，而且能通过溢出效应和联动效应促进产业结构调整和优化升级的进程。[1][2] 具体表现为，文化产业能够通过资源转化、价值提升、结构优化和市场扩张等途径推动经济发展方式的转变[3]，在转变过程中，文化产业能够为国民经济发展提供人才、知识溢出和价值链提升等高质量生产要素[4]。而以文化资本为主导的非正式制度也能为社会提供一种自律机制，促进社会合作，有助于减少规范主体服从规则的社会总成本，从而以较低成本解决市场经济发展过程中存在的

---

[1] 郭梅君：《创意转型创意产业发展与中国经济转型的互动研究》，中国经济出版社2011年版。

[2] 翁旭青：《文化创意产业与地区产业结构优化的关联度研究——基于杭州市的实证分析》，《经济论坛》2015年第8期。

[3] 厉无畏：《创意产业与经济发展方式转变》，《社会科学研究》2016年第6期。

[4] 徐娟：《中国文化创意产业促进经济发展方式转变的机制与实现路径》，《改革与战略》2013年第10期。

固有矛盾。①

从国内相关学者的研究发现，文化产业对国家和地区的产业结构调整和优化升级有着重要的影响，这一结论得到了众多国内学者的认可。② 国民经济的不断发展也是推动和促进文化产业的发展和升级的重要动力和载体。③ 文化产业作为文化和产业的有机结合，具有产业关联性强、波及面广等优势特性，文化产业在推动国民经济实现高质量增长、增加社会就业和推动产业结构转型升级方面均发挥着重要的产业作用。④ 徐娟认为，在推动经济发展方式转变，促进经济提质机制改革过程中，文化产业领域的人才、知识溢出和价值链提升等要素扮演着重要的作用，并在此基础上提出了培育情境或氛围、加强文化产业园区规模和功能建设等是推动经济转型升级的现实路径。⑤ 翁旭青认为，文化产业具有较强的溢出效应和联动效应，对地区产业结构的优化和调整具有一定的推动作用。⑥ 尹宏认为，城市经济转型与文化产业协同发展，是后工业化阶段的城市发展的一般规律，推动文化产业发展，是化解城市经济转型难题，实现城市经济可持续发展的有效途径。⑦

值得注意的是，文化产业与经济发展之间的关系并不是一种单纯的因果关系，而是一种互为因果的相互关系。李建军和

---

① 姜琪：《政府质量、文化资本与地区经济发展——基于数量和质量双重视角的考察》，《经济评论》2016 年第 2 期。

② 郭梅君：《创意转型创意产业发展与中国经济转型的互动研究》，中国经济出版社 2011 年版。

③ 罗明义：《论文化与旅游产业的互动发展》，《经济问题探索》2009 年第 9 期。

④ 李建军、万翠琳：《文化创意产业与城市经济发展互动机制研究》，《上海经济研究》2018 年第 1 期。

⑤ 徐娟：《中国文化创意产业促进经济发展方式转变的机制与实现路径》，《改革与战略》2013 年第 10 期。

⑥ 翁旭青：《文化创意产业与地区产业结构优化的关联度研究——基于杭州市的实证分析》，《经济论坛》2015 年第 8 期。

⑦ 尹宏：《发展创意文化产业　促进城市经济转型》，《宏观经济管理》2016 年第 3 期。

万翠琳认为，文化产业与城市经济发展系统之间存在一种相互影响、相互促进、互为因果的作用与关系，一方面城市文化产业对其经济增长、产业结构优化等有直接的影响作用，另一方面城市的经济发展程度又能为其文化产业的发展和升级提供动力和支撑。[1] 文化对我国经济发展的重要作用和促进效应已经得到了国内众多学者的广泛认同。

二 文化产业与科技创新

从整体上看，文化产业创新发展可以从狭义上的创新发展和广义上的创新发展两个维度理解。狭义上的文化产业创新发展是将文化产业与科技创新相互融合过程中产生的新兴产业，文化产业具有文化和科技上的双重特性，主要是将文化产业进行科技化，即用先进科学技术与传统文化资源融合的形式来助推文化产业的进一步发展。广义上的文化产业创新发展的概念主要来自2009年欧洲有关"创意"和"创新"问题的讨论，这一概念突破了传统文化产业的范畴，而将文化创意与科技创新作为两种要素资源相结合起来，成为一种双向融合的跨界概念。[2] 早在2013年，党的十八大报告中就已提出"促进文化与科技融合，发展新型文化业态"，这在某种程度上也体现了广义上的文化产业创新发展的概念。本书在理论研究时采用的是广义上的文化产业创新发展概念。

在文化产业创新发展理论研究方面，通过对已有相关研究成果学习和梳理，我们发现国内学者最早将文化产业与科技创新相结合起来进行研究的是清华大学文化产业研究中心主任熊澄宇教授，他以科技融合创新视角对文化产业的综合发展问题

---

[1] 李建军、万翠琳：《文化创意产业与城市经济发展互动机制研究》，《上海经济研究》2018年第1期。

[2] 于平、李凤亮：《文化与科技创新发展报告（2013）》，社会科学文献出版社2013年版。

进行了深入分析。他认为科技融合创新能够大大拓展文化产业的发展空间，加速文化产业发展。① 随后，尤芬和胡惠林、解学芳等学者发现文化产业发展具有一定周期的波动性，虽然表面上是受我国经济长波的影响较大，但从本质上看，科技创新却是影响我国文化产业发展的决定性因素，且文化产业与科技创在融合发展过程中也表现出较为明显的内在规律性，主要表现为文化产业的演化周期与科技创新周期呈高度正相关性，即文化产业的演化周期随科技创新周期的缩短而缩短。②③ 科技创新的不断更新和应用不仅推动着对文化内容的创意革新，也丰富了文化产品的载体形式，推动着文化产业向更高的层次不断发展。吴忠泽、解学芳等学者认为，科技创新是未来推动文化产业高质量发展的必然选择，科技创新必将成为文化产业发展的重要支撑，引领我国现代文化产业的蓬勃发展，文化科技创新将贯穿文化产业发展的历史道路和未来路向。④⑤ 于平、王志刚、王资博等人认为，我国文化产业发展与科技创新程度紧密相连，科技创新在文化产业发展过程中起着科技支撑、核心动力、价值引领和智力支持的作用，科技创新能够有效加快并促进我国新型文化业态的演进和发展，文化科技化是我国实施文化强国战略的重要内驱力。⑥⑦⑧ 余菲菲等人对文化产业的可持续发展动

---

① 熊澄宇：《科技融合创新拓展文化产业空间》，《瞭望》2005 年第 7 期。
② 尤芬、胡惠林：《论技术长波理论与文化产业成长周期》，《上海交通大学学报》（哲学社会科学版）2007 年第 4 期。
③ 解学芳：《论科技创新主导的文化产业演化规律》，《上海交通大学学报》（哲学社会科学版）2007 年第 4 期。
④ 吴忠泽：《科技创新：现代文化产业翱翔之翼》，《中国软科学》2006 年第 2 期。
⑤ 解学芳：《基于科技创新的文化产业发展脉络研究》，《科技进步与对策》2008 年第 11 期。
⑥ 于平：《全球化进程中的文化科技自觉》，《福建艺术》2010 年第 3 期。
⑦ 王志刚：《推进文化科技创新加强文化与科技融合》，《求是》2012 年第 2 期。
⑧ 王资博：《文化强国战略下文化科技化的演进》，《求索》2013 年第 7 期。

力机制进行了深入分析后发现,"文化—技术"融合以及科技创新决定了文化产业可持续发展和区域协调性。[①] 李凤亮和谢仁敏、谈国新和郝挺雷等学者认为,文化产业创新发展主要通过科技创新引领文化产业结构的优化和价值链的跃升,是文化产业发展的"第一引擎"。[②][③] 在有序的市场竞争引导下,文化产业创新发展不仅会催生出新的文化业态,也会推动传动文化产业的转型,重新组合文化产业领域产业链构成。戴艳萍和胡冰认为,创新已成为新时期发展的主旋律,科技创新是互联网+时代下推动产业发展的不竭动力,是保障我国文化产业在全球市场核心竞争力的不熄引擎。[④]

在文化产业创新发展量化分析方面,近年来国内学者对这一领域的研究才逐渐展开,相关成果相对较少。胡惠林和王靖从文化资源丰富程度、重点文化产业发展、文化产业融合、文化产业市场主体等九个维度构建了中国文化产业发展指数指标体系,用以度量我国各地区文化产业发展表象特征和内涵体系,印证我国及省区市文化产业发展状况、发展阶段、发展特征及规律。[⑤] 彭翊从文化产业的投入、驱动、产出三个环节为切入点构建了中国省市文化产业发展评价指标体系,在揭示文化产业发展的内在因素和动力的基础上,综合考虑了经济、社会、政治等因素对文化产业的影响,评价指标包含产业生产力、产业影响力、产业驱动力三大一级指标,文化资源、文化资本、人

[①] 余菲菲、张颖、孟庆军:《"文化—技术"融合视角下我国文化产业可持续发展研究》,《学术论坛》2013年第1期。

[②] 李凤亮、谢仁敏:《文化科技融合:现状·业态·路径——2013年中国文化科技创新发展报告》,2014年。

[③] 谈国新、郝挺雷:《科技创新视角下我国文化产业向全球价值链高端跃升的路径》,《华中师范大学学报》(人文社会科学版)2015年第2期。

[④] 戴艳萍、胡冰:《基于协同创新理论的文化产业科技创新能力构建》,《经济体制改革》2018年第2期。

[⑤] 胡惠林、王靖:《中国文化产业发展指数报告(CCIDI)》,上海人民出版社2013年版。

力资源、经济影响、社会影响、市场环境、公共环境、创新环境等八个二级指标。① 贾佳等人认为,文化产业与科技创新融合涉及典型产业中上、中、下游产业链关键环节,从创新绩效、创新规模、创新成果、创新质量和创新潜力等五个维度构建了区域文化科技融合创新指标体系。②

三 城市文化产业创新发展相关分析

迄今为止,关于城市文化产业的具体内涵和定义学术界尚未达成一致的共识,针对文化产业的具体称谓也存在各种不同的表述方式。③ 贾斯汀·奥康纳(Justin O'Connor)及安迪·普拉特(Andy pratt)对城市文化产业的定义可概括为:城市里以经营符号性商品和信息为主的各项活动即为城市文化产业。④ 中国文化部将城市文化产业定义为,在城市里从事生产文化产品以及提供文化服务的经营性行业。

进入21世纪,文化产业向城市集聚的特征越发明显,文化产品的极大丰富和人类文化领域日益扩大的商品化成为城市化进程的重要标志。⑤ 城市有能力集中艺术、思想、时尚和生活方式,并提供高水平的创新和经济增长,因而成为文化产业发展的良好载体。而城市文化产业所具有的低投入、高回报、物质能源消耗少、取得效益大等特点,使其成为最有利于可持续发展的产业。对转型期的中国城市而言,城市文化产业集聚既可

---

① 彭翊:《中国省市文化产业发展指数报告》,中国人民大学出版社2015年版。
② 贾佳、许立勇、李方丽:《区域文化科技融合创新指标体系研究》,《科技促进发展》2018年第12期。
③ 韩璐:《城市文化产业多元融创研究——以韩国釜山市为例》,硕士学位论文,山东大学,2019年。
④ 埃德娜·多斯桑托斯:《2008创意经济报告:创意经济评估的挑战,面向科学合理的决策》,三辰影库音像出版社2008年版。
⑤ 张晗:《批判与借鉴:欧美城市文化产业分析指标》,《深圳大学学报》(人文社会科学版)2013年第5期。

以有效地突破传统产业的发展瓶颈,实现产业转型与产业升级,又能提升城市的文化品位和竞争力。李康化指出,城市产业创新的三种类型:一是产业替代型产业创新,二是产业延伸型的产业创新,三是产业融合型的产业创新。[①] 王琳认为,发展文化产业对于拉动城市经济的增长以及提高就业率是有重要作用的,同时还能够在一定程度上改善城市形象,让城市的综合竞争水平有所提高。[②] 胡彬对城市发展过程当中文化产业所起到的促进作用进行了分析,具体包括:文化产业具备复兴城市和对城市空间结构进行重新塑造的服务功能;促进城市治理制度的全面创新等。[③] 丛海彬和高长春认为,经济增长效应、城市品牌效应以及产业结构效应是文化产业对城市竞争力带来影响的三大机制。[④] 刘勇通过特定文化符号的创新可推动中国新时期文化产业振兴,不仅是文化产业发展的内在要求,也是文化创新的重要思路。[⑤] 雷宏振和宋立森分析了文化产业集群内组织间知识外溢对知识创新的影响。[⑥] 陈少峰提出了城市文化产业创新几种模式,包括文化产业集聚园、文化娱乐业、数字文化产业、艺术产业活动经济或文化旅游和体育产业等。张惠丽等借助 ISM 模型分析西安市文化产业集群,结果表明市场需求、市场价格、集群企业内部创新能力和融资能力是影响文化产业集群发展的关键因素。[⑦]

---

① 李康化:《文化产业与城市再造——基于产业创新与城市更新的考量》,《江西社会科学》2007 年第 11 期。
② 王琳:《简析文化产业与城市发展的互动关系》,《天津社会科学》2005 年第 5 期。
③ 胡彬:《文化产业促进城市发展的内容与途径》,《城市问题》2007 年第 7 期。
④ 丛海彬、高长春:《文化产业影响城市竞争力的机制分析》,《经济问题探索》2010 年第 4 期。
⑤ 刘勇:《符号文化创新与文化产业发展》,《中州学刊》2010 年第 6 期。
⑥ 雷宏振、宋立森:《文化产业集群内组织间的知识外溢对知识创新的影响研究》,《软科学》2011 年第 4 期。
⑦ 张惠丽、王成军、金青梅:《基于 ISM 的城市文化产业集群动力因素分析——以西安市为例》,《企业经济》2014 年第 4 期。

王猛和王有鑫在理论分析基础上，首次利用 2002—2011 年中国 35 个大中城市数据，考察城市文化产业集聚的影响因素。文化产业集聚可促进城市产业转型升级，也有助于提升城市的文化品位和竞争力。[①] 施国芳等人以上海市为例，分析了文化产业发展对城市经济转型升级的影响，他们研究发现，文化产业正逐渐成为上海现代服务业的支柱产业，成为上海经济转型发展的新增长点，文化产业对上海城市经济转型发展具有重要推动作用。[②]

第三节　文化产业创新发展指数理论模型及评价体系构建

一　理论基础

在现有文化领域的研究成果中，文化产业一直是各界学者研究的焦点，文化产业的发展水平及所形成的产业竞争力常被视为文化研究的重要切入点和重要方面。由于各国对文化产业的界定不同，发达国家主要采用各种创意指数来衡量一国或地区的创新能力水平和竞争力。如 Florida（2002）构建的 3T 创意指数，以及佛罗里达和泰内格莉（Florida & Tinagli, 2004）构建的欧洲创意指数。德拉吉西等（Draghici, 2011）利用欧洲创意指数对欧洲国家的创造力进行了评估，并深入分析了罗马尼亚的创意指数中的各构成要素。伊特卡和翁德（Jitka and Ondrej, 2013）融合了 3T 创意指数和欧洲创意指数中的各个指标，并在此基础上进行扩展，构造了共包含 28 个细分指标的新创意

[①] 王猛、王有鑫:《城市文化产业集聚的影响因素研究——来自 35 个大中城市的证据》，《江西财经大学学报》2015 年第 1 期。

[②] 施国芳、陈朝霞、周春儿等:《文化产业对上海城市经济转型发展的影响》，《浙江大学学报》（理学版）2016 年第 1 期。

指数，对捷克 14 个城市的创意能力分别进行了分析。卡塔琳娜、安娜和卡米拉（Katarina, Anna and Kamila, 2015）基于 3T 创意指数，对斯洛伐克 8 个城市在 2009 年的创意能力进行了分析，并提出要加强教育设施建设、创意人才培养、创新型中小企业发展和政府职能等对策建议。

国内学者关于文化产业竞争力的研究亦取得较为丰硕的成果。党的十七届六中全会以来，我国文化产业开始进入快速发展的轨道，有关文化产业竞争力的评价研究也不断深化，提出了许多评价模型和指标体系。祁述裕和殷国俊构建了包含生产要素、需求状况、相关辅助产业、企业策略和政府行为的中国文化产业国际竞争力评价体系。[①] 李正彪和薛勇军在波特钻石模型基础上构造文化产业竞争力评价指标体系，利用 AHP 层次分析法，对云南省 1995—2013 年的文化产业竞争力进行评价，针对云南省文化产业存在的问题提出政策意见。[②] 基于因果关系的分析：采用分层次的分析模式，从竞争力的表现结果出发，寻找产业竞争力的原因，构建评价体系。花建将文化产业竞争力概括为创新、可持续发展、成本控制、市场拓展四大能力。[③] 基于投入产出角度，选取文化产业资源投入和产出指标，构建评价体系。[④] 张佑林等从文化产业资源投入、产业发展环境和产业绩效三方面构建了评价西安市文化产业发展水平的指标体系。[⑤]

[①] 祁述裕、殷国俊：《中国文化产业国际竞争力评价和若干建议》，《国家行政学院学报》2005 年第 2 期。

[②] 李正彪、薛勇军：《基于 AHP 模型的文化产业竞争力评价——以云南省为例》，《资源开发与市场》2016 年第 3 期。

[③] 花建：《文化产业竞争力的内涵、结构和战略重点》，《北京大学学报》（哲学社会科学版）2005 年第 2 期。

[④] 乐祥海：《中部六省区域文化产业竞争力评价研究：2009—2011》，《系统工程》2013 年第 3 期。

[⑤] 张佑林、易紫、陈朝霞等：《上海文化产业的影响因素与竞争力研究》，《山东财经大学学报》2017 年第 2 期。

这些研究都极大地丰富了文化产业竞争力的评估研究，但通过对已有研究成果的整理和归纳，发现对文化产业竞争力的测度至今还没有形成统一的评价模型和指标体系，其中主要有五类比较具有代表意义，见表4.3。

表4.3　　　　　　　　　　文化产业发展相关研究

评价模型	典型代表	指标体系构成要素
钻石模型	祁述裕	三大模块（核心竞争力、基础竞争力以及环境竞争力），五大要素（生产要素、需求状况、相关产业集群、文化企业战略、政府行为），17个竞争面，67个竞争力评价指标
层次模型	花建	四大核心能力（整体创新能力、市场拓展能力、成本控制能力、可持续发展能力），七个竞争力指标板块（产业实力、产业效益、产业关联、产业资源、产业能力、产业结构、产业环境），30个具体指标
VRIO模型	李雪茹	4个一级指标（价值要素、稀缺性要素、不可模仿要素、组织要素）、8个二级指标（产业现有实力、社会影响力、需求能力、可持续发展能力、文化传播与渗透能力、创新能力、相关产业要素、政府要素）和46个三级细分指标
过程模型	王颖	由竞争力层面维度［微观—企业层面、中观—产业层面、宏观—国家（地区）层面］、发展形态维度（粗放型、集约型、创造型）构成"3×3"二维结构模型，没有提出具体的评价指标体系
	赵彦云	7个要素（文化实力竞争力、市场收益竞争力、文化产出竞争力、公共文化消费竞争力、人才和研创竞争力、政府文化竞争力、文化资源和基础设施竞争力），27个子要素，共106个指标
指数模型	中国省市文化产业发展指数	3个一级指标（产业生产力、产业影响力、产业驱动力），8个二级指标（文化资源、文化资本、人力资源、经济影响、社会影响、市场环境、公共环境、创新环境）、24个三级指标，以及48个测度变量

续表

评价模型	典型代表	指标体系构成要素
指数模型	中国文化产业发展指数	16个一级指标,其中包括4个表征指数(文化产业发展水平、经济影响、社会文化影响、发展模式)和12个内涵指数(文化资源丰富程度、重点文化产业发展水平、文化产业布局和产业结构、文化产业增长方式、文化市场主体、各类文化市场、文化产品流通组织和方式、骨干文化企业、对外文化贸易、文化产业政策、文化产业创新能力、社会经济基础),51个二级指标,91个三级指标和151个四级指标
	香港创意指数	"5Cs"理论,即创意的成果、结构及制度资本、人力资本、社会资本和文化资本
	上海创意指数	指数及权重:产业规模指数(30%)、科技研发指数(20%)、文化环境指数(20%)、人力资源指数(15%)、社会环境指数(15%)
	中国城市文化发展指数	6个一级指标(文化发展环境、文化资源设施、文化创造、文化传播、文化消费、文化管控),16个二级指标和83个三级指标
	中国区域文化发展指数	两个评价体系:公共文化服务水平评价体系(经费投入、人员投入、基础设施、文化活动参与)和文化力评价指标体系(文化生产力、文化消费力、文化环境力)
	城市文化竞争力指标体系	8个维度(经济实力、世界经济联系强度、城市自然文化资源、文化产业化程度、城市文化事业发展程度、区位竞争力、城市环境质量、生活质量)
	文化创意指数	4个一级指标(产业规模指数、人力资本指数、创新能力指数、文化资本指数),11个二级指标

综合来看,现有文化产业评价指标体系或指数大多数都基于地方文化产业综合发展情况进行测算,是结合本地区实际情况设计的评价指数,测算出的指数更多的是反映地区文化产业总体发展现状,而缺乏分析文化产业发展过程中创新因素对地方文化产业发展影响的研究。鉴于此,本课题将研究的重点放

在创新因素对城市文化产业发展影响上,通过建立文化产业创新发展指数,测算城市创新因素与文化产业的融合程度和效应。

随着科技创新对我国经济社会生产生活的影响不断增加,越来越多的国内学者开始重视科技创新对文化产业发展的影响,对科技创新在文化产业发展过程的影响机理进行多方面探讨:首先,从研究内容上看,由于文化产业是近些年才被国家层面认可和大力推动的新兴产业,国内外学者对此进行的相关研究相对有限,而文化产业创新发展作为文化产业发展的升级版,其定义也存在一定的争议,内涵过于广泛。目前学术界对此进行的相关研究主要集中在科技创新文化价值取向、文化产业与科技创新之间的联系以及科技创新推动文化产业发展等领域。国内外学者将文化产业创新发展作为一个整体进行研究的成果相对偏少,也没有建立适合于分析我国文化产业创新发展的理论体系,且鲜有研究以城市作为样本分析。其次,从研究方法上看,随着科技创新与传统文化产业融合程度不断增强,文化产业覆盖范围也开始不断地拓宽,而当前的相关研究大多数注重于从定性角度分析文化产业与科技创新之间的融合发展问题,主要以理论分析为主,研究的内容主要集中在文化产业的定义、内涵和特征等一般共性和概念总结方面,而通过不同地区之间的差异化比较分析相对较少,缺乏相应的实证分析,造成研究不够深入,未形成系统科学的基础理论体系和研究框架,因此不能更加形象具体地分析文化产业创新发展情况。最后,从研究对象上看,无论是研究文化产业还是文化产业创新,国内外学者选取的研究对象都侧重于国家和省市层面的研究,鲜有研究涉及各城市之间的差异化。城市相对于省级地区,技术进步和科技创新水平对文化产业发展的差异化影响程度更大,城市之间文化资源差异化特征更加明显,且文化产品消费市场更具地域特性,文化产业创新发展基础、发展能力和发展环境更具多样性。如果在全球新一轮信息革命大浪潮，如果城市文化产业发展不能与现代技术革新（如"互联网+"、大数据等）进行充分的融合，将会导致城市之间文化产业发展的差距进一步加大；反之，则会进一步推动我国城市之间的文化产业协调发展，推动我国更快实现文化强国战略。

二 指标体系构建

借鉴已有关于文化产业与科技创新的相关研究成果，以及相关指标体系建设经验，本研究选择北京、上海、广州、深圳、杭州、成都、西安、武汉和南京等20个文化资源丰富、文化产业规模较大以及文化产业与科技融合发展成效明显的城市作为分析样本，建立基于城市级别的文化产业创新发展评价体系，从创新基础、创新能力、创新投入、创新绩效四个维度对比分析各城市文化产业与科技融合发展情况。其中，创新基础衡量了文化产业与科技创新融合发展过程中城市能够为创新发展成果提供的商业化基础能力；创新环境反映了城市文化产业创新发展过程中面临的外部发展环境，创新环境能够有效提升科技创新与文化产业融合效率，并最终影响文化产业创新年发展成果的形成、发展和市场化能力；创新投入反映了城市文化产业与科技创新融合发展过程中要素资源投入水平；创新绩效反映了城市文化产业与科技创新融合发展的成效。四个维度的具体逻辑如图4.5所示。

创新是支撑整个城市文化产业与科技融合发展的重要基础，丰富的文化设施能够为各城市发展文化产业创新发展成果提供强大的商业化平台，实现创新成果商业化价值。共设置设施基础和资源基础2个二级指标。在设施基础方面，用文化馆数量、博物馆数量和公共图书馆数量3个指标表示各城市能够为居民提供的公共文化设施实力。在资源设施方面，用国家及以上级

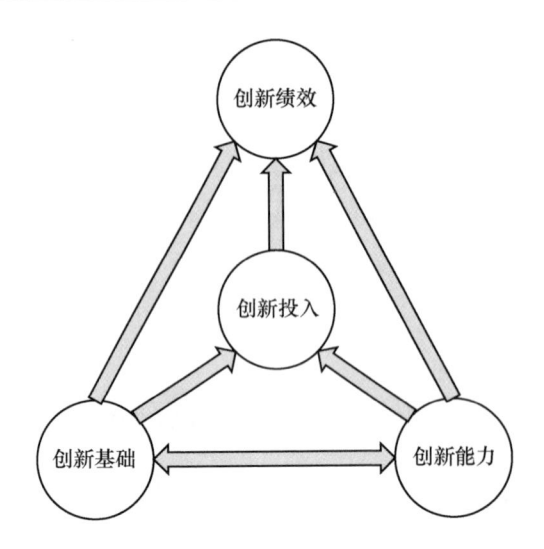

图 4.5　文化产业创新发展评价体系内在要素逻辑

别文化遗产数量、公共图书馆藏书量、5A 景区数量 3 个指标反映各城市文化产业创新发展的文化公共资源存量情况。

创新能力反映了城市文化产业创新发展过程中的科技创新能力和文化产业与科技融合能力。共设置业态融合和市场活力两个二级指标。在业态融合方面，用城市文化创新媒体声量强度、全域旅游示范区数量、国家文化和科技融合示范基地数量 3 个指标分别表示业态融合能力、文化产业创新发展平台以及文化产业与科技融合生态环境发展情况。关于市场活力方面，用全市居民人均教育文化娱乐消费支出规模反映各城市文化产业市场需求活力和规模，用中国文化企业品牌价值 TOP50 企业总产值、文化传媒上市企业上市个数表示各城市文化产业领域具有龙头带动作用创新主体的规模和质量。

创新投入反映了城市文化产业与科技创新融合发展过程中投入的各种资源要素投入情况，共设置人力投入和资本投入两个二级指标。在人力资源方面，用规上企业文化产业从业人员比例反映城市文化产业人力资源投入强度，用国家级非物质文化遗产代表性项目代表性传承人总量反映文化产业领域人力资源的质量，用规模以上文化企业从人员总量反映人力资源的投入规模和潜力；在资本投入方面，用文化、体育与传媒的财政支出占GDP比重表示政府财政对文化产业创新发展的投入力度，用纳入国家文化和旅游部文化产业重点项目规划投资金额和文化体育和娱乐业固定资产投资占全社会比重表示城市文化产业资本投入的质量和强度。

创新绩效反映了城市文化产业与科技融合发展的成效，共设置产业规模和产出质量两个二级指标。在产出规模方面，用文化产业增加值、电影票房总收入、旅游总收入三个指标反映文化产业发展规模情况；在产值质量方面，用文化产业增加值占GDP比重、旅游收入增长率、文化产业增加值增长率三个指标表示文化产业创新发展质量。

综上，本研究创建的城市文化产业创新发展指数评价指标体系具有文化和创新的双向性特征，如果说创新是它的典型特征的话，而文化则是它的基本特征。创新基础是各城市文化产业与科技融合发展的基础条件，在一定程度上反映了各城市文化产业与科技融合发展的基础水平和潜力；创新能力反映了各城市文化产业与科技融合发展的能力，在一定程度上也反映了城市文化产业与科技融合未来发展的趋势；创新投入反映了各城市文化产业与科技融合发展的资源要素投入情况；创新绩效则反映了各城市文化产业与科技融合发展的成效。

第四节　文化产业创新发展指数测算方法选取

一　常见多指标综合评分方法概述

在社会经济活动中，如何对一个经济现象或概念进行综合评价越来越引起人们的注意。综合评价是对被评对象的全面评价,如对某个国家综合国力的评价、对某个国家或地区社会发展水平的评价、对某个国家或地区生态环境的综合评价、对某个企业管理水平的评价、对某个企业或地区经济效益的评价等等。[①] 这种在实际生活、生产实践中经常会遇到排序或是排名等问题,往往包含的都不止一个指标,在问题的处理过程中需要综合这几个指标的作用才能解决问题,然而这些指标的权重往往是不知道的,这就需要在解决问题前进行必要的指标权重系数的确定。[②] 多指标综合评价分析被广泛地应用于社会、经济等领域发展成效评价,多指标综合评价法又称多变量综合评价方法、多指标综合评估技术,是对一个复杂系统的多个指标信息应用定量方法(包括数理统计方法)对数据进行加工和提炼,以求得其优劣势等级的一种评价方法。[③]

多指标综合评价法的核心步骤主要包括三个部分:第一,确定评价指标和评价指标体系;第二,确定各个评价指标的权重;第三,测算单个指标的评价值以及综合评价值。由于操作简单,分析覆盖范围广,指标体系构建较为灵活等优点,多指标综合评价法被广泛地应用于各个领域发展评价:如微观上对企业经营业绩、经济效益和偿债能力的评价,对劳动力和人才的综合素质评价;宏观上对省地市的社会发展水平、城市化水平、社会保障能力评价以及地区或企业的科技进步评价等等,可见,多指标综合评价法已成为人们量化分析各领域发展成效问题的重要分析手段。当前适用于文化产业创新发展指标体系评价的多指标综合评价分析方法主要有德尔菲法、层次分析法、

---

① 李勇:《信访系统综合评价研究》,硕士学位论文,东北大学,2005年。
② 陆添超、康凯:《熵值法和层次分析法在权重确定中的应用》,《电脑编程技巧与维护》2009年第22期。
③ 刘戈:《区域土地生态经济系统协调发展理论与实践研究》,博士学位论文,天津大学,2008年。

网络层次分析法、模糊综合评价法、主成分分析法、变异系数法、熵值法等。

(一) 德尔菲法

德尔菲法 (Delphi) 也称专家打分法,最早由赫尔姆和达尔克提出,在很多领域得到应用。德尔菲法主要依据系统程序,采用匿名打分方式,即参与打分评价的专家之间不能有任何互相讨论的行为,各专家在打分过程中相互独立,不发生横向联系,只与调查人员存在联系,通过多轮次调查专家对问卷所提问题的看法,经过反复征询、归纳、修改,最后综合成专家基本一致的看法,作为决策的依据。[①] 具体步骤为:第一步,根据需要选定专家,并给出赋权要求,且保证权数的归一化;第二步,需匿名记录各专家的赋权结果;第三步,由专家参考"反馈"意见修改预测结果;第四步,进行重复"反馈"与修改,直至达到精度为止;第五步以各专家最终预测值的平均作为组合预测。

德尔菲法是一种以定性分析手段为主的综合分析方法,主要通过对专家意见等权重进行组合预测,往往对一些难以通过数学建模解决的实际问题 (如市场预测等) 较为有效。这种方法具有广泛的代表性,适用范围广,不受样本是否有数据的限制。但德尔菲法的缺点也较为明显:德尔菲法受专家因素的影响较大,专家自身知识、经验等主观因素将对权重的设置产生较大因素,同时,专家之间的各种利益关系也会导致指标体系的权重选取的客观性受到一定牵制。另外,德尔菲法采取的专家赋权方式耗时较长,不利于指标体系与现实之间的时效性体现。

---

① 吴声声:《电力企业人因安全的研究与应用》,博士学位论文,北京交通大学,2013 年。

(二) 层次分析法

现实工作中，往往会遇到决策的问题，当影响决策的因素相互制约或相互影响时，决策系统中各因素之间往往无法用定量方式描述。[①] 而层次分析法可以将半定性、半定量的问题转化为定量问题。[②] 层次分析法是通过将复杂的决策情景切分为数个细小的部分，再将这些细小部分组织成树状的层次结构，然后赋予每一部分重要性权重，计算出各部分的优先权，供决策者选择。

层次分析法的实施步骤分为四个步骤：一是根据事件的具体情况建立科学的评价系统层次结构图；二是采用专家调查的方法对处于同一节点下的不同指标的重要性程度的两两比较，进而构造出判断矩阵，并借助一定的算法测算出矩阵的排序向量；三是确定相对权重和进行一致性检验。针对每一个准则给出各个候选方案的评价值，构成一个候选方案对应每个准则的判断矩阵，并求出其相应权值；四是在分层获得了同层各要素之间的相对重要程度后，自上而下地计算各级要素对于总体的综合重要度。

由于对复杂问题按照一定逻辑进行了重新梳理，并且量化出了每一种决策的优劣程度，更便于决策者进行比较。但是层次分析法在针对多因素综合进行评估时要利用人们的主观判断，因此对于不确定性或模糊性数据以及结果的模糊性评估就受到一定限制。并且，在针对多因素综合进行评估时要利用人们的主观判断，缺乏新方案的产生机制，对于不确定性或模糊性数据以及结果的模糊性评估受到一定限制，可信度稍有不足，对

---

① 张涛：《基于成本效益分析的农网升级改造投资价值评估研究》，硕士学位论文，华北电力大学，2012年。

② 赵志涛：《工业企业技术人员岗位技能培训转化效果研究》，硕士学位论文，山东大学，2010年。

指标体系中元素问题的识别也存在一定难度。另外，如果评价的指标体系中指标较多，计算过程中不断增加的阶数也会带来一定的计算难度和复杂度。

（三）网络层次分析法

网络层次分析法是在层次分析法的基础上发展并形成的一种决策方法，它允许可以量化和难以量化的多个指标共存，并考虑了不同层次的元素组以及元素组内部的元素之间具有关联和反馈关系的情况。[①] 网络分析法由两部分构成：第一部分是控制层，包括问题目标以及决策准则，其中所有的决策均被认为是彼此独立的；第二部分是网络层，由所有受控制层支配的元素组成，元素之间相互作用、相互影响，形成网络结构。网络分析方法解决问题的关键是利用超矩阵对各种相互作用的因素进行综合分析，得出各个元素的混合权重，从而做出最终的决策。层次分析法和网络分析法均是用来解决无结构和半结构化的决策问题，是社会经济系统用数学模型无法进行精确描述的复杂问题。

网络层次法在对指标体系进行评估过程中，还要考虑内部循环相互支配的层次关系，对于实际评价中指标体系内部各指标之间、各层次之间的交叉作用考虑不足，主要分析各决策层之间的单向层次关系，并且容易受到不同阶段赋权差异的影响。

（四）模糊综合评价法

模糊综合评价法是一种基于模糊数学的综合评价方法。该综合评价法根据模糊数学的隶属度理论把定性评价转化为定量评价，即用模糊数学对受到多种因素制约的事物或对象做出一

[①] 张昌勇：《我国绿色产业创新的理论研究与实证分析》，博士学位论文，武汉理工大学，2011年。

个总体的评价。① 基于S型函数的模糊综合评价法能够实现评价指标的科学量化，合理算出隶属度，而且对不同层次、不同类型的指标也可以进行综合评价，具有所得结果清晰且系统性相对较强的特点。②

在进行模糊综合评估时共涉及六个步骤：第一，建立评价指标集，采用"优秀、良好、一般、较差、差"的五级评价标准，并设定各个评价等级对应分值；第二，计算评价指标体系中的指标值，初步划定隶属度等级区间，然后由相关专业人员对其进行调整，并结合知识和数据双驱动来划分隶属度等级区间；第三，设非线性的函数为区间中心到指标的隶属度与指标值的距离，然后运用S型函数来设定各指标隶属度，并组成隶属度矩阵；第四，再次邀请上述相关专业人员，得出评价指标的重要性评判结果，并获取主观权重，采用层次分析法，并以1—3标度值为判断标准，利用群体与个体的结果偏离度对其进行相关调节，进行综合加权计算，得到关于各指标的客观权重集A；第五，运用加权平均值法，在合乎矩阵运算法则的基础上，通过结果评价前级；第六，通过构建多层次模糊综合评价模型，计算出第一步评价结果，然后逐层计算得到目标层结果，再进行一次加权和计算，得到最终具体分值，最终绩效水平参考隶属度最大原则后确定。③

模糊综合评价法在实际运用过程中也存在一定的限制：例如无法解决评价指标间由于相关性带来的评价信息重复问题，同时对评价指标的选取要求较高，前期需要大量时间进行数据

---

① 李雷霆：《农业企业孵化器运行机制及效用评价研究》，博士学位论文，重庆大学，2011年。

② 孙秀梅、侯士奇：《基于层次分析—模糊综合评价法的新旧动能转换绩效评价研究》，《山东理工大学学报》（社会科学版）2019年第1期。

③ 孙秀梅、侯士奇：《基于层次分析—模糊综合评价法的新旧动能转换绩效评价研究》，《山东理工大学学报》（社会科学版）2019年第1期。

预处理,因主观性问题造成的估计偏误也未得到有效的解决,对评价指标所包含的信息量考虑不足,有可能影响评价结果的区分度。

(五) 主成分分析法

主成分分析法主要是采用降维的思想,通过用数学方法变换的方式组合成不相关的综合指标,将多个指标的大部分信息转换到几个综合指标上,尽量保全原有信息,选取的标准是累计方差贡献率在75%以上或特征根大于1,减少对原来每个指标的分析,减少数据复杂性,达到分析的目的,主成分分析模型计算步骤如下:

设 X 为 $n \times m$ 维观测矩阵,n 为样本个数,m 为评价指标个数,X 可表示为:

$$X = \begin{bmatrix} x_{11} & x_{12} & \cdots & x_{1m} \\ x_{21} & x_{22} & \cdots & x_{2m} \\ \cdots & \cdots & \cdots & \cdots \\ x_{n1} & x_{n2} & \cdots & x_{nm} \end{bmatrix}_{n \times m} \quad (4.1)$$

第一步,对观测数据进行标准化:

$$Y = (Y_1, Y_2 \ldots, Y_m) = (y_{ij})_{n \times m} \quad (4.2)$$

$$y_{ij} = (x_{ij} - \overline{x_i}) / \sqrt{\frac{1}{n-1} \sum_{i=1}^{n} (x_{ij} - \overline{x_i})^2}, \overline{x_i} = \sum_{i=1}^{n} x_{ij}/n \quad (4.3)$$

第二步,计算样本相关矩阵:

$$R = (r_{ij})_{m \times m}, r_{ij} = \sum_{i=1}^{n} y_{ii} y_{ij} \quad (4.4)$$

第三步,将相关矩阵 R 的 m 个特征根 $\lambda_1 \geqslant \lambda_2 \geqslant \ldots \geqslant \lambda_m > 0$ 求出,同时求出相应的单位特征向量 $C_1, C_2, \ldots, C_m, C_i = (c_{i1}, c_{i2}, \ldots, c_{im})(i = 1, 2, \ldots, m)$。

第四步,计算主成分,$Z_1, Z_2, \ldots, Z_m, Z_i = YC_i (i = 1, 2 \ldots, m)$。

第五步，求出主成分 Z_i 的贡献率，

$$v_i = \lambda_i / \sum_{i=1}^{m} \lambda_i \tag{4.5}$$

第六步，计算前 p 个主成分的累计贡献率，

$$v_p = \sum_{i=1}^{p} \lambda_i / \sum_{i=1}^{m} \lambda_i \tag{4.6}$$

第七步，给定 $V < 1$，当 v_p 达到 V 值时，则取前 p 个主成分 $Z_1, Z_2, \ldots, Z_p$ 为所需。

最后一步，在确定取前 p 个主成分后，可构建指标的综合评价向量，

$$Z = v_1 Z_1 + v_2 Z_2 + \ldots + v_p Z_p \tag{4.7}$$

其中，Z 为观测样本综合评价的最后得分。

主成分分析法根据评价指标中存在一定相关性的特点，用较少的指标来代替原来较多的指标，并使这些较少的指标尽可能地反映原来指标的信息，从根本上解决了指标间的信息重叠问题，简化了指标结构。在主成分分析法中，各综合因子的权重不是人为确定的，而是根据综合因子的贡献率的大小确定的。这就克服了某些评价方法中人为确定权数的缺陷，使得综合评价结果唯一，而且客观合理。但主成分分析法的计算过程比较烦琐，且对样本量的要求较大，评价的结果跟样本量的规模有密切关系，需要几个主成分的累积贡献率在进行信息降维后保持较高水平。主成分只是原始变量的线性关系，没有反映非线性情况，若指标之间并非线性关系，那么就有可能导致评价结果的偏差。此外，主成分分析法对指标的经济含义和意义要求较高，需要有比较明确的界定，在提取出的主成分中需要有较为明确的实际信息量。

（六）变异系数法

变异系数是统计中常用的衡量数据差异的指标统计方法之

一，该方法根据各个指标在所有被评价对象上观测值的变异程度大小来对其赋权。为避免指标的量纲和数量级不同所带来的影响，该方法直接用变异系数归一化处理后的数值作为各指标的权数。[1]

变异系数法的实现步骤如下：

第一步，对原始数据 X 计算各指标的标准差，反映各指标的绝对变异程度：

$$s_i = \sqrt{\sum_{i=1}^{n}(x_{ij} - \overline{x_i})^2/n}, \overline{x_i} = \sum_{i=1}^{n} x_{ij}/n \qquad (4.8)$$

第二步，计算各指标的变异系数，以此来反映各指标的相对变异程度：

$$v_i = s_i/\overline{x_i} \qquad (4.9)$$

第三步，对指标的变异系数进行归一化处理，得出各指标的权数：

$$w_i = v_i/\sum_{j=1}^{m} v_j \qquad (4.10)$$

变异系数法的基本原理在于变异程度越大的指标对综合评价的影响就越大，权重大小体现了指标分辨能力的大小。[2] 但它不能体现指标的独立性大小以及评价者对指标价值的理解，对指标的具体经济含义重视不够，无法体现指标的具体经济意义，因而更适合评价指标独立性较强的项目。

（七）熵值法

熵值法是常用的客观赋权法，该赋权方法意义明确且对决策方案数及指标个数没有限制。熵值法是利用评价指标的固有信息来判别指标的效用价值。用熵值法确定指标权重，评价结果具有较强的数学理论依据，真正做到了符合客观实际，避免

---

[1] 杨宇：《多指标综合评价中赋权方法评析》，《统计与决策》2006年第7期。
[2] 汪海涛：《城市交通评价系统开发与设计》，硕士学位论文，沈阳建筑大学，2016年。

了主观性因素对分析结果的影响。熵值与指标值本身大小关系十分密切，适用于相对评价而非绝对评价。由于熵值法在操作上易于实行，且能够有效地避免主观性因素对权重的影响。目前，熵值法的应用主要集中于经济管理领域，尤其是宏观经济管理与可持续发展方向，此外，对于企业经济、工业经济、农业经济三方面也有相当程度的研究。

熵值法在经济管理和数学领域的应用为这些领域提供了一个新的科学评价方法，因为使用熵值法能够客观和深刻地反映指标的效用价值，而且无须对数据的分布形态进行任何假定，适合于对多指标体系进行综合评价。

二 各多指标综合评分方法的比较

综合评价的方法很多，由于存在指标选择、权重设定、数据处理等方面的差异，导致不同方法得出的结果不可能完全相同，评价结果具有相对性而不具有唯一性。测算方法上，现有研究主要采用多指标综合评价法，总体来看，现有方法主要包括两类：一是主观类分析方法，主要根据经验和重要程度人为给出权数大小，再对指标进行综合评价。主观赋权的方法有：德尔菲法、层次分析法、网络层次分析法、模糊层次分析法、综合评分法、功效系数法、指数加权法和模糊评价法等；二是客观类分析方法，主要通过构建综合评价模型，根据指标自身的作用和影响确定权数进行综合评价。这类方法有：熵值法及主成分分析、变异系数法、聚类分析、判别分析等多元分析方法。也有学者将主、客观赋权法加以结合。从具体权重设定方法来看，主观赋权法包括德尔菲法、层次分析法、模糊分析法、相邻指标比较法、序关系分析法等；客观赋权法是由客观数据决定权重系数，包括熵值法、主成分分析法、多目标规划法、相关系数法等。其中，熵值法在实际应用中最为广泛。鉴于各种方法在适用条件、数据处理、操作方法、结果检验等方面都有其自身的优缺点，在实际应用中，应综合考量多方面的因素，基于研究需要选取相对适宜的综合评价方法。为此，我们将上述七种常见多指标综合评分方法的优缺点进行了总结，具体见表4.4。

表4.4　　　　　　　各多指标综合评分方法的比较

评价方法	优点	缺点
德尔菲法	1. 具有广泛的代表性，适用范围广； 2. 不受样本是否有数据的限制	1. 受专家知识、经验等主观因素影响较大，权威人士对其他人的影响较大； 2. 专家之间碍于情面，不能完全客观地表达不同意见，不利于指标体系的修正； 3. 受主观因素影响，专家往往不愿意对自己原有的不全面意见进行改正； 4. 分析过程过于烦琐，所费时间较长，指标体系的评价周期具有较大的不确定性
层次分析法	量化了每一种决策的优劣程度	1. 在针对多因素综合进行评估时要利用人们的主观判断，意味着最优方案职能从原有方案中进行选取，缺乏新方案的产生机制； 2. 对于不确定性或模糊性数据以及结果的模糊性评估受到一定限制，定量数据使用较少，整个评价过程中定性成分较多，可信度受主观因素影响较大； 3. 对于指标较多的评价指标体系，权重难以确定，并且一致性检验较为复杂，对指标体系中元素问题的识别较难； 4. 指标体系中阶数的增加将增加矩阵特征值与特征向量的计算难度及复杂度

续表

评价方法	优点	缺点
网络层次分析法	1. 分析方法较为系统； 2. 所需定量数据信息较少	1. 过多强调各决策层之间的单向层次关系，对于实际评价中各层次因素之间的交叉作用考虑较少； 2. 评价不同阶段的权重差异会直接影响各评价指标的得分，研究阶段中的权重差异无法得到解决
模糊综合评价法	1. 适合模糊性资料的量化评价； 2. 评价结果可进一步加工获得更多信息	1. 无法解决评价指标间由于相关性带来的评价信息重复问题； 2. 前期评价指标的预选处理过程较为复杂； 3. 主观性较大，各指标权重的选取相对客观性不足； 4. 对评价指标所包含的信息量考虑不足，有可能影响评价结果的区分度
主成分分析法	1. 简化了原指标体系的指标结构； 2. 克服了人为确定权数的缺陷	1. 对指标要求较高，需要几个主成分的累积贡献率在进行信息降维后保持较高水平； 2. 指标的经济含义与意义必须明确，提取出的主成分需要有较为明确的实际信息量； 3. 无法反映原始变量的非线性关系，含义解释有一定模糊性，不如原始变量清楚、确切
变异系数法	1. 适用于评价目标比较模糊的评定； 2. 无须参照数据的平均值	1. 对指标的具体经济含义重视不够，无法体现指标的具体经济意义； 2. 计算误差较易发生，计算过程中会存在一定误差
熵值法	1. 能比较完整地解决事件的随机性与无序问题； 2. 能妥善平衡不确定性与信息量之间的关系，通常信息量越大，不确定性就越小，熵也越小，反之亦然； 3. 适用于指标离散程度较大的情况； 4. 避免了专家打分的主观随意性，权重确定具有科学性和客观性	1. 对指标值的波动性有一定要求； 2. 对指标时间跨度有一定要求

依据表4.4所示，无论是主观赋权法还是客观赋权法都有自身的优点，同时也存在一定的缺陷，其中主观赋权评价主要采用定性分析方法，由专家根据经验进行主观判断而得到权数，然后再对指标进行综合评价；而客观赋权评价法则根据指标之间的相关性或指标间的变异系数来确定权数进行综合评价。权重的赋值合理与否，对评价结果的科学合理性起着至关重要的作用，若某一因素的权重发生变化，将会影响整个评价结果，因此，如何选取最优的综合评分方法是也是对指标体系进行科学量化分析的重要前提。[①]

在上述的分析中可以发现，采取主观赋权方法的缺点在于依靠专家打分和定性分析，主观性太强，导致精确性不够，而采取客观赋权方法的缺点在于过于依赖数据，需要采用数量统计的方法和技术，使得很多方法不能反映指标对目标的影响方向。如何将二者的优势结合是目前有关综合评价最为关注的方向，熵值法是根据各指标传输给决策者信息量的大小来确定指标权数的方法，并根据各项指标的指标值变异程度来确定指标权数，这是一种客观赋权法，不仅避免了主观性因素带来的偏差，克服了主观赋权造成的随机性和臆断性问题，还能深刻反映出指标的区分能力，有效解决多指标变量之间信息的重叠问题，解决了不确定性与信息量之间的关系，有效地避免了专家打分的主观随意性，使得指标权重的设置具有科学性。同时，熵值法的算法简单，实践起来比较方便操作，比主观赋权方法具有更高的可信度和精确度，且无须借助其他分析软件就能实现样本地区间的指标横向对比和各样本内部纵向对比分析。

---

① 高燕：《城市公共交通优先发展水平评价研究》，硕士学位论文，长安大学，2015年。

三 基于面板数据的综合评分方法：熵值法

由于数据量纲、数量级和单位不同，无法对指标进行直接比较，因此，应先对数据进行无量纲处理。关于综合指标评价方法，借鉴张卫民、钟昌宝等人的做法，采用熵值法对无量纲处理后的指标进行赋值操作。①② 熵值法主要是利用信息论中的信息熵原理，指标变异程度越大，对应的信息熵值就越小，指标提供的信息量就越大，因此该指标的权重也应该越大，反之亦然。可见，熵值法获取的指标权重仅取决于指标变异程度，能有效规避主观因素。在经济增长动力结构评价中，若某类指标的差异度越大，说明该指标对经济增长的影响越较大，应赋予该指标较大权重，反之亦然。

（一）标准化处理

在对指标进行无量纲处理时，首先要区分指标的走向对系统的影响。③ 具体做法如下：假设系统初始矩阵为 $X = (x_{ijt})_{m \times n}$，$i = 1,2,\ldots m; j = 1,2,\ldots,n$，式中 t 表示年份，m 表示样本数量，n 表示指标数量，x_{ijt} 表示第 i 个样本的第 j 个指标在第 t 年份的指标值。当指标对系统发展正相关时，应采用正向指标无量纲处理方法：$y_j = \dfrac{X_j - \min\{X_j\}}{\max\{X_j\} - \min\{X_j\}}$；反之，应采用逆向指标无量纲处理方法：$y_j = \dfrac{\max\{X_j\} - X_j}{\max\{X_j\} - \min\{X_j\}}$。其中，$\max\{X_j\}$ 表示指标 j 在所有样本年份中的最大值，$\min\{X_j\}$ 表示

---

① 张卫民、安景、文韩朝：《熵值法在城市可持续发展评价问题中的应用》，《数量经济技术经济研究》2003 年第 6 期。

② 钟昌宝、魏晓平、聂茂林等：《一种考虑风险的供应链利益两阶段分配法》，《中国管理科学》2010 年第 2 期。

③ 陈刚、佟宇竞、邹小华：《区域经济增长动力结构评价体系构建及评估——以广州市为例》，《生产力研究》2019 年第 3 期。

指标 j 在所有样本年份中的最小值，y_j 表示经过无量纲处理的 j 指标列向量。

（二）指标的熵权值计算

由信息熵理论可知，指标 j 的信息熵 e_j 表达式为：$e_j = -k \sum_t \sum_i (\varpi_{ijt} \times \ln \varpi_{ijt})$。式中，$\varpi_{ijt} = y_{ijt} / \sum_t \sum_i y_{ijt}$，假设第 j 项指标值在各个评级样本中都相等，则满足 $\varpi_{ij} = 1/m$。此时，信息熵取极大值，则有 $e_j = 1$，此时：$e_j^{\max} = -k \sum_t \sum_i \frac{1}{m} \ln \frac{1}{m} = k\ln(mt) = 1$。可求出 $k = 1/\ln(mt)$，于是可计算信息熵 e_j，且信息熵满足 $e_j \in [0,1]$。对于第 j 项指标值而言，指标的差异化程度与对应的信息熵值呈正相关性。因此，指标 j 的权重 w_j 为：$w_j = (1 - e_j) / [\sum_{j=1}^{n}(1 - e_j)]$。

根据各指标的权重和无量纲值，可进一步测算拉动力、推动力、内生动力和阻力系统得分：$R_{it} = \sum_{j=1}^{m} w_{ijt} y_{ijt}$。

第五节 指标数据选择及说明

在本研究创建城市文化创新发展指数指标体系中，我们使用的数据大多均直接取自各城市政府发布的官方数据或公开出版物数据，而类似占比、收益率等相对指标，则是在原始数据基础上进一步整合得来的。从总体上看，本研究所构建的指标体系可分为两种数据来源：一是各个城市的统计年鉴、统计公报、专业年鉴和政府网站、著名智库报告等；二是各大研究机构出版的调研或评价报告。本研究使用的样本城市相关数据均来自各城市国民经济与社会发展统计公报、各城市统计年鉴、中国统计年鉴、各城市所在省统计年鉴、中国文化及相关产业统计年鉴、中国城市统计年鉴、中国电影市场年报、文化产业项目手册、中国城市文化创意指数、文化和旅游部文化品牌服务平台数据库、wind 数据库以及其他文化产业发展相关数据库。

表 4.5　　指标描述性统计

一级指标	二级指标	基础指标	样本量	均值	标准差	极小值	极大值
创新基础	设施基础	文化馆（个）	100	24.11	41.13	1	202
		博物馆数（个）	100	51.11	29.99	3	131
		公共图书馆数量（个）	100	16.35	8.83	1	43
	资源基础	国家及以上级别非物质文化遗产（个）	100	21.65	25.05	0	102
		公共图书馆藏书量（万册）	100	2112.72	1877.24	398	8063
		5A 景区数量	100	2.70	2.05	0	9
创新能力	业态融合	文化创新媒体声量强度	100	80.95	41.65	0	174
		全域旅游示范区数量（个）	100	0.77	1.06	0	5
		国家文化和科技融合示范基地数量（个）	100	1.03	0.70	0	5
	市场活力	全市居民人均教育文化娱乐消费支出（元）	100	3505.6	1117.55	879.8	6146
		中国文化企业品牌价值 TOP50 企业总价值（亿元）	100	266.68	778.57	0	4601.57
		文化传媒上市企业上市个数	100	3.71	5.71	0	32
创新投入	人力投入	规上企业文化产业从业人员比例（%）	100	2.66	1.48	0.48	6.47
		国家级非物质文化遗产代表性项目代表性传承人总量（人）	100	23.61	31.40	0	124
		规上企业文化产业从业人员总量（万人）	100	19.86	15.07	2.21	57
	资本投入	文化、体育与传媒财政支出占 GDP 比重（%）	100	0.28	0.16	0	0.81

续表

一级指标	二级指标	基础指标	样本量	均值	标准差	极小值	极大值
创新投入	资本投入	纳入国家文化和旅游部文化产业重点项目规划投资金额（亿元）	100	42.83	82.64	0	754.41
		文化、体育和娱乐业固定资产投资（亿元）	100	81.97	70.57	0.26	320.77
创新绩效	产出规模	文化产业增加值规模（亿元）	100	911.47	711.78	190.35	3908.80
		电影票房规模（亿元）	100	11.85	8.17	3.08	35.52
		旅游总收入（亿元）	100	2405.8	1379.33	400.32	6224.60
	产出质量	文化产业增加值占GDP比重（%）	100	6.21	2.32	2.11	13.95
		旅游收入规模增长率（%）	100	14.80	7.56	1.52	56.42
		文化产业增加值增长率（%）	100	12.74	18.30	-32.02	110.24

由表 4.5 可知，样本城市在文化产业创新发展方面存在一定的差异性，在创新基础、创新能力和创新绩效三个方面均表现出范围广、强度大、地区差异明显等特征。创新基础、创新能力和创新绩效领域基础指标的标准差均值为 330.71、324.21 和 354.58，指标之间的差异性较为明显，而创新投入维度基础指标的标准差均值均为 33.55，差异性较小，说明样本城市文化产业在创新资源投入方面的差异性相对较小。

第六节 本章小结

在本章节中，笔者从文化产业概念、文化产业创新发展理论、构建文化产业创新发展指标体系理论基础、综合指标评价方法选择、指标数据选择及说明五个方面对文化产业发展情况进行了归纳和总结。

（1）关于文化产业相关概念方面，本章首先归纳总结了国内外学术界和政府部分对文化产业概念的相关论述。研究发现，文化产业在各国政府和学者关于文化产业的产业定位和分类标准并不统一，国内外学者对文化产业内涵的定义相对模糊。其次，对文化产业的产业分类和范围进行了归纳和梳理。研究发现，国外政府和学者对文化产业的分类因研究对象而异，而国内对文化产业的分类近年来有国家统计部门制定的文化产业分类标准做指引，相对较为统一。

（2）对文化产业创新发展的理论进行了梳理和归纳。本章从文化产业与经济增长之间关系、文化产业与科技创新之间关系和城市文化产业创新发展3个方面对文化产业创新发展领域相关理论基础进行了论述和梳理，为本章构建城市文化产业创新发展指标体系建立了理论基础支撑。

（3）对文化产业创新发展指数构建的理论模型进行相关论述，并在此基础上构建了中国城市文化产业创新发展指标体系。在本部分中，本章重点梳理了国内外关于文化产业以及文化产业创新发展方面的相关指标体系，作为本章构建中国城市文化产业创新发展指标分析体系的重要理论基础。重点论述了本章构建的中国城市文化产业创新发展指标体系的基本结构，以及指标选择情况。

（4）对综合指标评价方面进行了梳理和分析，重点分析了常用的集中综合指数分析方法的优点和缺点。在此基础上，本文选择使用熵值法作为综合指标评分方法，主要原因在于与其他指标分析方法相比，熵值法是一种客观赋权法，不仅避免了主观性因素带来的偏差，克服了主观赋权造成的随机性和臆断性问题，还能深刻反映出指标的区分能力，有效解决多指标变量之间信息的重叠问题，解决了不确定性与信息量之间的关系，有效地避免了专家打分的主观随意性，使得指标权重的设置具有科学性。

（5）对本章构建的中国城市文化产业创新发展指数的指标数据的来源进行了简单的介绍和描述，并重点对 20 个样本城市的基础指标数据表现情况进行了简单的统计性分析。研究发现，样本城市在文化产业创新发展方面存在一定的差异性，在创新基础、创新能力和创新绩效三个方面均表现出范围广、强度大、地区差异明显等特征。

第五章　中国城市文化产业创新发展整体情况

第一节　中国城市文化产业创新发展指数测算

一　指标体系构建合理性分析：信度分析

（一）信度检验

针对本章研究内容，借鉴相关研究经验，选取比较常用的克朗巴哈 α 系数法对构建的中国城市文化产业创新发展指数指标体系进行信度测算，检验本章构建的指标体系是否存在合理性。克朗巴哈 α 系数法用于测定体系内部的基础指标之间的一致性，其数学定义为：$\alpha = \dfrac{n\bar{r}}{1+(n+1)\bar{r}}$，在本章中，$n$ 为本章构建的中国城市文化产业创新发展指标体系中基础指标的数量，$\bar{r}$ 个基础指标之间的相关系数的均值。可见，克朗巴哈 α 系数满足 $\alpha \in [0,1]$。如果 α 系数满足 $\alpha \in [0.9,1]$，则认为构建的指标体系能得到最好结果；如果 α 系数满足 $\alpha \in [0.8,0.9)$，则认为构建的指标体系内在信度是可接受的；如果 α 系数满足 $\alpha \in [0.7,0.8)$，则认为设计存在一定问题，但仍有参考价值；如果 α 系数小于 0.7，则认为误差太大，应考虑重新设计指标体系。

(二) 信度检验结果分析

参照克朗巴哈 α 系数测算方式，选择对 20 个样本城市 2015—2019 年城市文化产业创新发展指标体系进行信度检验分析，具体步骤如下：首先，使用规范化方法对数据进行标准化处理，以保证数据在 0—1 之间变动；其次，利用 stata 统计软件对标准化处理后的数据进行信度检验分析。得到的信度检验测算结果如表 5.1 所示。

表 5.1　　　　　　　　　　信度系数表

Cranach's Alpha	基于标准化项的 Cranach's Alpha	指标项目数量
0.9139	0.9025	24

根据表 5.1 所示分析结果，可以发现，本章构建的中国城市文化产业创新发展指数信度系数和基于标准化项的克朗巴哈 α 系数分别为 0.9139 和 0.9025，均在 0.9 以上。根据克朗巴哈 α 值的区间分布情况，可以认定本章构建的中国城市文化产业创新发展指数评价体系的内在信度是比较好的，测评结果具有较高的可靠性，即本章基于 20 个样本城市 2015—2019 年相关数据构建的中国城市文化产业创新发展指数指标体系在统计上具有较强的合理性，基于此，指标体系测算出的结果能够对中国城市文化产业创新发展情况进行很好的解释。

二　权重

根据第二章节中介绍的熵值法原理，结合对 20 个样本城市的 2015—2019 年间文化产业创新发展相关数据，可进一步求出基础指标权重，如表 5.2 所示。并在此基础上通过加和方式进一步求出二级指标权重和一级指标权重。

表5.2　　　　　　　　　　基础指标权重级排名

一级指标	二级指标	基础指标	基础指标权重	排名
创新基础	设施基础	文化馆（个）	6.99	5
		博物馆数（个）	2.02	17
		公共图书馆数量（个）	1.55	19
	资源基础	国家及以上级别文化遗产数量（非物质文化遗产）（个）	5.39	7
		公共图书馆藏书量（万册）	4.57	8
		5A景区数量	2.51	13
创新能力	业态融合	文化创新媒体声量强度	1.73	18
		全域旅游示范区数量（个）	8.68	2
		国家文化和科技融合示范基地数量（个）	2.29	15
	市场活力	全市居民人均教育文化娱乐消费支出（元）	0.90	23
		中国文化企业品牌价值TOP50企业总价值（亿元）	17.56	1
		文化传媒上市企业上市个数	8.03	3
创新投入	人力投入	规模以上文化产业从业人员比例（%）	2.41	14
		国家级非物质文化遗产代表性项目代表性传承人总量（人）	6.22	6
		文化产业从业人员总量（规模以上）（万人）	3.34	11
	资本投入	文化、体育与传媒财政支出占GDP比重（%）	1.50	20
		纳入国家文化和旅游部文化产业重点项目规划投资金额（亿元）	7.85	4
		文化、体育和娱乐业固定资产投资（亿元）	3.17	12
创新绩效	产出规模	文化产业增加值规模（亿元）	3.82	9
		电影票房规模（亿元）	3.65	10
		旅游总收入（亿元）	2.24	16
	产出质量	文化产业增加值占GDP比重（%）	1.44	21
		旅游收入规模增长率（%）	1.32	22
		文化产业增加值增长率（%）	0.82	24

根据表5.2所示分析结果，可以发现，基础指标的权重差异性较大，说明基础指标对整体结构的贡献程度因指标具体情

况而异。权重最大的五个基础指标分别是中国文化企业品牌价值TOP50企业总价值、全域旅游示范区数量、文化传媒上市企业上市个数、纳入国家文化和旅游部文化产业重点项目规划投资金额和文化馆数量，它们对应的权重分别为17.56、8.68、8.03、7.85和6.99，五个权重最大的基础指标主要分布在创新能力和创新投入领域，仅有文化馆一个基础指标为创新基础领域。权重最小的五个基础指标分别是文化产业增加值增长率、全市居民人均教育文化娱乐消费支出、旅游收入规模增长率、文化产业增加值占GDP比重和文化体育与传媒财政支出占GDP比重，它们对应的权重分别为0.82、0.9、1.32、1.44和1.50，五个权重最小的基础指标主要分布在创新绩效（3个）、创新能力（1个）和创新投入（1个）领域。权重最大的基础指标是权重最小的21.5倍，差距非常巨大，充分说明了不同基础指标要素对城市文化产业创新发展带来的影响具有较大的差异性。

根据基础指标权重，可以进一步测算二级指标对应的权重大小，如图5.1所示。通过对比分析二级指标权重大小可以发现，八大二级指标中，市场活力权重远高于其他二级指标权重，权重为26.48。产出质量权重最小，仅有3.58，不足市场活力权重的1/7，两者相差较大。业态融合、资源基础、资本投入、人力投入、设施基础和产出规模六大二级指标权重相差不大。

通过对二级指标权重加总可进一步求出一级指标权重大小，如图5.2所示。可以发现，本章构建的中国城市文化产业创新发展指数指标体系中，四大一级指标按权重大小排序依次为：创新能力（39.18）、创新投入（24.51）、创新基础（23.02）和创新绩效（13.30），从各一级指标得分情况看，创新能力对文化产业创新发展的影响最大，而创新绩效的影响则最小。我们认为创新能力权重最大的主要原因有两点：一是创新能力与城市发展的综合实力相关，不同城市之间的差异性较大，这是

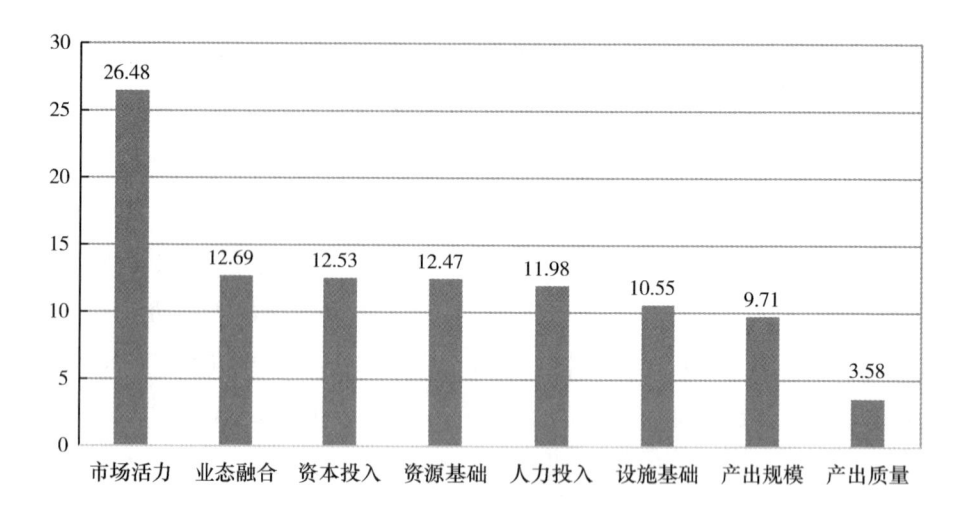

图5.1 二级指标权重

市场活力 26.48; 业态融合 12.69; 资本投入 12.53; 资源基础 12.47; 人力投入 11.98; 设施基础 10.55; 产出规模 9.71; 产出质量 3.58

不争的事实；二是同一城市由于对文化产业创新发展的重视程度不同，造成对创新能力的发展速度各异，进一步拉大城市之间创新能力时间和空间上的差异性，并最终造成各个城市甚至同一城市在不同时空中的创新能力有较大差异。

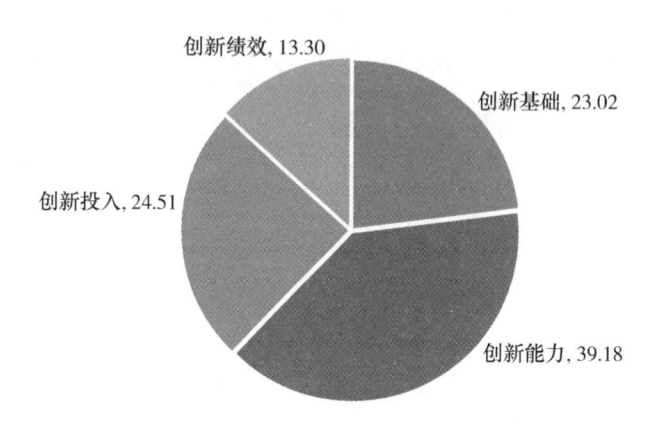

图5.2 一级指标权重

创新绩效, 13.30; 创新基础, 23.02; 创新投入, 24.51; 创新能力, 39.18

创新绩效权重最低的原因主要在于：一是相对于其他产业而言，文化产业以及文化产业与科技融合产业是一种相对新兴的产业，虽然近年来中央层面逐渐重视文化产业发展情况，部分城市高度重视文化产业发展,但文化产业作为新兴产业,在产业规模上和对地方经济的贡献度方面依旧与其他产业之间存在较大差距,各城市文化产业规模和对地方经济的贡献度均相对较小,彼此之间的差异性相对不明显,进而影响权重的大小;二是各大城市文化产业发展时间相对较短,虽然不同城市文化产业规模有较大差异,但在地区经济总量中所占比重均较小,差异并不明显,此外各城市文化产业规模均处于高速增长阶段,不同城市之间的差异性亦相对较小。

三 2019年中国城市文化产业创新发展总体得分情况

根据基础指标权重,结合24个基础指标无量纲处理数据,可进一步求出2019年中国20个样本城市文化产业创新发展综合指数得分值以及各城市综合指数得分排名情况,通过对比2018年排名情况,可进一步求出2019年的20个样本城市得分排名较上一年的变化情况,具体情况如表5.3所示。

表5.3　2019年样本城市文化产业创新发展指数、排名及排名变化情况

城市	总得分	排名	排名变化
广州	25.28	6	-1
北京	61.28	1	0
上海	45.85	2	0
深圳	40.68	3	0
杭州	25.52	5	+2
成都	24.65	7	+2
西安	22.88	9	-3
武汉	20.30	11	0
南京	23.84	8	0
苏州	20.34	10	0
重庆	32.94	4	0

续表

城市	总得分	排名	排名变化
天津	19.32	12	0
厦门	9.54	17	+1
宁波	14.25	14	-1
大连	8.05	20	-1
哈尔滨	8.08	19	+1
济南	9.82	16	+1
长沙	15.38	13	+1
无锡	9.95	15	+1
东莞	8.57	18	-3

注：排名变化为当前得分名次较上一年得分名次变化情况，"+"表示名次提升，"-"表示名次下降，"0"表示名次没有发生变化。

根据表 5.3 所示分析结果，可以发现，从综合指数整体得分情况看，在 2019 年的 20 个样本城市中，北京、上海、深圳三个城市的文化产业创新发展综合指数得分值位居前三位，分别为 61.28、45.85 和 40.68。大连的文化产业创新发展综合指数得分值最低，仅为 8.05，不足北京的 1/7，是上海和深圳的 1/5。得分值在 20 以上的城市有 11 个，得分值在 10—20 分之间的城市有 3 个，得分值不足 10 分的城市有 6 个。可见，本章所选的 20 个样本城市在文化产业创新发展得分方面具有较大差异性，不同城市在文化产业创新发展方面存在较大的差异性。从城市排名上看，2019 年所选的 20 个城市中，文化产业创新发展综合指数排名前六的城市分别为北京、上海、深圳、重庆、杭州和广州，西安、南京、武汉、成都、天津等城市排名相对居中，排名后六位的城市分别是大连、哈尔滨、东莞、厦门、济南和无锡。

从各城市文化产业创新发展综合指数排名变化看，相对于 2018 年，20 个样本城市中有 8 个城市名次没有发生变化。有 7

个城市排名有所提升，其中杭州和成都的名次分别较上一年提升了2位，厦门、哈尔滨、济南等5个城市名次分别较上一年提升了1位。有5个城市的名次较上一年有所下降，其中西安和东莞较上一年均下降了3位，广州、宁波和大连各较上一年下降1位。

通过对2019年20个城市文化产业创新发展综合指数进行进一步的分解，可求出2019年20个样本城市文化产业创新发展综合指数构成情况，如表5.4所示。从各城市一级指标得分情况可以看出，各城市的综合指数构成因城而异。通过对各城市2019年文化产业创新发展指数构成结构比较分析，我们可以发现，较之其他一级指标，创新能力对多数城市文化产业创新发展具有较大影响，广州、北京、上海、深圳、杭州、成都、南京、天津、济南、长沙、无锡等城市文化产业创新发展综合指数构成中，创新能力指数占比均在30%以上，其中深圳的创新能力得分更是占到综合指数值的60.58%，远高于其他城市。

表5.4 2019年样本城市文化产业创新发展指数一级指标得分情况

指标 城市	综合指数	创新基础指数	创新能力指数	创新投入指数	创新绩效指数
广州	25.28	4.32	9.34	5.40	6.22
北京	61.28	12.64	23.62	14.59	10.44
上海	45.85	11.85	13.67	10.89	9.44
深圳	40.68	5.01	23.88	5.97	5.83
杭州	25.52	6.69	7.93	4.39	6.53
成都	24.65	4.63	9.21	4.72	6.09
西安	22.88	10.84	4.53	3.88	3.64
武汉	20.30	4.54	5.08	6.57	4.10
南京	23.84	4.04	7.34	8.91	3.55
苏州	20.34	6.23	3.67	6.96	3.48

续表

指标\城市	综合指数	创新基础指数	创新能力指数	创新投入指数	创新绩效指数
重庆	32.94	10.26	9.36	7.85	5.47
天津	19.32	5.90	6.85	3.64	2.93
厦门	9.54	1.69	2.75	3.31	1.80
宁波	14.25	4.21	3.29	3.88	2.87
大连	8.05	2.12	2.00	2.24	1.69
哈尔滨	8.08	2.72	1.56	1.31	2.49
济南	9.82	2.03	3.27	2.76	1.76
长沙	15.38	2.18	5.92	4.95	2.32
无锡	9.95	2.94	3.24	1.87	1.91
东莞	8.57	1.29	1.40	3.89	1.98

第二节 2019年综合指数得分情况

一 主要分析方法简介

（一）聚类分析

聚类分析是根据样品或指标的"相似"特征进行分类的一种多元统计分析方法，该项目分析的主要目标就是运用相关数据对本章所选样本进行科学合理的分组。现有的聚类分析方法有许多种，但总体来说可以分为系统聚类和非系统聚类两大体系，其中系统聚类法包括最短距离法、最长距离法、中间距离法、可变距离法、重心法、类平均法、加权类平均法、Ward最小方差法，非系统聚类法包括K均值和K中位数法。在对本章所选20个样本城市2019年文化产业创新发展情况进行分析时，我们一般不会选择逐个分析单个样本城市的发展情况，较好的做法是选取反映样本城市文化产业创新发展的代表性指标，如创新基础、创新能力、创新投入、创新绩效四个方面，根据这些一级指标对20个样本城市进行分组，然后根据分组结果对城市文化产业创新发展情况进行综合对比评价。而关于聚类分析方法的理论知识，由于国内外学者均进行了详细的研究，本章不再赘述。

（二）变异系数

为进一步分析组间样本之间城市文化产业创新发展的均衡性问题，本研究选择运用竞争系统要素结构均衡度的度量方法与思想，对组间各样本的城市文化产业创新发展系统内部要素结构的均衡度进行测算与分析。借鉴已有研究成果，本章选择运用变异系数来刻画样本分布离散程度的统计指标，针对本章研究来说，主要是通过计算各大城市产业创新发展综合指数以及四大一级指标的变异系数，以反映各城市之间文化产业创新发展的均衡性和稳定性。变异系数的值越大，说明该组城市间的文化产业创新发展系统内部要素结构越不均衡，分组系统越不稳定。具体测算方法是：以城市组城市文化产业创新发展综合指数和各级指标指数平均的分值为基础，计算不同分组下城市文化产业创新发展综合指数和各级指标指数的均值和标准差，标准差与均值的比值记为各组城市文化产业创新发展综合指数和各级指数的变异系数。假设，组内城市文化产业创新发展综合指数和各级指标的组间变异系数为CV_i，则满足$CV_i = \sigma_i / x_i$，其中σ_i表示组间城市指数得分的标准差，x_i表示组间城市指数得分均值。

二 总体分析

（一）结构特征测算

运用聚类分析方法，以2019年20个样本城市文化产业创新发展相关数据为基础，对这些城市进行聚类分析，从整体角度对样本城市文化产业创新发展情况通过分组进行对比分析。

参照聚类分析方法的基本测算步骤，本章运用 stata 统计软件对 2019 年中国 20 个样本城市文化产业创新发展综合指数进行聚类分析。

具体测算步骤如下：第一，运用系统聚类法中常用的类平均法进行初步聚类分析，获得样本城市文化产业创新发展的城市矩阵分布图和聚类分布树图，如图 5.3 和图 5.4。图 5.3 所示结果显示，2019 年中国 20 个城市在综合指数、创新基础指数、创新能力指数、创新投入指数和创新绩效指数五个方面的分布具有明显的族群特征。

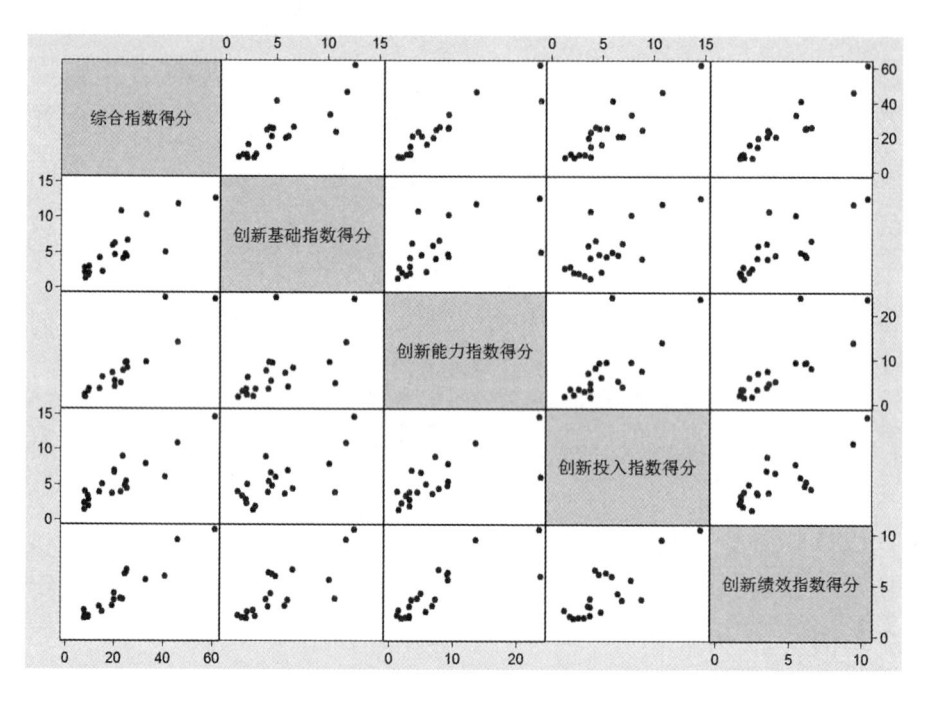

图 5.3　2019 年中国 20 个城市文化产业创新发展综合指数及一级指标得分矩阵图

第二，分别采用常用的 K 均值法，以创新基础、创新能力、创新投入和创新绩效四大一级指标，进行聚类分析，分别将样本城市分为 3 个组、4 个组和 5 个组，然后选择根据聚类分析择优标准选择分组模式，测算结构如表 5.5 所示。

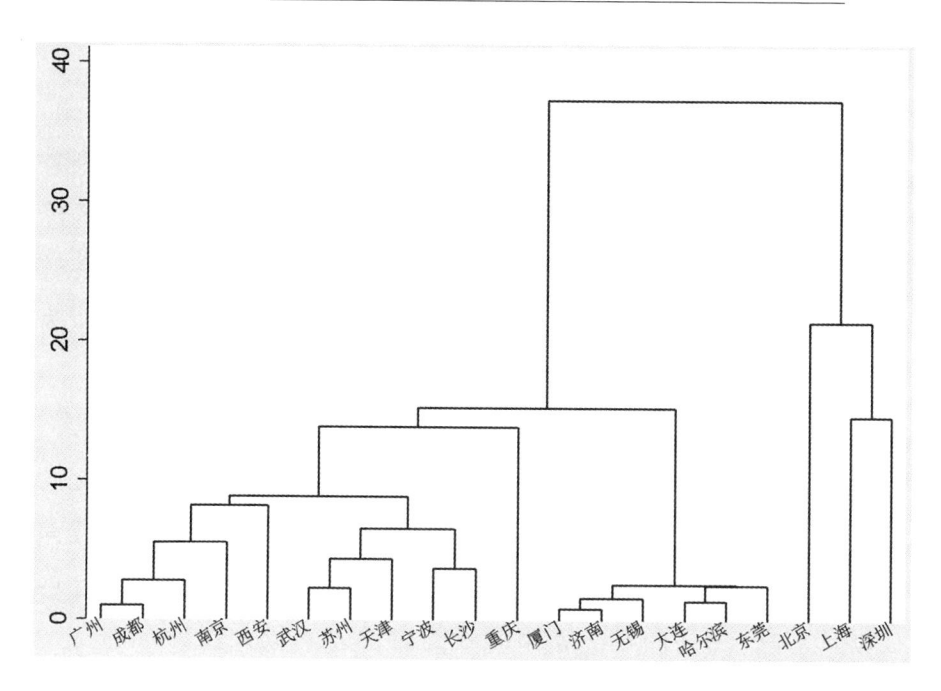

图 5.4　2019 年中国 20 个城市文化产业创新发展综合指数及一级指标得分树图

表 5.5　　　　　　　　　K 值聚类分析方法检验结果

分组类别	Calinski and Harabasz pseudo F 统计值
3 个组	50.33
4 个组	35.2
5 个组	26

第三，根据上一步测算结果，选择 Calinski and Harabasz pseudo F 统计值最大的 3 个组聚类标准对中国 20 个城市文化产业创新发展综合指数进行分组，将 20 个样本城市在理论上描述为 3 组：

第一组：北京、上海、深圳（共 3 个城市）。本组中的 3 个城市是我国经济总量规模最大的三大城市，文化产业创新发展水平远超样本城市平均水平，是 2019 年城市文化产业创新发展指数得分在 40 以上的城市，该组城市文化产业创新发展综合指数均值为49.28，远超其他城市。

第二组：广州、杭州、成都、西安、武汉、南京、苏州、重庆、天津（共9个城市）。本组中的城市均为省会城市和副省级城市（除天津为直辖市外），具有深厚的文化底蕴和强大的经济发展规模，大部分城市属于文化产业发展较快、规模发展较大的地区，该组城市2019年文化产业创新发展综合指数均值为23.89，与第一梯队城市综合指数得分差异较大。

第三组：厦门、宁波、大连、哈尔滨、济南、长沙、无锡、东莞（共8个城市）。本组中的城市多数为新一线城市，文化产业资源以及文化产业与科技融合发展相对较弱，经济发展规模相对不高，该组城市2019年文化产业创新发展综合指数得分均值为10.45，与前两梯队城市综合得分值差异较大。

第四，分析各组城市间文化产业创新发展均衡性。运用stata软件求出每一组的均值、标准差和变异系数值，分组结果如表5.6所示。

（二）整体均衡性分析

通过聚类分析对20个样本城市文化产业创新发展情况进行科学分组后，进一步测算各组之间文化产业创新发展综合指数、创新基础指数、创新能力指数、创新投入指数和创新绩效指数具体表现情况，如表5.6所示。

表5.6　2019年中国20个城市文化产业创新发展综合指数聚类特征表

梯队	城市	特征值	综合指数	创新基础	创新能力	创新投入	创新绩效
第一梯队	北京、上海、深圳	均值	49.27	9.83	20.39	10.48	8.57
		变异系数	0.22	0.43	0.29	0.41	0.28
第二梯队	广州、杭州、成都、西安、武汉、南京、苏州、重庆、天津	均值	23.90	6.38	7.03	5.81	4.67
		变异系数	0.17	0.40	0.31	0.32	0.30

第五章　中国城市文化产业创新发展整体情况　145

续表

梯队	城市	特征值	综合指数	创新基础	创新能力	创新投入	创新绩效
第三梯队	厦门、宁波、大连、哈尔滨、济南、长沙、无锡、东莞	均值	10.46	2.40	2.93	3.03	2.10
		变异系数	0.27	0.37	0.49	0.40	0.20
合计		均值	22.32	5.31	7.39	5.40	4.23
		变异系数	0.63	0.66	0.87	0.60	0.60

根据表5.6分析所示分析结果，可以得出以下几点结论。

第一，从综合指数均值表现看，三个梯队的综合指数得分均值呈现出明显的差异性。2019年样本城市文化产业创新发展综合指数整体均值为22.32。三个梯队城市按综合指数均值大小排名，由大到小依次是：第一梯队（49.27）、第二梯队（23.90）、第三梯队（10.46），其中第一梯队和第二梯队城市综合指数得分均值大于样本均值，且第一梯队城市综合指数均值高出第二梯队1倍以上，而第二梯队的综合指数得分高出第三梯队城市1倍以上。表明，三个梯队之间存在明显的差异性，即本章所选20个样本城市文化产业创新发展整体方面有巨大的差异性。从各梯队城市间的变异系数表现看，20个样本城市文化产业创新发展综合指数的平均变异系数为0.63，高于三大梯队的平均变异系数，说明将20个样本城市划分为三大梯队进行比较分析具有较强的合理性。三大梯队综合指数按变异系数大小排名结果为第三梯队（0.27）、第一梯队（0.22）、第二梯队（0.17），表明，各梯队城市均衡性从强到弱依次是第二梯队＞第一梯队＞第三梯队。

第二，对比分析样本城市文化创新发展的整体均衡程度，可以发现，样本城市综合指数和四大一级指标得分的变异系数从大到小依次是：创新能力指数（0.87）、创新基础指数（0.66）、综合指数（0.63）、创新投入指数（0.60）、创新绩效指数（0.60）。根据变异系数原理，可以确定，样本城市综合指数和四大一级指标的均衡程度由强到弱依次是创新投入＝创新绩效＞综合指数＞创新基础＞创新能力。由此可以判定，创新能力和创新基础两大方面的均衡性相对偏弱是造成样本城市综合指数均衡性不强的主要原因，而各大城市在创新投入和创新绩效方面的均衡性相对较强。

第三，对比分析第一梯队城市文化产业创新发展的均衡程度，可以发现，第一梯队城市文化产业创新发展的综合指数和四大一级指标得分的变异系数从大到小依次是：创新基础指数（0.43）、创新投入指数（0.41）、创新能力指数（0.29）、创新绩效指数（0.28）、综合指数（0.22）。根据变异系数原理，可以确定，样本城市综合指数和四大一级指标的均衡程度由强到弱依次是综合指数＞创新绩效＞创新能力＞创新投入＞创新基础。由此可以判定，第一梯队城市间的文化产业创新发展基础差异性最为明显，其次是创新投入也存在较大差异性，创新能力和创新绩效的差异性相对较小。

第四，对比分析第二梯队城市文化产业创新发展的均衡程度，可以发现，第二梯队城市文化产业创新发展的综合指数和四大一级指标得分的变异系数从大到小依次是：创新基础指数（0.40）、创新投入指数（0.32）、创新能力指数（0.31）、创新绩效指数（0.30）、综合指数（0.17）。根据变异系数原理，可以确定，样本城市文化产业创新发展的综合指数和四大一级指标的均衡程度由强到弱依次是综合指数＞创新绩效＞创新能力＞创新投入＞创新基础。由此可以判定，与第一梯队类似，第二梯队城市间的文化产业创新发展基础差异性最为明显，其次是创新投入和创新绩效也存在较大差异性，创新能力的差异性相对较小。

第五，对比分析第三梯队城市文化产业创新发展的均衡程度，可以发现：第三梯队城市文化产业创新发展的综合指数和四大一级指标得分的变异系数从大到小依次是：创新能力指数（0.49）、创新投入指数（0.40）、创新基础指数（0.37）、综合指数（0.27）、创新绩效指数（0.20）。根据变异系数原理，可以确定，样本城市文化产业创新发展的综合指数和四大一级指标的均衡程度由强到弱依次是创新绩效＞综合指数＞创新基础＞创新投入＞创新能力。由此可以判定，第三梯队城市间的文化产业创新发展基础和创新能力的差异性最为明显，其次是创新投入也存在较大差异性，创新绩效的差异性相对较小。

综上所示，可以发现，创新基础和创新能力是造成各梯队城市文化产业创新发展综合指数存在一定失衡性的主要原因。

（三）一级指标均衡性分析

根据综合指标结构，进一步对各梯队城市文化产业创新发展的创新基础指数、创新能力指数、创新投入指数和创新绩效指数进行均衡性分析，可以得出以下结论。

第一，从创新基础表现看。2019年样本城市创新基础指数均值为5.31，三个梯队城市按创新基础指数大小排名依次是：第一梯队（9.83）、第二梯队（6.38）、第三梯队（2.40），其中第一梯度和第二梯队创新基础指数均值大于样本整体均值。从各梯队城市间的创新基础指数的变异系数表现看，样本城市文化产业创新基础整体变异系数值为0.66，高于综合指数变异值，说明从整体上看，创新基础的均衡程度要弱于综合指数。三大梯队城市文化产业创新基础指数按变异系数大小排名结果为第一梯队（0.43）、第二梯队（0.40）、第三梯队（0.37），即各梯队城市间的创新基础均衡性从强到弱依次是第三梯队＞第二梯队＞第一梯队。

第二，从创新能力表现看。2019年样本城市创新能力指数均值为7.39。三个梯队城市按创新能力指数大小排名依次是：

第一梯队（20.39）、第二梯队（7.03）、第三梯队（2.93），其中第一梯队创新能力指数均值大于样本整体均值，第二梯队和第三梯队创新能力指数均值均小于样本整体均值，其中第一梯队城市创新能力指数均值约为第二梯队的3倍，差距巨大。表明第一梯队城市创新能力远强于其他两个梯队的城市。从各梯队城市间的创新能力指数的变异系数表现看，样本城市文化产业创新能力整体变异系数值为0.87，高于综合指数变异值，说明从整体上看，创新能力的均衡程度要弱于综合指数。三大梯队城市文化产业创新能力指数按变异系数大小排名结果为第三梯队（0.49）、第二梯队（0.31）和第一梯队（0.29），即各梯队城市间的创新基础均衡性从强到弱依次是第一梯队＞第二梯队＞第三梯队。

第三，从创新投入表现看。2019年样本城市创新投入指数均值为5.40，三个梯队城市按创新投入指数大小排名依次是：第一梯队（10.48）、第二梯队（5.81）、第三梯队（3.03），其中第一梯度和第二梯队创新基础指数均值大于样本整体均值。从各梯队城市间的创新投入指数的变异系数表现看，样本城市文化产业创新投入整体变异系数值为0.60，低于综合指数变异值，说明从整体上看，创新投入的均衡程度要强于综合指数。三大梯队城市文化产业创新投入指数按变异系数大小排名结果为第一梯队（0.41）、第三梯队（0.40）、第二梯队（0.32），即各梯队城市间的创新投入均衡性从强到弱依次是第二梯队＞第三梯队＞第一梯队。

第四，从创新绩效表现看。2019年样本城市创新绩效指数均值为4.23，三个梯队城市按创新绩效指数均值大小排名依次是：第一梯队（8.57）、第二梯队（4.67）、第三梯队（2.10），其中第一梯度和第二梯队创新绩效指数均值大于样本整体均值。从各梯队城市间的创新绩效指数的变异系数表现看，样本城市文化产业创新绩效整体变异系数值为 0.60，高于综合指数变异值，说明从整体上看，创新绩效的均衡程度要弱于综合指数。三大梯队城市文化产业创新绩效指数按变异系数大小排名结果为第二梯队（0.30）、第一梯队（0.28）和第三梯队（0.20），即各梯队城市间的创新绩效均衡性从强到弱依次是第三梯队＞第一梯队＞第二梯队。

综上所示，创新能力差异较大是造成各梯队城市文化产业创新发展综合得分存在较大差异的主要因素。

第三节　2019年一级指标指数得分情况

一　创新基础

（一）综合分析

文化产业创新发展基础是城市文化产业与科技融合发展的重要支撑，主要包括设施基础和资源基础两个二级指标。根据测算，可得到2019年各城市文化产业创新基础指数得分情况，如表5.7所示。

表5.7　2019年中国20个城市文化产业创新发展基础指数得分、排名情况表

城市\指标	创新基础 得分	排名	名次变化	设施基础 得分	排名	名次变化	资源基础 得分	排名	名次变化
广州	4.32	11	−2	1.22	16	−2	3.10	8	0
北京	12.64	1	0	2.66	4	+3	9.98	1	0
上海	11.85	2	0	3.11	3	0	8.74	2	0
深圳	5.01	8	+3	1.43	13	+5	3.57	6	0
杭州	6.69	5	0	2.24	7	−2	4.45	5	0
成都	4.63	9	+1	2.23	8	0	2.40	9	0

续表

指标\城市	创新基础 得分	创新基础 排名	创新基础 名次变化	设施基础 得分	设施基础 排名	设施基础 名次变化	资源基础 得分	资源基础 排名	资源基础 名次变化
西安	10.84	3	0	8.96	1	0	1.88	13	0
武汉	4.54	10	-2	2.20	9	-3	2.34	11	-1
南京	4.04	13	-1	1.92	10	0	2.11	12	0
苏州	6.23	6	0	1.39	14	-1	4.83	4	0
重庆	10.26	4	0	4.53	2	0	5.73	3	0
天津	5.90	7	0	2.58	5	-1	3.32	7	0
厦门	1.69	19	-1	0.59	20	0	1.10	16	0
宁波	4.21	12	+1	1.83	11	0	2.38	10	+1
大连	2.12	17	-1	1.04	17	-1	1.08	17	0
哈尔滨	2.72	15	0	2.34	6	+3	0.38	20	0
济南	2.03	18	+1	1.53	12	+3	0.51	18	+1
长沙	2.18	16	+1	0.99	18	-1	1.20	15	0
无锡	2.94	14	0	1.37	15	-3	1.57	14	0
东莞	1.29	20	0	0.79	19	0	0.50	19	-1

注：排名变化为当前得分名次较上一年得分名次变化情况，"+"表示名次提升，"-"表示名次下降，"0"表示名次没有发生变化。

根据表5.7所示分析结果，可以发现，从创新基础得分情况看，在2019年的20个样本城市中，北京、上海和西安3个城市的创新基础指数得分值位居前三位，分别为12.64、11.85和10.84。东莞的文化产业创新发展基础指数得分值最低，仅为1.29。得分值在5以上的城市有8个，得分值在2—5分之间的城市有10个，得分值不足2分的城市有2个。可见，样本城市的文化产业创新发展基础指数排名有较大差异性。从二级指标构成上看，设施基础指数得分最高的三个城市分别是西安（8.96）、重庆（4.53）和上海（3.11），得分在2分以上的城市有9个，得分在1—2分之间的城市有8个，1分以下的城市有3个，样本城市在设施基础方面的得分差异性相对较小。资源基础指数得分最高的三个城市分别是北京（9.98）、上海（8.74）和重庆（5.73），得分在5分以上的城市有3个，得分在2—5分之间的城市有9个，2分以下的城市有8个，大部分城市资源基础得分集中在5分以内。

从各城市文化产业创新发展基础指数及其二级指标排名变化，可以看出：（1）从创新基础指数排名变化看，相对2018年，20个样本城市中有10个城市名次没有发生变化。有5个城市排名有所提升，其中深圳的名次分别较上一年提升了3位，成都、宁波、济南和长沙4个城市名次分别较上一年提升了1位。有5个城市的名次较上一年有所下降，其中广州和武汉较上一年分别下降了2位，南京、厦门和大连的名次分别较上一年下降了1位。（2）从设施基础排名变化看，有8个城市的排名没有发生变化，有4个城市的排名有所提升，其中深圳排名提升幅度最大，较上一年排名提升了5位，北京、哈尔滨和济南3个城市也有较大幅度的提升，分别较上一年提升了3位；有8个城市得分排名有所降低，其中排名降幅最大的武汉和无锡，均下降了3位，其次是广州和杭州，均下降了2位，其余城市排名均下滑了1位。（3）从资源基础排名变化看，有16个城市的排名没有发生变化，宁波和济南的排名较上一年均提升了1位，武汉和东莞的排名较上一年均降低1位，从整体上看，样本城市在资源基础领域的排名并没有发生较大变化。由此可以初步认为，设施基础排名波动较大是造成创新基础指数排名产生波动的直接原因。

（二）整体均衡性分析

对创新基础指数进行聚类分析，是以创新基础指数为基本信息，通过对设施基础和资源基础两个二级指标进行聚类分析，考虑到与综合指数分析可比性，在此默认分为三组，聚类分析结果如表5.8所示。根据聚类分析结果，可将20个样本城市在理论上描述为3组：

第一组：北京、上海、西安、重庆（共4个城市）。本组中的3城市是我国的直辖市，具有悠久的历史文化底蕴和庞大的文化设施和资源基础，文化产业创新发展基础水平远超样本城市平均水平，该梯队2019年城市文化产业创新发展基础指数得分均值为11.40，远超其他两个梯队的城市发展水平。

第二组：广州、深圳、杭州、成都、武汉、南京、苏州、天津、宁波（共9个城市）。本组中的城市属于文化产业基础相对较好的地区，具有一定比较优势，该梯队城市2019年文化产业创新发展基础指数均值为5.06。

第三组：厦门、大连、哈尔滨、济南、长沙、无锡、东莞（共7个城市）。本组中的城市在文化产业创新发展基础方面相对较弱，该梯队城市2019年的文化产业创新发展基础指数得分均值为2.11。

表5.8 2019年中国20个城市文化产业创新发展基础指数聚类特征表

分组	城市	特征值	创新基础	设施基础	资源基础
第一梯队	北京、上海、西安、重庆	均值	11.40	4.81	6.58
		变异系数	0.09	0.60	0.55
第二梯队	广州、深圳、杭州、成都、武汉、南京、苏州、天津、宁波	均值	5.06	1.89	3.17
		变异系数	0.19	0.24	0.31
第三梯队	厦门、大连、哈尔滨、济南、长沙、无锡、东莞	均值	2.11	1.23	0.88
		变异系数	0.37	0.58	0.58
整体表现		均值	4.37	5.31	2.25
		变异系数	0.65	0.66	0.81

根据表5.8分析所示结果，可以得出以下几点结论。

第一，从创新基础指数均值整体表现看，三个梯队的创新基础指数得分均值呈现出一定的差异性特征。2019年样本城市文化产业创新发展基础指数整体均值为4.37。三个梯队城市按创新基础指数均值大小排名，由大到小依次是：第一梯队（11.40）、第二梯队（5.06）、第三梯队（2.11），其中第一梯队和第二梯队城市创新基础指数得分均值大于样本均值，且第一梯队城市文化产业创新基础指数均值高出第二梯队1倍以上，而第二梯队的创新基础指数得分高出第三梯队城市1倍以上。表明三个梯队之间存在明显的差异性。从各梯队城市间的变异系数表现看，20个样本城市文化产业创新发展基础指数的平均变异系数为0.65，高于三大梯队的平均变异系数。三大梯队创新发展指数按变异系数大小排名结果为第三梯队（0.37）、第二梯队（0.19）、第一梯队（0.09），表明，各梯队城市均衡性从强到弱依次是第一梯队＞第二梯队＞第三梯队。

第二，对比分析样本城市文化创新发展基础的整体均衡特征，可以发现，样本城市文化产业创新基础指数和两个二级指标得分的变异系数从大到小依次是：资源基础指数（0.81）、设施基础指数（0.66）、创新基础指数（0.65）。根据变异系数原理，可以确定，样本城市创新基础指数和两个二级指标的均衡程度由强到弱依次是创新基础＞设施基础＞资源基础。由此可以判定，资源基础的均衡性相对偏弱是造成样本城市文化产业创新基础指数均衡性不强的主要原因。此外，还可以发现，设施基础得分的均衡性相对较强，表明各城市在设施基础的得分相对集中，各城市之间得分差距并不明显，造成各城市设施基础排名产生较大波动，这也是造成样本城市创新基础排名发生较大变化的原因。

第三，对比分析第一梯队城市文化产业创新基础的均衡特征，可以发现：第一梯队城市的文化产业创新基础指数和两个二级指标得分的变异系数从大到小依次是：设施基础（0.60）、资源基础（0.55）、创新基础（0.09）。根据变异系数原理，可以确定，样本城市创新基础指数和两个二级指标得分的均衡程度由强到弱依次是创新基础＞资源基础＞设施基础。可见，在第一梯队城市中，相对于资源基础而言，设施基础失衡性特征相对较为明显，但两者之间的差距不大。

第四，对比分析第二梯队城市文化产业创新基础的均衡特征，可以发现，第二梯城市的文化产业创新基础指数和两个二级指标得分的变异系数从大到小依次是：资源基础（0.31）、设施基础（0.24）、创新基础（0.19）。根据变异系数原理，可以确定，样本城市文化产业创新基础指数和两个二级级指标的均衡程度由强到弱依次是创新基础＞设施基础＞资源基础。可见，在第二梯队城市中，资源基础的失衡性特征相对较为明显。

第五，对比分析第三梯队城市文化产业创新基础均衡特征，可以发现，第三梯队城市的文化产业创新基础指数和两个二级指标得分的变异系数从大到小依次是：设施基础（0.58）、资源基础（0.58）、创新基础（0.37）。根据变异系数原理，可以确定，样本城市文化产业创新基础指数和两个二级指标的均衡程度由强到弱依次是创新基础＞设施基础＝资源基础。可见，在第三梯队城市中，设施基础和资源基础两者均是影响该梯队城市创新基础均衡的因素。

综上所述，造成不同梯队城市文化产业创新基础指数存在失衡的主要原因各不相同，设施基础是影响第一梯队城市文化产业创新基础产生失衡性的主要原因；资源基础是影响第二梯队城市文化产业创新基础产生失衡性的主要原因；设施基础和资源基础两者共同影响着第三梯队城市文化产业创新基础的均衡性。

（三）二级指标均衡性分析

根据样本城市文化产业创新发展基础指标结构分析，进一步对各梯队城市文化产业创新发展基础的设施基础和资源基础得分的均衡性进行分析,可以得出以下结论。

第一,从设施基础表现看。2019年样本城市文化产业创新发展的设施基础得分均值为2.25,三个梯队城市按设施基础指数大小排名依次是:第一梯队(4.81)、第二梯队(1.87)、第三梯队(1.23),其中第一梯队设施基础得分均值大于样本整体均值。从各梯队城市间的设施基础得分的变异系数表现看,样本城市文化产业创新发展的设施基础得分的变异系数值为0.81,高于创新基础指数的变异系数值,说明从整体上看,设施基础的均衡程度要弱于创新基础指数。三大梯队城市文化产业创新发展的设施基础得分值的变异系数大小排名结果为第一梯队(0.60)、第三梯队(0.58)、第二梯队(0.24),即各梯队城市间的设施基础均衡性从强到弱依次是第二梯队>第三梯队>第一梯队。

第二,从资源基础表现看。2019年样本城市文化产业创新发展的资源基础得分均值为3.06。三个梯队城市按资源基础得分的大小排名依次是:第一梯队(6.58)、第二梯队(3.17)、第三梯队(0.88),其中第一梯队城市的资源基础得分均值远大于样本整体均值,第二梯队与样本均值相同,第一梯队城市资源基础得分的均值分别是第三梯队和第二梯队的7.48倍和2.08倍,差距巨大。表明,第一梯队城市资源基础远强于其他两个梯队的城市。从各梯队城市间的资源基础得分的变异系数表现看,样本城市文化产业资源基础得分的变异系数值为0.86,高于创新基础指数变异值,说明从整体上看,资源基础得分的均衡程度要弱于创新基础指数。三大梯队城市文化产业创新发展的资源基础得分按变异系数大小排名结果为:第三梯队(0.58)、第一梯队(0.55)、第二梯队(0.31),即各梯队城市间资源基础的均衡性从强到弱依次是:第二梯队>第一梯队>第三梯队。

二 创新能力

(一) 综合分析

创新能力反映了城市文化产业创新发展过程中的科技创新能力和文化产业与科技融合能力，主要包括业态融合和市场活力两个二级指标。根据测算，可得到2019年样本城市文化产业创新能力指数得分情况，如表5.9所示。

表 5.9　2019 年中国 20 个城市文化产业创新发展基础指数得分、排名情况表

城市\指标	创新能力 得分	排名	名次变化	业态融合 得分	排名	名次变化	市场活力 得分	排名	名次变化
广州	9.34	5	-1	3.81	10	-4	5.52	3	+1
北京	23.62	2	-1	12.51	1	0	11.11	2	0
上海	13.67	3	0	9.08	2	0	4.59	4	-1
深圳	23.88	1	+1	4.20	8	+4	19.68	1	0
杭州	7.93	7	+1	4.21	7	+4	3.71	5	0
成都	9.21	6	+1	7.31	4	+1	1.89	8	0
西安	4.53	12	-2	3.62	11	-4	0.90	11	0
武汉	5.08	11	-2	4.12	9	-1	0.96	10	-1
南京	7.34	8	-3	4.86	6	-3	2.48	7	0
苏州	3.67	13	+4	2.91	13	+4	0.76	12	0
重庆	9.36	4	+2	8.77	3	0	0.59	16	0
天津	6.85	9	+2	6.39	5	+4	0.46	20	-7
厦门	2.75	17	+3	2.19	17	+1	0.55	17	+3
宁波	3.29	14	-2	2.75	14	-4	0.54	18	+1
大连	2.00	18	0	1.27	18	-4	0.73	13	+1
哈尔滨	1.56	19	-4	1.03	19	-6	0.52	19	-1
济南	3.27	15	+1	2.60	15	0	0.67	14	+1

续表

指标\城市	创新能力 得分	排名	名次变化	业态融合 得分	排名	名次变化	市场活力 得分	排名	名次变化
长沙	5.92	10	+3	3.44	12	+6	2.49	6	0
无锡	3.24	16	+2	2.57	16	0	0.67	15	+2
东莞	1.40	20	-1	0.39	20	0	1.02	9	+1

注：排名变化为当前得分名次较上一年得分名次变化情况，"+"表示名次提升，"-"表示名次下降，"0"表示名次没有发生变化。

根据表5.9所示分析结果，可以发现，从创新能力得分情况看，在2019年的20个样本城市中，深圳、北京、上海3个城市的创新能力指数得分值位居前三位，分别为23.88、23.62和13.67。东莞的文化产业创新发展能力指数得分值最低，仅为1.40。得分值在10分以上的城市有3个，得分值在5—10之间的城市有8个，得分值在5分以下的城市有9个。可见，样本城市的文化产业创新发展能力指数排名有较大差异性。从二级指标构成上看，业态融合得分最高的三个城市分别是北京（12.51）、上海（9.08）和重庆（8.77），得分值在7分以上的城市有4个，得分在3—7分之间的城市有8个，3分以下的城市有8个。市场活力得分最高的三个城市分别是深圳（19.68）、北京（11.11）和广州（5.52），得分在3分以上的城市有5个，得分在1—3分之间的城市有4个，1分以下的城市有11个，大部分城市市场活力得分集中在1分以内。

从各城市文化产业创新发展能力指数及其二级指标排名变化，可以看出：（1）从创新能力指数排名变化看，相对2018年，20个样本城市中仅有上海的名次没有发生变化。有10个城市排名有所提升，其中苏州在创新能力指数方面的名次分别较上一年提升了4位，提升幅度最大，厦门和长沙分别提升了3

位，其他城市均有所提升。有9个城市的名次较上一年有所下降，其中大连和哈尔滨均较上一年下降了4位，名次降幅最大，南京的名次较上一年下降了3位，也相对较大，其他城市的名次分别较上一年下降了1—2位。(2) 从业态融合得分排名变化看，有6个城市的业态融合得分排名没有发生变化；有7个城市的排名有所提升，其中长沙的排名提升幅度最大，较上一年排名提升了6位，深圳、杭州、苏州、天津4个城市也有较大幅度的提升，均比上一年排名提升了4位，成都和厦门各提升1位。有7个城市得分排名有所降低，其中排名降幅最大的哈尔滨，排名下降了6位，其次是广州、西安、宁波和大连4个城市，均下降了4位，南京排名下降了3位，武汉排名下降了1位。(3) 从市场活力得分排名变化看，有9个城市的排名没有发生变化。有7个城市排名有所提升，其中厦门的排名提升幅度最大，较上一年提升了3位，其次是无锡，提升了2位，其他城市均提升了1位。上海、武汉、天津和哈尔滨4个城市的排名有所下降，其中天津的降幅最大，较上一年下降了7位，其他3个城市均下降了1位。由此，可以初步认为，业态融合排名波动较大是造成创新能力指数排名产生波动的直接原因。

（二）整体均衡性分析

对创新能力指数进行聚类分析，是以创新能力指数为基本信息，通过对业态融合和市场活力两个二级指标进行聚类分析，分析结果如表5.10所示。根据聚类分析结果，可将20个样本城市在理论上描述为3组：

第一组：北京和深圳（共2个城市）。本组中的城市文化产业创新发展能力水平远超其他样本城市水平，该梯队城市2019年文化产业创新发展能力指数均值为23.75，远高于其他两个梯队。

第二组：广州、上海、杭州、成都、南京、重庆、天津、长沙（共8个城市）。本组中的城市属于文化产业创新能力相对较好的地区，具有一定的比较优势，该梯队城市2019年文化产业创新发展能力指数均值为8.70，与第一梯队城市差距较大。

第三组：西安、武汉、苏州、厦门、宁波、大连、哈尔滨、济南、无锡、东莞（共10个城市）。本组中的城市在文化产业创新发展能力方面相对较弱，该梯队城市2019年的文化产业创新发展能力指数得分均值为3.08。

表5.10　2019年中国20个城市文化产业创新发展能力指数聚类特征表

梯队	城市	特征值	创新能力	业态融合	市场活力
第一梯队	北京、深圳	均值	23.75	8.35	15.39
		变异系数	0.01	0.70	0.39
第二梯队	广州、上海、杭州、成都、南京、重庆、天津、长沙	均值	8.70	5.98	2.72
		变异系数	0.27	0.37	0.66
第三梯队	西安、武汉、苏州、厦门、宁波、大连、哈尔滨、济南、无锡、东莞	均值	3.08	2.35	0.73
		变异系数	0.39	0.49	0.24
整体表现		均值	7.39	7.39	2.99
		变异系数	0.87	0.69	1.57

根据表5.10分析所示分析结果，可以得出以下几点结论。

第一，从创新能力指数均值整体表现看，三个梯队的创新能力指数得分均值存在较大的差异性特征。2019年样本城市文化产业创新发展能力指数整体均值为7.39。三个梯队城市按创新能力指数均值大小排名，由大到小依次是：第一梯队（23.75）、第二梯队（8.70）、第三梯队（3.08），其中第一梯队和第二梯度城市创能力指数得分均值大于样本均值，第三梯队城市创新能力指数均值小于样本均值。表明三个梯队之间的创新能力存在较大的差异性。从各梯队城市间的变异系数表现看，20个样本城市文化产业创新发展能力指数的平均变异系数为 0.87，高于三大梯队的平均变异系数。三大梯队创新发展指数按变异系数大小排名结果为第三梯队（0.39）、第二梯队（0.27）、第一梯队（0.01），表明，各梯队城市均衡性从强到弱依次是第一梯队＞第二梯队＞第三梯队。

第二，对比分析样本城市文化创新发展能力的整体均衡程度，可以发现，样本城市文化产业创新能力指数和两个二级指标得分的变异系数从大到小依次是：创新能力指数（0.87）、业态融合（0.69）、市场活力（1.57）。根据变异系数原理，可以确定，样本城市创新能力指数和两个二级指标的均衡程度由强到弱依次是市场活力＞创新能力＞业态融合。由此可以判定，市场活力的均衡性相对偏弱是造成样本城市文化产业创新能力指数均衡性不强的主要原因。此外，还可以发现，业态融合的均衡性相对较强，表明各城市在业态融合方面的得分相对集中，各城市之间得分差距并不明显，造成各城市业态融合排名出现较大波动，也是造成创新能力排名发生波动的直接原因。

第三，对比分析第一梯队城市文化产业创新能力的均衡特征，可以发现，第一梯队城市的文化产业创新能力指数和两个二级指标得分的变异系数从大到小依次是：业态融合（0.70）、市场活力（0.39）、创新能力（0.01）。根据变异系数原理，可以确定，样本城市创新能力指数和两个二级指标得分的均衡程度由强到弱依次是：创新能力＞市场活力＞业态融合。可见，在第一梯队城市中，相对于市场活力而言，业态融合的失衡性特征相对较为明显。

第四，对比分析第二梯队城市文化产业创新能力的均衡特征，可以发现，第二梯城市文化产业创新发展能力指数和两个二级指标得分的变异系数从大到小依次是：市场活力（0.66）、业态融合（0.37）、创新能力（0.27）。根据变异系数原理，可以确定,样本城市文化产业创新能力指数和两个二级指标的均衡程度由强到弱依次是创新能力>业态融合>市场活力。可见,在第二梯队城市中,市场活力的失衡性特征相对较为明显。

第五,对比分析第三梯队城市文化产业创新能力的均衡特征,可以发现,第三梯队城市的文化产业创新能力指数和两个二级指标得分的变异系数从大到小依次是:业态融合(0.49)、创新能力(0.39)、市场活力(0.24)。根据变异系数原理,可以确定,样本城市文化产业创新能力指数和两个二级指标的均衡程度由强到弱依次是市场活力>创新能力>业态融合。可见,在第三梯队城市中,业态融合的失衡性特征相对较为明显,但两者之间的差异性相对不高。

综上所述,造成不同梯队城市文化产业创新能力指数存在失衡的主要原因各不相同,业态融合是影响第一梯队和第三梯队城市文化产业创新能力产生失衡性的主要原因;市场活力是影响第二梯队城市文化产业创新能力产生失衡性的主要原因。从整体上看,业态融合是造成样本城市文化产业创新发展能力产生失衡的主要因素。

(三)二级指标均衡性分析

根据样本城市文化产业创新发展能力指标结构分析,进一步对各梯队城市文化产业创新发展能力的业态融合和市场活力得分的均衡性进行分析,可以得出以下结论。

第一,从业态融合表现看。2019年样本城市文化产业创新发展的业态融合得分均值为4.40,三个梯队的城市按业态融合得分均值的大小排名依次是:第一梯队(8.35)、第二梯队(5.98)、第三梯队(2.35),其中第一梯队和第二梯队业态融合得分均值大于样本整体均值。从各梯队城市业态融合得分的变异系数表现看,样本城市业态融合得分的变异系数值为0.69,

高于创新能力指数的变异系数值，说明从整体上看，业态融合的均衡程度要强于创新能力指数。三大梯队城市文化产业创新发展的业态融合得分值的变异系数大小排名结果为第一梯队（0.70）、第三梯队（0.49）、第二梯队（0.37），即各梯队城市间的业态融合均衡性从强到弱依次是第二梯队＞第三梯队＞第一梯队。

第二，从市场活力表现看。2019年样本城市文化产业创新发展的市场活力得分均值为2.99。三个梯队城市按市场活力得分的大小排名依次是：第一梯队（15.39）、第二梯队（2.72）、第三梯队（0.73），第一梯队城市资源基础得分的均值分别超过第三梯队和第二梯队的20倍和近5倍，差距巨大。由此表明，第一梯队城市的市场活力远强于其他两个梯队的城市。从各梯队城市间的市场活力得分的变异系数表现看，样本城市文化产业创新市场活力得分的整体变异系数值为1.57，高于创新能力指数变异值，说明从整体上看，市场活力的均衡程度要弱于创新能力。三大梯队城市文化产业创新发展的市场活力得分按变异系数大小排名结果为第二梯队（0.66）、第一梯队（0.39）、第三梯队（0.24），即各梯队城市文化产业创新发展的市场活力均衡性从强到弱依次是：第三梯队＞第一梯队＞第二梯队。

三　创新投入

（一）综合分析

创新投入反映了城市文化产业与科技创新融合发展过程中各种资源要素投入情况，主要包括人力投入和资本投入两个二级指标。根据测算，可得到2019年样本城市文化产业创新投入指数得分情况，如表5.11所示。

表 5.11　　2019 年中国 20 个城市文化产业创新发展投入指数得分、排名情况表

城市\指标	创新投入 得分	排名	名次变化	人力投入 得分	排名	名次变化	资本投入 得分	排名	名次变化
广州	5.40	8	−1	4.18	6	−1	1.22	14	−2
北京	14.59	1	0	10.92	1	0	3.67	3	0
上海	10.89	2	0	9.22	2	0	1.67	11	−2
深圳	5.97	7	−2	4.78	4	0	1.19	15	+1
杭州	4.39	11	−1	3.10	10	−1	1.28	13	+4
成都	4.72	10	+4	1.70	14	−1	3.02	5	+3
西安	3.88	14	−1	1.62	15	0	2.26	7	−3
武汉	6.57	6	+3	3.41	8	+2	3.17	4	+2
南京	8.91	3	+5	4.76	5	+1	4.15	1	+10
苏州	6.96	5	−1	5.87	3	0	1.09	16	−2
重庆	7.85	4	−1	3.88	7	0	3.96	2	0
天津	3.64	15	−3	2.61	11	+1	1.03	18	−3
厦门	3.31	16	0	1.46	16	0	1.85	10	0
宁波	3.88	13	+2	2.03	13	+4	1.85	9	−2
大连	2.24	18	+1	0.92	18	0	1.32	12	+1
哈尔滨	1.31	20	0	0.28	20	0	1.04	17	+3
济南	2.76	17	0	0.50	19	0	2.26	8	−3
长沙	4.95	9	−3	2.05	12	−1	2.90	6	−5
无锡	1.87	19	−1	1.33	17	−3	0.54	20	−2
东莞	3.89	12	−1	3.35	9	−1	0.55	19	0

注：排名变化为当前得分名次较上一年得分名次变化情况，"+"表示名次提升，"−"表示名次下降，"0"表示名次没有发生变化。

根据表 5.11 所示分析结果，可以发现，从创新投入得分情况看，在 2019 年的 20 个样本城市中，北京、上海、南京 3 个城市的创新投入指数得分值位居前三位，分别为 14.59、

10.89 和 8.91。哈尔滨的文化产业创新发展投入指数得分值最低，仅为 1.31。得分值在 6 分以上的城市有 6 个，得分值在 3—6 分之间的城市有 10 个，得分值在 3 分以下的城市有 4 个。可见，样本城市的文化产业创新发展投入指数值主要集中在 3—6 分之间。从二级指标构成上看，人力投入得分最高的三个城市分别是北京（10.92）、上海（9.22）和苏州（5.87），得分值在 4 分以上的城市有 6 个，得分在 2—4 分之间的城市有 7 个，2 分以下的城市有 7 个。资本投入得分最高的三个城市分别是南京（4.15）、重庆（3.96）和北京（3.67），得分在 3 分以上的城市有 5 个，得分在 1—3 分之间的城市有 13 个，1 分以下的城市有 2 个，大部分城市资本投入得分集中在 1—3 分之间。

从各城市文化产业创新发展投入指数及其二级指标排名变化，可以看出：（1）从创新投入指数排名变化看，相对 2018 年，20 个样本城市中有 5 个城市的名次没有发生变化。有 5 个城市排名有所提升，其中南京在创新投入指数方面的名次较上一年提升了 5 位，提升幅度最大，成都和武汉分别提升了 4 位和 3 位，提升幅度也比较明显，宁波和大连分别提升了 2 位和 1 位。有 10 个城市的名次较上一年有所下降，其中天津和长沙均较上一年下降了 3 位，名次降幅最大，深圳的名次较上一年下降了 2 位，也相对较大，广州、杭州、西安等 7 个城市的名次较上一年均下降了 1 位。

（2）从人力投入得分排名变化看，北京、上海、深圳等 10 个城市的人力投入得分排名没有发生变化。武汉、南京、天津和宁波 4 个城市的排名有所提升，其中宁波的排名提升幅度最大，较上一年排名提升了 4 位，武汉比上一年排名提升了 2 位，南京和天津各提升 1 位。广州、杭州、成都等 6 个城市得分排名有所降低，其中排名降幅最大的是无锡，排名下降了 3 位，其他5个城市排名均下降了1位。

（3）从资本投入得分排名变化看，北京、重庆、厦门和东莞4个城市的排名没有发生变化。深圳、杭州、成都等7个城市排名有所提升，其中南京的排名提升幅度最大，较上一年提升了10位，其次是杭州，提升了4位，成都和哈尔滨均提升3位，武汉提升2位，其他城市均提升了1位。广州、上海、西安等9个城市的排名有所下降，其中长沙的降幅最大，较上一年下降了5位，其他8城市下降幅度均在2位或3位。由此，可以初步认为，资本投入排名波动较大是造成创新投入指数排名产生波动的直接原因。

（二）整体均衡性分析

对创新投入指数进行聚类分析，是以创新投入指数为基本信息，通过对人力投入和资本投入两个二级指标进行聚类分析，分析结果如表5.12所示。根据聚类分析结果，可将20个样本城市在理论上描述为3组：

第一组：北京、上海（共2个城市）。本组中的城市文化产业创新发展投入水平远超其他样本城市水平，该梯队城市2019年的文化产业创新发展投入指数得分均值为12.74。

第二组：广州、深圳、武汉、南京、苏州、重庆（共6个城市）。本组中的城市属于文化产业创新投入相对较好的地区，具有一定比较优势，该梯队城市2019年的文化产业创新发展投入指数得分均值为6.94。

第三组：杭州、成都、西安、天津、厦门、宁波、大连、哈尔滨、济南、长沙、无锡、东莞（共12个城市）。本组中的城市在文化产业创新发展投入方面相对较弱，该梯队城市2019年的文化产业创新发展投入指数得分均值为3.40。

表 5.12　2019 年中国 20 个城市文化产业创新投入指数聚类特征表

梯队	城市	特征值	创新投入	人力投入	资本投入
第一梯队	北京、上海	均值	12.74	10.07	2.67
		变异系数	0.21	0.12	0.53
第二梯队	广州、深圳、武汉、南京、苏州、重庆	均值	6.94	4.48	2.46
		变异系数	0.18	0.19	0.59
第三梯队	杭州、成都、西安、天津、厦门、宁波、大连、哈尔滨、济南、长沙、无锡、东莞	均值	3.40	1.75	1.66
		变异系数	0.34	0.55	0.51
整体表现		均值	5.40	3.40	2.00
		变异系数	0.60	0.81	0.56

根据表 5.12 分析所示分析结果，可以得出以下几点结论。

第一，从创新投入指数均值整体表现看，三个梯队的创新投入指数得分均值存在较大的差异性特征。2019 年样本城市文化产业创新发展投入指数整体均值为 5.40。三个梯队城市按创新投入指数均值大小排名，由大到小依次是：第一梯队（12.74）、第二梯队（6.94）、第三梯队（3.40），其中第一梯队和第二梯队城市创投入指数得分均值大于样本均值。从各梯队城市间的变异系数表现看，20 个样本城市文化产业创新发展投入指数的平均变异系数为 0.60，高于三大梯队的平均变异系数。三大梯队创新投入指数按变异系数大小排名结果为第三梯队（0.34）、第一梯队（0.21）、第二梯队（0.18），表明，各梯队城市均衡性从强到弱依次是：第二梯队 > 第一梯队 > 第三梯队。

第二，对比分析样本城市文化创新发展投入的整体均衡程度，可以发现，样本城市文化产业创新投入指数和两个二级指标得分的变异系数从大到小依次是：人力投入（0.81）、创新投入（0.60）、资本投入（0.56）。根据变异系数原理，可以确定，样本城市创新投入指数和两个二级指标的均衡程度由强到弱依次是：资本投入＞创新投入＞人力投入。由此可以判定，人力投入的均衡性相对偏弱是造成样本城市文化产业创新投入指数均衡性不强的主要原因。此外，还可以发现，资本投入的均衡性相对较强，表明各城市在资本投入方面的得分相对集中，各城市之间得分差距并不明显，造成各城市资本投入的排名出现较大波动，也是造成创新投入排名发生波动的直接原因。

第三，对比分析第一梯队城市文化产业创新投入的均衡特征，可以发现，第一梯城市的文化产业创新投入指数和两个二级指标得分的变异系数从大到小依次是：资本投入（0.53）、创新投入（0.21）、人力投入（0.12）。根据变异系数原理，可以确定，样本城市创新投入指数和两个二级指标得分的均衡程度由强到弱依次是：人力投入＞创新投入＞资本投入。可见，在第一梯队城市中，相对于人力投入，资本投入的失衡性特征相对较为明显。

第四，对比分析第二梯队城市文化产业创新投入的均衡特征，可以发现，第二梯城市文化产业创新投入指数和两个二级指标得分的变异系数从大到小依次是：资本投入（0.59）、人力投入（0.19）、创新投入（0.18）。根据变异系数原理，可以确定，样本城市文化产业创新投入指数和两个二级级指标的均衡程度由强到弱依次是创新投入＞人力投入＞资本投入。可见，在第二梯队城市中，资本投入的失衡性特征相对较为明显。

第五，对比分析第三梯队城市文化产业创新投入的均衡特征，可以发现，第三梯队城市的文化产业创新投入指数和两个二级指标得分的变异系数从大到小依次是：人力投入（0.55）、资本投入（0.51）、创新投入（0.34）。根据变异系数原理，可以确定，样本城市文化产业创新投入指数和两个二级指标的均衡程度由强到弱依次是：创新投入＞资本投入＞人力投入。可见，在第三梯队城市中，人力投入的失衡性特征较为明显。

综上所述，造成第一梯队和第二梯队城市文化产业创新投入指数存在失衡的主要原因均在于资本投入失衡性较强导致，人力投入失衡是造成第三梯队城市创新投入存在失衡性的原因。

（三）二级指标均衡性分析

根据样本城市文化产业创新投入指标结构分析，进一步对各梯队城市文化产业创新投入及其二级指标人力投入和资本投入的均衡性分析，可以得出以下结论。

第一，从人力投入表现看。2019年样本城市文化产业创新发展的人力投入得分均值为3.40，三个梯队的城市按人力投入得分均值的大小排名依次是：第一梯队（10.07）、第二梯队（4.48）、第三梯队（1.75），其中第一梯度和第二梯队人力投入得分均值大于样本整体均值。从各梯队城市业态融合得分的变异系数表现看，样本城市文化产业创新发展的人力资本得分的变异系数值为0.81，高于创新投入指数的变异系数值，说明从整体上看，人力投入的均衡程度要弱于创新投入指数。三大梯队城市文化产业创新发展的人力投入得分值的变异系数大小排名结果为第三梯队（0.55）、第二梯队（0.19）、第一梯队（0.12），即各梯队城市间的业态融合均衡性从强到弱依次是：第一梯队＞第二梯队＞第三梯队。

第二，从资本投入表现看。2019年样本城市文化产业创新发展的资本投入得分均值为2.00。三个梯队城市按资本投入得分的大小排名依次是：第一梯队（2.67）、第二梯队（2.46）、第三梯队（1.66），三个梯队资本投入得分均值差距较小。从各梯队城市间的资本投入得分的变异系数表现看，样本城市文化产业创新资本投入得分的整体变异系数值为0.56，低于创新投入指数变异值，说明从整体上看，资本投入的均衡程度要弱于创新投入。三大梯队城市文化产业创新发展的资本投入得分按变异系数大小排名结果为：第二梯队（0.59）、第一梯队

(0.53)、第三梯队 (0.51)，即各梯队城市文化产业创新发展的市场活力均衡性从强到弱依次是：第三梯队 > 第一梯队 > 第二梯队。

四 创新绩效

（一）综合分析

创新绩效反映了城市文化产业与科技融合发展的成效，主要包括产出规模和产出质量两个二级指标。根据测算，可得到 2019 年样本城市文化产业创新绩效指数得分情况，如表 5.13 所示。

表 5.13　　2019 年中国 20 个城市文化产业创新发展绩效指数得分、排名情况表

指标 城市	创新绩效 得分	排名	名次变化	产出规模 得分	排名	名次变化	产出质量 得分	排名	名次变化
广州	6.22	4	+1	5.14	3	0	1.08	10	+3
北京	10.44	1	0	8.93	1	0	1.50	3	+6
上海	9.44	2	0	8.00	2	0	1.45	4	+8
深圳	5.83	6	−2	4.72	4	0	1.11	8	+2
杭州	6.53	3	0	4.63	5	0	1.90	1	+1
成都	6.09	5	+1	4.58	6	0	1.51	2	+1
西安	3.64	9	−1	2.32	12	0	1.31	6	−5
武汉	4.10	8	+1	3.18	8	0	0.92	15	0
南京	3.55	10	+1	2.51	10	+1	1.05	11	0
苏州	3.48	11	−1	2.77	9	0	0.72	17	−1
重庆	5.47	7	0	4.20	7	0	1.28	7	−2
天津	2.93	12	0	2.48	11	−1	0.45	20	−1
厦门	1.80	18	0	0.80	20	0	1.00	12	−5
宁波	2.87	13	0	1.77	14	−1	1.09	9	−1
大连	1.69	20	0	0.85	18	0	0.84	16	+2

续表

指标 城市	创新绩效 得分	创新绩效 排名	创新绩效 名次变化	产出规模 得分	产出规模 排名	产出规模 名次变化	产出质量 得分	产出质量 排名	产出质量 名次变化
哈尔滨	2.49	14	0	1.10	16	0	1.39	5	-1
济南	1.76	19	-3	0.82	19	0	0.94	13	-7
长沙	2.32	15	0	1.80	13	+1	0.52	19	+1
无锡	1.91	17	0	1.33	15	0	0.58	18	-1
东莞	1.98	16	+3	1.04	17	0	0.93	14	0

注：排名变化为当前得分名次较上一年得分名次变化情况，"+"表示名次提升，"-"表示名次下降，"0"表示名次没有发生变化。

根据表 5.13 所示分析结果，可以发现，从城市文化产业创新绩效得分情况看，在 2019 年的 20 个样本城市中，北京、上海、杭州 3 个城市的创新绩效指数得分值位居前三位，分别为 10.44、9.44 和 6.53。大连的创新绩效指数得分值最低，仅为 1.69。得分值在 5 分以上的城市有 7 个，得分值在 2—5 分之间的城市有 8 个，得分值在 2 分以下的城市有 5 个。样本城市的文化产业创新发展绩效指数值主要集中在 2—7 分之间。从二级指标构成上看，产出规模得分最高的三个城市分别是北京（8.93）、上海（8.00）和广州（5.14），得分值在 4 分以上的城市有 7 个，得分在 2—4 分之间的城市有 5 个，2 分以下的城市有 8 个。产出质量得分最高的三个城市分别是杭州（1.90）、成都（1.51）和北京（1.50），得分在 1 分以上的城市有 12 个，1 分以下的城市有 8 个。

从各城市文化产业创新绩效指数及其二级指标排名变化，可以看出：（1）从创新绩效指数排名变化看，相对 2018 年，20 个样本城市中有 11 个城市的名次没有发生变化。广州、成都、武汉、南京和东莞 5 个城市排名有所提升，其中东莞在创新绩效指数方面的名次较上一年提升了3位，提升幅度最大，其他4个城市均提升了1位。深圳、西安、苏州和济南4个城市的名次较上一年有所下降，其中济南均较上一年下降了3位，名次降幅最大，深圳的名次较上一年下降了2位，也相对较大，西安和苏州的排名各下降1位。

从产出规模得分排名变化看，广州、北京、上海等16个城市的产出规模得分排名没有发生变化。南京和长沙的排名各提升了1位，南京和长沙各提升1位。天津和宁波的排名各下降了1位，可以看出，样本城市在产出规模方面排名波动相对较小。

从产出质量得分排名变化看，武汉、南京和东莞3个城市的排名没有发生变化。广州、北京、上海等8个城市排名有所提升，其中上海的排名提升幅度最大，较上一年提升了8位，其次是北京，提升了6位，广州提升3位，深圳和大连各提升2位，其他城市均提升了1位。西安、苏州、重庆等9个城市的排名有所下降，其中济南的降幅最大，较上一年下降了7位，其次是西安和厦门，各下降5位，重庆下降了1位，其他城市各下降1位。由此，可以初步认为，产出质量排名波动较大是造成创新绩效指数排名产生波动的直接原因。

(二) 整体均衡性分析

对创新绩效指数进行聚类分析，是以创新投入指数为基本信息，通过对产出规模和产出质量两个二级指标进行聚类分析，分析结果如表5.14所示。根据聚类分析结果，可将20个样本城市在理论上描述为3组：

第一组：广州、北京、上海、深圳、杭州、成都、重庆（共7个城市）。本组中的城市文化产业创新发展绩效水平远超其他样本城市水平，该梯队城市2019年的文化产业创新发展投入指数得分均值为7.15。

第二组：西安、武汉、南京、苏州、天津、宁波（共6个城市)。本组中的城市属于文化产业创新绩效相对较好的地区，具有一定比较优势，该梯队城市2019年的文化产业创新发展投入指数得分均值为3.43。

第三组：厦门、大连、哈尔滨、济南、长沙、无锡、东莞（共7个城市）。本组中的城市在文化产业创新发展绩效方面相对较弱，该梯队城市2019年的文化产业创新发展投入指数得分均值为1.99。

表5.14　2019年中国20个城市文化产业创新绩效指数聚类特征表

梯队	城市	特征值	创新绩效	产出规模	产出质量
第一梯队	广州、北京、上海、深圳、杭州、成都、重庆	均值	7.15	5.74	1.40
		变异系数	0.27	0.33	0.20
第二梯队	西安、武汉、南京、苏州、天津、宁波	均值	3.43	2.50	0.92
		变异系数	0.14	0.19	0.33
第三梯队	厦门、大连、哈尔滨、济南、长沙、无锡、东莞	均值	1.99	1.11	0.89
		变异系数	0.15	0.33	0.33
整体表现		均值	4.23	3.15	1.08
		变异系数	0.60	0.74	0.34

根据表5.14分析所示分析结果，可以得出以下几点结论。

第一，从创新绩效指数均值整体表现看，三个梯队的创新绩效指数得分均值存在较大的差异性特征。2019年样本城市文化产业创新发展绩效指数整体均值为4.23。三个梯队城市按创新绩效指数均值大小排名，由大到小依次是：第一梯队（7.15）、第二梯队（3.43）、第三梯队（1.99），其中第一梯队城市创新绩效指数得分值大于样本均值，第二梯队和第三梯队城市创新绩效得分均值均小于样本均值。从各梯队城市间的变异系数表现看，20个样本城市文化产业创新发展绩效指数的平均变异系数为0.60，高于三大梯队的平均变异系数。三大梯队创新绩效指数按变异系数大小排名结果为：第一梯队（0.27）、第三梯队（0.15）、第二梯队（0.14）。表明，各梯队城市均衡性从强到弱依次是：第二梯队＞第三梯队＞第一梯队。

第二，对比分析样本城市文化创新发展绩效的整体均衡程度，可以发现，样本城市文化产业创新绩效指数和两个二级指标得分的变异系数从大到小依次是：产出规模（0.74）、创新绩效（0.60）、产出质量（0.34）。根据变异系数原理，可以确定，样本城市创新绩效指数和两个二级指标的均衡程度由强到弱依次是：产出质量＞创新绩效＞产出规模。由此可以判定，产业规模的均衡性相对偏弱是造成样本城市文化产业创新绩效指数均衡性不强的主要原因。此外，还可以发现，产业质量的均衡性相对较强，表明各城市在产业质量方面的得分相对集中，各城市之间得分差距并不明显，造成各城市产业质量的排名出现较大波动，也是造成产业绩效排名发生波动的直接原因。

第三，对比分析第一梯队城市文化产业创新绩效的均衡特征，可以发现，第一梯队城市的文化产业创新绩效指数和两个二级指标得分的变异系数从大到小依次是：产出规模（0.33）、创新绩效（0.27）、产出质量（0.20）。根据变异系数原理，可以确定，样本城市创新绩效指数和两个二级指标得分的均衡程度由强到弱依次是：产出质量＞创新绩效＞产出规模。可见，在第一梯队城市中，产业规模的失衡性特征相对较为明显。

第四，对比分析第二梯队城市文化产业创新绩效的均衡特征，可以发现，第二梯队城市文化产业创新绩效指数和两个二级指标得分的变异系数从大到小依次是：产出质量（0.33）、产出规模（0.19）、创新绩效（0.14）。根据变异系数原理，可以确定，样本城市文化产业创新投入指数和两个二级级指标的均衡程度由强到弱依次是：创新绩效＞产出规模＞产出质量。可见，在第二梯队城市中，产业规模的失衡性特征相对较为明显。

第五，对比分析第三梯队城市文化产业创新绩效的均衡特征，可以发现，第三梯队城市的文化产业创新绩效指数和两个二级指标得分的变异系数从大到小依次是：产出规模（0.33）、产出质量（0.33）、创新绩效（0.15）。根据变异系数原理，可以确定，样本城市文化产业创新绩效指数和两个二级指标的均衡程度由强到弱依次是：创新绩效＞产出规模＝产出质量。可见，在第三梯队城市中，产出规模与产出质量的失衡性特征相同，且均衡性均弱于创新绩效。

综上所述，造成第一梯队和第二梯队城市文化产业创新绩效指数存在失衡的主要原因均在于产业规模的失衡性较强，产业规模和产业质量失衡是造成第三梯队城市创新投入存在失衡性的原因。

（三）二级指标均衡性分析

根据样本城市文化产业创新绩效指标结构分析，进一步对各梯队城市文化产业创新绩效及其二级指标产出规模和产出质量的均衡性分析，可以得出以下结论。

第一，从产出规模表现看。2019年样本城市文化产业创新发展的产出规模得分均值为3.15，三个梯队的城市按产出规模得分均值的大小排名依次是：第一梯队（5.74）、第二梯队（2.50）、第三梯队（1.11），仅第一梯队产出规模得分均值大于样本整体均值。从各梯队城市产出规模得分的变异系数表现看，样本城市文化产业创新发展的产出规模得分的变异系数值为0.74，高于创新绩效指数的变异系数值，说明从整体上看，产出规模的均衡程度要弱于创新绩效指数。三大梯队城市文化产业创新发展的产出规模得分值的变异系数大小排名结果为：第一梯队（0.33）、第三梯队（0.33）、第二梯队（0.19），即各梯队城市间的业态融合均衡性从强到弱依次是：第二梯队＞第三梯队＝第三梯队。

第二，从产出质量表现看。2019年样本城市文化产业创新发展的创新质量得分均值为1.08。三个梯队城市按产业质量得分的大小排名依次是：第一梯队（1.40）、第二梯队（0.92）、第三梯队（0.89），三个梯队城市的产出质量得分均值差距较小。从各梯队城市间的产出质量得分的变异系数表现看，样本城市文化产业创新发展产出质量得分的整体变异系数值为0.34，低于创新绩效指数变异值，说明从整体上看，产出质量的均衡程度要强于创新绩效。三大梯队城市文化产业创新发展的产出质量得分按变异系数大小排名结果为第二梯队（0.33）、第三梯队（0.33）、第一梯队（0.20），即各梯队城市文化产业创新发展的市场活力资均衡性从强到弱依次是：第一梯队＞第二梯队＝第三梯队。

第四节　本章小结

在本章中，重点分析了2019年中国20城文化产业创新发展情况，研究结论如下。

（1）在本章中，以中国20个样本城市2015—2019年相关数据，对上一章节中构建的中国城市文化产业创新发展综合评价体系中关于基础指标选的合理性进行了信度检验。分析结果显示，本章构建的中国城市文化产业创新发展指数信度系数和基于标准化项的克朗巴哈α系数分别为0.9139和0.9025，均在0.9以上。根据克朗巴哈α值的区间分布情况，可以认定本章构建的中国城市文化产业创新发展指数评价体系的内在信度是比较好的，测评结果具有较高的可靠性。

（2）运用熵值法，结合2015—2019年中国20城文化产业创新发展基础指标数据，测算出了基础指标、二级指标以及对应的一级指标权重。研究发现，基础指标的权重差异性较大，说明基础指标对整体结构的贡献程度因指标具体情况而异；二级指标中，市场活力权重远高于其他二级指标权重，业态融合、资源基础、资本投入、人力投入、设施基础和产出规模六大二级指标权重相差不大；一级指标按权重大小排序依次为：创新能力（39.18）、创新投入（24.51）、创新基础（23.02）和创新绩效（13.30），创新能力对文化产业创新发展的影响最大，而创新绩效的影响则最小。

（3）从整体角度对比分析2019年样本城市文化产业创新发展综合指数得分情况，并运用聚类分析对样本城市进行科学分组，进而进行对比分析。研究发现，总体上可将样本城市分为三个梯队，三个梯队的综合指数得分均值呈现出明显的差异性，各梯队城市均衡性从强到弱依次是第二梯队＞第一梯队＞第三梯队。样本城市综合指数和四大一级指标得分的变异系数从大到小依次是：创新能力指数（0.87）、创新基础指数（0.66）、综合指数（0.63）、创新投入指数（0.60）、创新绩效指数（0.60）。根据变异系数原理，可以确定，样本城市综合指数和四大一级指标的均衡程度由强到弱依次是：创新投入＝创新绩效＞综合指数＞创新基础＞创新能力。

（4）对比分析了样本城市2019年文化产业创新发展一级指标表现情况。研究发现，以各一级指标以及各自包含的二级指标权重进行聚类分析，将样本城市划分为三大梯队，分析各梯队城市得分均衡性和差异性，可以发现，各梯队城市四大一级指标得分均衡性存在较大差异性。具体来看，三大梯队城市创新基础的均衡性从强到弱依次是：第三梯队＞第二梯队＞第一梯队；创新能力的均衡性从强到弱依次是：第一梯队＞第二梯队＞第三梯队；创新投入的均衡性从强到弱依次是：第二梯队＞第三梯队＞第一梯队；创新绩效的均衡性从强到弱依次是：第三梯队＞第一梯队＞第二梯队。

第六章 城市文化产业创新发展动态特征分析（2015—2019年）

第一节 综合指数变动特征分析

在上一章中，笔者主要对2019年中国20城市的文化产业创新发展指数进行界面分析，了解了2019年中国20城市文化产业创新发展的基本情况，仅通过截面分析从横向对比角度对20城市文化产业创新发展情况进行了比较分析，但并没有分析20城市文化产业创新发展的在时间上的演变规模。为进一步深入分析中国20城市文化产业创新发展情况，在本章节中，我们将综合分析在时间和空间因素下，20个样本城市文化产业创新发展动态变化规模，以期分析出我国20城市文化产业创新发展的时空规模以及影响个别城市文化产业创新发展的特殊因素。考虑到指标量化的客观性以及数据的可获取性和可比性，在本章节中，将分析2015—2019年间中国20城市文化产业创新发展指数的变动情况，反映样本城市文化产业创新发展的动态变化情况，深入分析不同要素对各样本城市文化产业创新发展的影响，发现各城市文化产业创新发展的优势和短板，为进一步了解中国城市文化产业创新发展的普遍规模和深层次原因提供研究依据。

中国城市文化产业创新发展综合指数从整体上反映了一个

城市文化产业创新发展的综合水平。现有数据测算结果显示，2015—2019 年，中国城市文化产业创新发展综合指数值在整体上呈现出逐渐增长的趋势，即各城市文化产业创新发展的综合水平在整体上呈逐步上升趋势。

一 指数得分值变动特征

由图 6.1 可知，除西安外，2015—2019 年中国 20 城中，有 19 个城市的文化产业创新发展综合指数值均呈现出不同程度的增长，其中北京、重庆、上海和深圳等城市的文化产业创新发展综合指数值涨幅最为明显。也可以发现，东莞、无锡、哈尔滨、大连等城市也有一定增长，但涨幅相对较小。

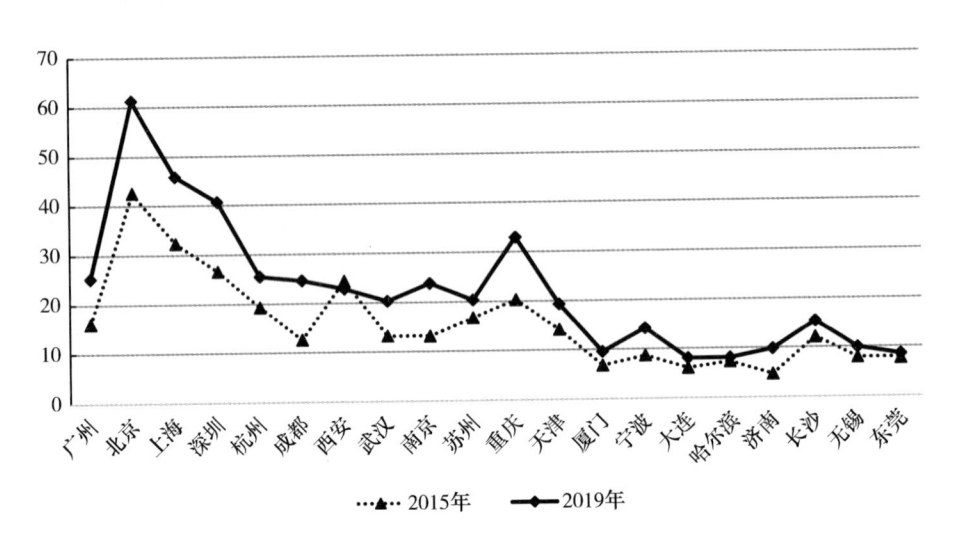

图 6.1 2015 年和 2019 年综合指数得分变化图

表 6.1 所示数据显示了 2015—2019 年中国 20 个城市历年综合指数得分值以及综合指数值的变动情况。从整体综合指数值变化来看，与 2015 年相比，2019 年中国 20 个城市的文化产业综合指数均值增长了 6.70，说明中国 20 个城市文化产业创新发

展综合指数的整体水平有一定的提升。从各城市具体表现来看，较之 2015 年，除西安有所下降外，其余 19 个城市文化产业创新发展综合指数值相比 2015 年均有不同程度的增加。其中，北京的综合指数值提升幅度最大，为 18.71；深圳和上海的提升幅度分别位列第二和第三位，但提升幅度较为接近，分别提升了 14.06 和 13.52；重庆、成都和南京 3 个城市的提升幅度也达到了 10 以上，分别提升了 12.64、12.06 和 10.72。广州、武汉、杭州、宁波、天津、济南 6 个城市的变动值在 5—10。从各城市 2015—2019 年综合指数变化过程看，各城市文化产业创新发展综合指数呈现出明显的逐年增加趋势。

表 6.1　　　　　　　2015—2019 年综合指数得分值变动情况

年份 城市	2015	2016	2017	2018	2019	五年变动值	变动排名
广州	16.07	19.38	20.45	23.03	25.28	9.21	7
北京	42.57	50.72	53.93	54.94	61.28	18.71	1
上海	32.33	38.44	39.76	40.61	45.85	13.52	3
深圳	26.62	29.30	30.63	34.15	40.68	14.06	2
杭州	19.27	19.91	22.38	21.51	25.52	6.25	9
成都	12.59	15.45	16.34	18.30	24.65	12.06	5
西安	24.46	19.38	21.20	22.77	22.88	-1.58	20
武汉	13.20	15.02	14.95	17.56	20.30	7.10	8
南京	13.12	17.56	18.90	19.66	23.84	10.72	6
苏州	16.73	16.15	16.67	18.23	20.34	3.61	13
重庆	20.30	23.83	23.78	27.31	32.94	12.64	4
天津	14.11	15.32	15.50	16.23	19.32	5.21	11
厦门	6.78	6.48	6.74	7.39	9.54	2.76	15
宁波	8.68	11.67	12.19	13.22	14.25	5.57	10
大连	6.09	5.56	6.81	7.29	8.05	1.96	17
哈尔滨	7.29	6.44	7.00	7.00	8.08	0.79	19
济南	4.69	3.93	6.53	7.89	9.82	5.13	12

续表

年份 城市	2015	2016	2017	2018	2019	五年变动值	变动排名
长沙	12.11	13.59	14.32	12.98	15.38	3.27	14
无锡	7.93	7.70	7.60	8.26	9.95	2.02	16
东莞	7.68	7.94	8.46	8.49	8.57	0.89	18
均值	15.63	17.19	18.21	19.34	22.33	6.70	

二 指数增长速度变动特征

表 6.2 所示数据为 2016—2019 年中国 20 城的文化产业创新发展综合指数增长率，可以发现，2016—2019 年各城市文化产业创新发展综合指数值的增长率呈现出明显的差异性特征。从综合指数的整体变化趋势上看，2016—2019 年，20 个城市文化产业创新发展综合指数的增长速度呈现出波动性增长态势，增长幅度最大的年份为 2019 年，平均增幅达到 15.44%，年均增速为 9.60%。从各城市表现看，年均增速在 10% 以上的城市有 8 个，其中济南以年均增速 23.85% 排名第一，成都和南京的综合指数年均增速分别列第二位和第三位，年均分别为 18.79% 和 16.69%。宁波、重庆、广州、武汉、深圳 5 个城市的综合指数年均增速也相对较高，均超过 10%。其他城市的年均增速相对较小，但西安的年均增速为负数，主要是西安在 2016 年的综合指数值大幅下降导致。

表 6.2　　　　2016—2019 年综合指数得分值增速变动情况　　　（单位:%）

年份 城市	2016	2017	2018	2019	年均增速	排名
广州	20.63	5.49	12.65	9.76	12.13	6
北京	19.16	6.33	1.88	11.54	9.73	9
上海	18.91	3.41	2.15	12.90	9.34	11

第六章 城市文化产业创新发展动态特征分析（2015—2019年） 181

续表

年份 城市	2016	2017	2018	2019	年均增速	排名
深圳	10.07	4.54	11.49	19.13	11.31	8
杭州	3.33	12.41	-3.90	18.66	7.63	14
成都	22.71	5.74	11.98	34.72	18.79	2
西安	-20.76	9.39	7.40	0.46	-0.87	20
武汉	13.78	-0.44	17.47	15.56	11.59	7
南京	33.83	7.67	3.99	21.27	16.69	3
苏州	-3.45	3.19	9.36	11.59	5.17	17
重庆	17.37	-0.19	14.83	20.61	13.16	5
天津	8.56	1.17	4.74	19.00	8.37	12
厦门	-4.43	4.14	9.55	29.19	9.61	10
宁波	34.41	4.51	8.39	7.79	13.78	4
大连	-8.67	22.29	7.16	10.46	7.81	13
哈尔滨	-11.69	8.79	-0.12	15.51	3.12	18
济南	-16.15	66.24	20.83	24.46	23.85	1
长沙	12.27	5.34	-9.35	18.48	6.68	15
无锡	-2.80	-1.38	8.68	20.57	6.27	16
东莞	3.31	6.59	0.37	0.88	2.79	19
均值	9.97	5.92	6.23	15.44	9.60	

注：2016—2019年城市文化产业创新发展综合指数增速值测算方式为"增速=（当年值/上一年值-1）×100%"，年均增速为历年增速均值。

三 指数排名及变动特征分析

表6.3为2015—2019年中国20个城市文化产业创新发展综合指数里面排名及排名较上一年变动情况。从各城市历年排名变化情况来看，2015—2019年中国20个城市中大部分城市文化产业创新发展综合指数的排名变动相对不是很大。从历年具体表现看，2015年排名前十的城市大多数仍在2019年排名的前十当中，仅有部分城市排名存在一定的波动，天津、武汉跌出前十，天津从2015年的第9位跌至2019年的第12位，武汉从

2015 年的第 10 位跌至 2019 年的第 11 位。成都和南京挤进前十，其中成都从 2015 年的第 12 位挤进 2019 年的第 7 位，南京从 2015 年的第 11 位挤进 2019 年的第 8 位，其他排名前十的城市在 2019 年仍排在前 10 名之中。从历年变化特征来看，2015—2019 年，各城市排名发生较大变动的年份主要集中在 2016 年和 2018 年。

从各城市综合指数的排名变化情况看，2015—2019 年有 6 个城市的排名没有发生变化，有 7 个城市的排名有所提升，其中排名提升最明显的城市是成都提升了 5 位，其次是济南，提升了 4 位，南京的提升幅度也较为明显，提升了 3 位，广州提升了 2 位，杭州、重庆和厦门 3 个城市分别提升了 1 位。有 7 个城市排名有所下降，其中西安的排名下滑幅度最大，下滑了 5 位，然后是苏州和天津，分别下滑了 3 位，哈尔滨和东莞各下滑 2 位。可见，中国城市文化产业创新发展排名变化较为频繁的位次主要集中在第 4—16 位之间，说明这个区间的城市文化产业创新发展水平和发展层次较为相近，对排名的竞争较为激烈。

表 6.3　　2015—2019 年综合指数得分值排名及变动情况

年份 城市	2015 排名	2016 排名	变动	2017 排名	变动	2018 排名	变动	2019 排名	变动	五年排名变动
广州	8	6	+2	7	−1	5	+2	6	−1	+2
北京	1	1	0	1	0	1	0	1	0	0
上海	2	2	0	2	0	2	0	2	0	0
深圳	3	3	0	3	0	3	0	3	0	0
杭州	6	5	+1	5	0	7	−2	5	+2	+1
成都	12	10	+2	10	0	9	+1	7	+2	+5
西安	4	7	−3	6	+1	6	0	9	−3	−5
武汉	10	12	−2	12	0	11	+1	11	0	−1

续表

年份 城市	2015 排名	2016 排名	2016 变动	2017 排名	2017 变动	2018 排名	2018 变动	2019 排名	2019 变动	五年排名变动
南京	11	8	+3	8	0	8	0	8	0	+3
苏州	7	9	-2	9	0	10	-1	10	0	-3
重庆	5	4	+1	4	0	4	0	4	0	+1
天津	9	11	-2	11	0	12	-1	12	0	-3
厦门	18	17	+1	19	-2	18	+1	17	+1	+1
宁波	14	14	0	14	0	13	+1	14	-1	0
大连	19	19	0	18	+1	19	-1	20	-1	-1
哈尔滨	17	18	-1	17	+1	20	-3	19	+1	-2
济南	20	20	0	20	0	17	+3	16	+1	+4
长沙	13	13	0	13	0	14	-1	13	+1	0
无锡	15	16	-1	16	0	16	0	15	+1	0
东莞	16	15	+1	15	0	15	0	18	-3	-2

注：排名变化为当前得分名次较上一年得分名次变化情况，"＋"表示名次提升，"－"表示名次下降，"0"表示名次没有发生变化。

四 指数变异系数变动特征

表 6.4 为中国 20 个城市文化产业创新发展综合指数的变异系数值，反映了各个城市文化产业创新发展综合指数的变化特征。根据变异系数测算原理，我们认为变异系数越大的城市，文化产业创新发展综合发展的波动性越强，城市文化产业创新发展的稳定性越弱。对比各城市变异系数的大小可以发现，20 个城市文化产业创新发展指数变异系数存在较大差异性。济南的变异系数最大，为 0.3637，成都和南京分别位列第二和第三位，变异系数分别为 0.2582 和 0.2077，说明这几个城市文化产业创新发展波动性较强。变异系数最小的城市是东莞，仅为 0.0478，说明东莞的文化产业创新发展波动性最弱。

表 6.4　　2015—2019 年综合指数得分值变异系数及排名

城市	均值	标准差	变异系数	排名
广州	20.84	3.52	0.1689	8
北京	52.69	6.84	0.1297	11
上海	39.40	4.85	0.1231	12
深圳	32.27	5.43	0.1681	9
杭州	21.72	2.46	0.1133	15
成都	17.47	4.51	0.2582	2
西安	22.14	1.92	0.0869	18
武汉	16.21	2.77	0.1706	6
南京	18.61	3.87	0.2077	3
苏州	17.62	1.70	0.0967	16
重庆	25.63	4.78	0.1864	4
天津	16.09	1.96	0.1215	13
厦门	7.39	1.25	0.1695	7
宁波	12.00	2.10	0.1753	5
大连	6.76	0.98	0.1448	10
哈尔滨	7.16	0.60	0.0837	19
济南	6.57	2.39	0.3637	1
长沙	13.68	1.25	0.0915	17
无锡	8.29	0.97	0.1165	14
东莞	8.23	0.39	0.0478	20
均值	18.54	2.52	0.1359	

第二节　创新基础指数变动特征分析

现有数据测算结果显示，2015—2019 年，中国城市文化产业创新基础指数值在整体上变化相对不大，创新基础指数得分值变化相对平稳。

一 指数得分值变动特征

由图 6.2 可知，2015—2019 年中国 20 个城市中，大部分城市的文化产业创新基础指数值均呈现出一定程度的提升，重庆、宁波两市的文化产业创新基础指数得分增长较为明显。综合指数排名靠前的北京、上海、深圳等城市的提升幅度均不太大。值得注意的是，西安和东莞两市的创新基础指数得分有所下降，其中西安降幅最为明显。

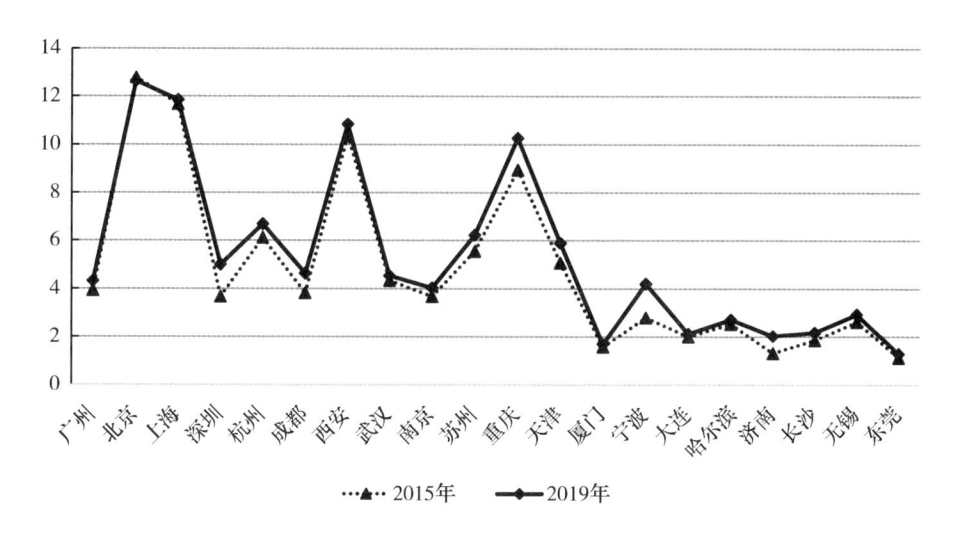

图 6.2　2015 年和 2019 年创新基础指数得分变化图

表 6.5 所示数据显示了 2015—2019 年中国 20 个城市历年文化产业创新发展基础指数得分值及创新基础指数的变动情况。从整体创新基础指数值变化来看，与 2015 年相比，2019 年中国 20 个城市的文化产业创新基础指数均值增长了 0.51，说明中国 20 个城市文化产业创新基础指数的整体水平略有提升。从各城市具体表现，除北京外，有 19 个城市文化产业创新基础指数值相比 2015 年均有不同程度的增加。其中，宁波的创新基础指数

值提升幅度最大，为1.41；深圳和重庆的提升幅度分别位列第二和第三位，分别提升了1.33和1.32。北京下降了0.14，降幅最大。从整体上看，中国20个城市的文化产业创新基础指数变化不大。

表6.5　　2015—2019年创新基础指数得分值变动情况

年份 城市	2015	2016	2017	2018	2019	五年变动值	排名
广州	3.94	4.07	4.22	4.41	4.32	0.38	10
北京	12.78	13.03	13.14	13.28	12.64	-0.14	20
上海	11.67	12.08	12.14	12.26	11.85	0.18	16
深圳	3.68	3.84	4.05	4.17	5.01	1.33	2
杭州	6.12	6.23	6.31	6.57	6.69	0.57	8
成都	3.82	3.94	4.11	4.32	4.63	0.81	5
西安	10.37	10.08	10.52	10.82	10.84	0.47	9
武汉	4.34	4.41	4.45	4.44	4.54	0.20	14
南京	3.68	3.77	3.89	3.99	4.04	0.36	11
苏州	5.56	5.77	5.97	6.12	6.23	0.67	7
重庆	8.94	9.08	9.69	9.86	10.26	1.32	3
天津	5.07	5.14	5.72	5.71	5.90	0.83	4
厦门	1.58	1.62	1.62	1.66	1.69	0.11	19
宁波	2.80	3.33	3.31	3.90	4.21	1.41	1
大连	2.00	2.05	2.05	2.10	2.12	0.12	18
哈尔滨	2.53	2.58	2.42	2.38	2.72	0.19	15
济南	1.32	1.48	1.51	1.54	2.03	0.71	6
长沙	1.86	2.03	1.99	2.06	2.18	0.32	12
无锡	2.62	2.61	2.66	2.70	2.94	0.32	13
东莞	1.13	1.14	1.25	1.18	1.29	0.16	17
均值	4.79	4.91	5.05	5.17	5.31	0.52	

二 指数增速变动特征

表6.6所示结果显示,2015—2019年各城市文化产业创新基础指数值的增长率呈现出一定程度的差异性。从创新基础指数的整体变化趋势上看,2015—2019年,20个城市文化产业创新基础指数的增长速度呈现出波动性变化态势,2016—2019年创新基础指数值增速分别为2.57%、2.79%、2.43%和2.54%,平均增速为2.58%。从各城市表现看,年均增速在10%以上的城市有2个,分别是济南和宁波,年均增速分别为12.14%和11%,深圳以8.24%的增速排名第三,其他城市的年均增速相对较小。北京的年均增速为负数,为-0.24%。

表6.6　　2015—2019年创新基础指数得分值增速变动情况　（单位:%）

年份 城市	2016	2017	2018	2019	年均增速	排名
广州	3.39	3.65	4.54	-2.06	2.38	11
北京	1.98	0.82	1.13	-4.89	-0.24	20
上海	3.45	0.48	1.07	-3.42	0.39	19
深圳	4.37	5.68	2.86	20.04	8.24	3
杭州	1.74	1.38	4.15	1.72	2.25	13
成都	2.96	4.38	5.06	7.36	4.94	4
西安	-2.77	4.36	2.86	0.17	1.15	17
武汉	1.43	1.06	-0.18	2.17	1.12	18
南京	2.50	3.10	2.52	1.26	2.35	12
苏州	3.91	3.40	2.49	1.75	2.89	10
重庆	1.63	6.66	1.81	4.03	3.53	8
天津	1.28	11.31	-0.19	3.25	3.91	6
厦门	2.64	0.46	1.93	2.05	1.77	15
宁波	19.02	-0.61	17.63	7.98	11.00	2
大连	2.52	-0.37	2.69	0.82	1.42	16

续表

年份 城市	2016	2017	2018	2019	年均增速	排名
哈尔滨	1.66	-6.16	-1.75	14.40	2.04	14
济南	12.57	1.85	2.17	31.97	12.14	1
长沙	9.05	-1.80	3.57	5.74	4.14	5
无锡	-0.51	1.78	1.45	8.94	2.91	9
东莞	1.34	9.59	-6.11	9.52	3.59	7
均值	2.57	2.79	2.43	2.54	2.58	

注：2016—2019年城市文化产业创新发展综合指数增速值测算方式为"增速＝（当年值/上一年值－1）×100%"，年均增速为历年增速均值。

三 指数排名变动特征

表6.7为2015—2019年中国20个城市文化产业创新基础指数排名及排名较上一年变动情况。从各城市历年排名变化情况来看，2015—2019年中国20个城市文化产业创新基础指数的排名变动相对不是很大。从历年具体表现看，2015年排名前十的城市大多数仍在2019年排名的前十当中，前7名城市位置没有发生变化，广州由2015年的第9位降至2019年的第11位。被挤出前十，深圳由2015年的第12位，挤进2019年的第8位。造成前十名城市出现波动的直接原因在于，广州和深圳的排位发生变化所致。从历年变化特征来看，2015—2019年间，各城市排名发生较大变动的年份主要集中在2019年，2017年和2018年所有城市排名均未发生改变。

从各城市创新基础指数的排名变化情况看，2015—2019年有10个城市的排名没有发生变化，其中有七个城市处于排名前十当中，有5个城市的排名有所提升，其中排名提升最明显的城市是深圳，提升了4位，仅在2019年深圳的排名就提升了3位。成都、宁波、济南、长沙4个城市分别提升了1位。有5

个城市排名有所下降,其中广州、武汉和南京3个城市的排名分别下滑了2位,广州和武汉两个城市排名下降发生在2019年,分别下降了2位,厦门和大连的排名分别下滑1位。可见,中国城市文化产业创新基础指数的排名变化相对不大,整体处于相对平稳状态。

表6.7　　　2015—2019年创新基础指数得分值排名及变动情况

年份 城市	2015 排名	2016 排名	2016 变动	2017 排名	2017 变动	2018 排名	2018 变动	2019 排名	2019 变动	五年排名变动
广州	9	9	0	9	0	9	0	11	-2	-2
北京	1	1	0	1	0	1	0	1	0	0
上海	2	2	0	2	0	2	0	2	0	0
深圳	12	11	+1	11	0	11	0	8	+3	+4
杭州	5	5	0	5	0	5	0	5	0	0
成都	10	10	0	10	0	10	0	9	+1	+1
西安	3	3	0	3	0	3	0	3	0	0
武汉	8	8	0	8	0	8	0	10	-2	-2
南京	11	12	-1	12	0	12	0	13	-1	-2
苏州	6	6	0	6	0	6	0	6	0	0
重庆	4	4	0	4	0	4	0	4	0	0
天津	7	7	0	7	0	7	0	7	0	0
厦门	18	18	0	18	0	18	0	19	-1	-1
宁波	13	13	0	13	0	13	0	12	+1	+1
大连	16	16	0	16	0	16	0	17	-1	-1
哈尔滨	15	15	0	15	0	15	0	15	0	0
济南	19	19	0	19	0	19	0	18	+1	+1
长沙	17	17	0	17	0	17	0	16	+1	+1
无锡	14	14	0	14	0	14	0	14	0	0
东莞	20	20	0	20	0	20	0	20	0	0

注:排名变化为当前得分名次较上一年得分名次变化情况,"+"表示名次提升,"-"表示名次下降,"0"表示名次没有发生变化。

四 指数变异系数分析

表 6.8 为中国 20 个城市文化产业创新基础指数的变异系数值，反映了各个城市文化产业创新基础指数的变化特征。对比各城市变异系数的大小可以发现，20 个城市文化产业创新基础指数的变异系数相差不大，说明各个城市创新基础指数得分值的变动相对均衡。从各城市具体表现看，济南的创新基础指数值的变异系数最大，为 0.1715，宁波和深圳分别位列第二和第三，变异系数分别为 0.1567 和 0.1244，说明这几个城市文化产业创新基础指数值的波动性较强。变异系数最小的城市是武汉，仅为 0.0163，有 17 个城市的创新基础指数值在 0.1 以下，说明大部分城市文化产业创新基础指数值的波动性较弱，较为均衡。

表 6.8　　2015—2019 年创新基础指数得分值变异系数及排名

项目 城市	均值	标准差	变异系数	排名
广州	4.19	0.1901	0.0454	11
北京	12.97	0.2643	0.0204	18
上海	12.00	0.2365	0.0197	19
深圳	4.15	0.5161	0.1244	3
杭州	6.38	0.2386	0.0374	14
成都	4.16	0.3222	0.0774	4
西安	10.53	0.3196	0.0304	15
武汉	4.44	0.0721	0.0163	20
南京	3.87	0.1481	0.0382	13
苏州	5.93	0.2687	0.0453	12
重庆	9.57	0.5508	0.0576	7
天津	5.51	0.3741	0.0679	5
厦门	1.63	0.0429	0.0263	16

续表

项目 城市	均值	标准差	变异系数	排名
宁波	3.51	0.5499	0.1567	2
大连	2.07	0.0460	0.0223	17
哈尔滨	2.52	0.1357	0.0537	9
济南	1.58	0.2704	0.1715	1
长沙	2.03	0.1165	0.0575	8
无锡	2.71	0.1337	0.0494	10
东莞	1.20	0.0700	0.0583	6
均值	5.05	0.2038	0.0404	

第三节 创新能力指数特征变动分析

现有数据测算结果显示，2015—2019年，中国城市文化产业创新能力指数值在整体上有较大的变化，创新能力指数得分值变化因城而异，差异性相对明显。

一 指数得分值变动特征

由图6.3可知，2015—2019年中国20城中，所有城市的文化产业创新能力指数值均呈现出一定程度的提升，北京、深圳和重庆3个城市的文化产业创新能力指数得分增长较为明显，哈尔滨和东莞两市的创新能力指数得分提升幅度最不明显。

表6.9所示数据显示了2015—2019年中国20个城市历年文化产业创新发展能力指数得分值及创新能力指数的变动情况。从样本城市整体创新能力指数值变化来看，与2015年相比，2019年中国20个城市的文化产业创新能力指数均值增长了4.29，说明中国20个城市文化产业创新能力指数的整体水平有

192 中国城市文化产业创新发展评估

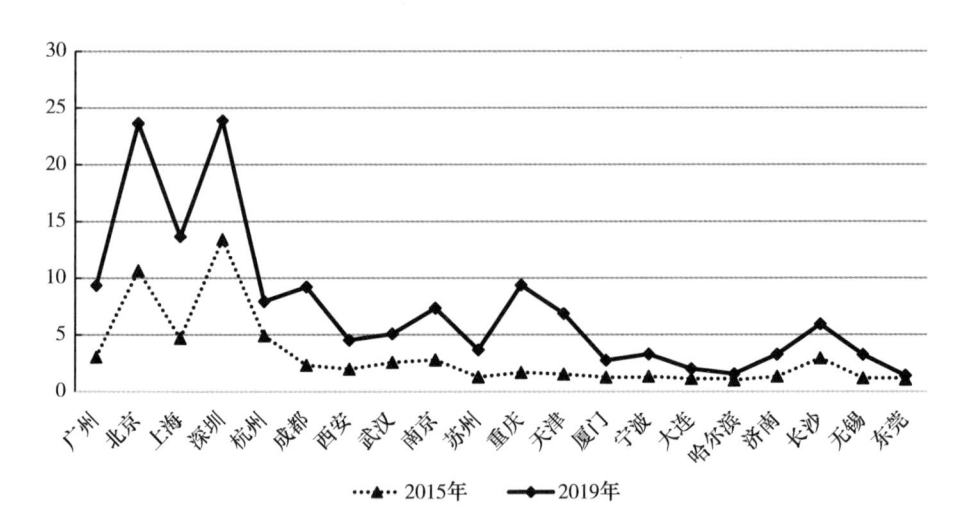

图 6.3 2015 年和 2019 年创新能力指数得分变化图

一定的提升。从各城市具体表现，所有样本城市的文化产业创新能力指数值相比 2015 年均有不同程度的增加。其中北京、深圳和上海三市涨幅位居前三，分别增长了 12.98、10.46 和 8.98，涨幅在 5 以上的城市有 7 个。有 7 个城市的涨幅在 2—5 之间，有 5 个城市的涨幅低于 2，其中哈尔滨和东莞的排名增长幅度最低，这两个城市在 2015—2019 年期间的创新能力指数得分值分别仅增长了 0.55 和 0.33。从整体上看，中国 20 个城市的文化产业创新能力指数在不同分值期间的分布相对平均。

表 6.9　　2015—2019 年创新能力指数得分值变动情况

年份 城市	2015	2016	2017	2018	2019	五年变动值	排名
广州	3.04	5.58	6.04	7.25	9.34	6.30	6
北京	10.64	16.03	16.85	18.28	23.62	12.98	1
上海	4.69	9.16	9.49	9.44	13.67	8.98	3
深圳	13.42	14.21	15.33	18.14	23.88	10.46	2
杭州	4.91	5.78	7.08	4.59	7.93	3.02	9

续表

年份 城市	2015	2016	2017	2018	2019	五年变动值	排名
成都	2.32	4.36	4.15	4.97	9.21	6.89	5
西安	1.98	3.91	4.01	4.07	4.53	2.55	11
武汉	2.57	4.23	4.37	4.39	5.08	2.51	12
南京	2.79	6.70	6.88	6.84	7.34	4.55	8
苏州	1.29	1.17	1.31	1.49	3.67	2.38	13
重庆	1.69	5.20	5.32	5.45	9.36	7.67	4
天津	1.54	3.24	3.57	3.61	6.85	5.31	7
厦门	1.26	1.29	1.39	0.81	2.75	1.49	17
宁波	1.33	2.63	2.68	3.15	3.29	1.96	15
大连	1.13	0.97	1.59	1.57	2.00	0.87	18
哈尔滨	1.01	0.69	1.32	1.51	1.56	0.55	19
济南	1.33	0.23	1.47	1.50	3.27	1.94	16
长沙	2.94	2.99	2.72	2.64	5.92	2.98	10
无锡	1.18	0.88	0.93	1.42	3.24	2.06	14
东莞	1.07	1.11	1.38	1.33	1.40	0.33	20
均值	3.11	4.52	4.89	5.12	7.39	4.28	

二 指数增速变动特征

表6.10所示结果显示，2016—2019年各城市文化产业创新能力指数值的增长率呈现出一定程度的差异性。从创新能力指数的整体变化趋势上看，2016—2019年，20个城市文化产业创新能力指数的增长速度呈现出波动性变化态势，2016—2019年创新能力指数值增速分别为45.44%、8.29%、4.69%和44.36%，平均增速为25.69%。从各城市表现看，年均增速在40%以上的城市有6个，其中济南、重庆和天津3个城市的创新能力指数年均增速位居前三，年均增速分别为142.16%、71.02%和52.94%，东莞的年均增速最低，仅有7.48%。

表 6.10　2016—2019 年创新能力指数得分值增速变动情况　（单位：%）

年份 城市	2016	2017	2018	2019	年均增速	排名
广州	83.61	8.11	20.05	28.85	35.16	10
北京	50.58	5.11	8.53	29.18	23.35	14
上海	95.28	3.61	-0.47	44.82	35.81	9
深圳	5.85	7.91	18.28	31.65	15.92	19
杭州	17.76	22.36	-35.18	72.82	19.44	16
成都	87.77	-4.91	19.68	85.37	46.98	5
西安	97.40	2.54	1.59	11.21	28.18	13
武汉	64.43	3.26	0.52	15.69	20.98	15
南京	140.35	2.69	-0.68	7.33	37.42	8
苏州	-9.12	11.98	13.57	146.67	40.77	6
重庆	207.58	2.34	2.37	71.79	71.02	2
天津	110.68	10.16	1.28	89.64	52.94	3
厦门	2.58	7.32	-41.27	237.42	51.51	4
宁波	96.98	2.21	17.48	4.36	30.26	11
大连	-13.80	63.56	-1.32	27.37	18.95	18
哈尔滨	-31.62	90.24	14.59	3.05	19.07	17
济南	-82.41	530.79	1.75	118.52	142.16	1
长沙	1.76	-9.09	-2.66	124.00	28.50	12
无锡	-25.25	5.80	52.53	127.75	40.21	7
东莞	3.52	24.09	-3.49	5.78	7.48	20
均值	45.44	8.29	4.69	44.36	25.69	

注：2016—2019 年城市文化产业创新发展综合指数增速的测算方式为"增速 = （当年值/上一年值 - 1）×100%"，年均增速为历年增速均值。

三　指数排名变动特征

表 6.11 为 2015—2019 年中国 20 个城市文化产业创新能力指数排名及排名较上一年变动情况。从各城市历年排名变化情况来看，2015—2019 年中国 20 个城市文化产业创新能力指数的排名变动相对不是很大。从历年具体表现看，2015 年排名前十

的城市中有 8 个城市仍在 2019 年排名的前十当中,西安和武汉被挤出前十,其中西安由 2015 年的第 10 位,降至 2019 年的第 12 位,武汉有 2015 年的第 8 位降至 2019 年的第 11 位。此外,重庆和天津两个城市成功挤进前十位,重庆由 2015 年的第 11 位挤进了 2019 年的第 4 位,增幅明显,天津由 2015 年第 12 位挤进了 2019 年的第 9 位。从历年变化特征来看,2015—2019 年间每一年城市之间的排名均有一定的变化,但排名波动相对较小。

从各城市创新能力指数的排名变化情况看,2015—2019 年有 4 个城市的排名没有发生变化,有 7 个城市的排名有所提升,其中排名提升最明显的城市是重庆,提升了 7 位,其次是成都和天津,各提升了 3 位,苏州提升了 2 位,上海、哈尔滨和无锡 3 个城市均提升了 1 位。有 9 个城市排名有所下降,其中杭州和长沙 2 个城市的排名分别下滑了 4 位,降幅最大,武汉下滑 3 位,西安下滑 2 位,其他城市各下滑 1 位。可见,中国城市文化产业创新能力指数的排名竞争相对激烈,整体处于较大波动状态。

表 6.11　　2015—2019 年创新能力指数得分值排名及变动情况

年份 城市	2015 排名	2016 排名	2016 变动	2017 排名	2017 变动	2018 排名	2018 变动	2019 排名	2019 变动	五年排名变动
广州	5	6	-1	6	0	4	+2	5	-1	0
北京	2	1	+1	1	0	1	0	2	-1	0
上海	4	3	+1	3	0	3	0	3	0	+1
深圳	1	2	-1	2	0	2	0	1	1	0
杭州	3	5	-2	4	+1	8	-4	7	1	-4
成都	9	8	+1	9	-1	7	+2	6	1	+3
西安	10	10	0	10	0	10	0	12	-2	-2
武汉	8	9	-1	8	+1	9	-1	11	-2	-3

续表

年份城市	2015 排名	2016 排名	2016 变动	2017 排名	2017 变动	2018 排名	2018 变动	2019 排名	2019 变动	五年排名变动
南京	7	4	+3	5	-1	5	0	8	-3	-1
苏州	15	15	0	19	-4	17	+2	13	4	+2
重庆	11	7	+4	7	0	6	+1	4	2	+7
天津	12	11	+1	11	0	11	0	9	2	+3
厦门	16	14	+2	16	-2	20	-4	17	3	-1
宁波	13	13	0	13	0	12	+1	14	-2	-1
大连	18	17	+1	14	+3	14	0	18	-4	0
哈尔滨	20	19	+1	18	+1	15	+3	19	-4	+1
济南	14	20	-6	15	+5	16	-1	15	1	-1
长沙	6	12	-6	12	0	13	-1	10	3	-4
无锡	17	18	-1	20	-2	18	+2	16	2	+1
东莞	19	16	+3	17	-1	19	-2	20	-1	-1

注：排名变化为当前得分名次较上一年得分名次变化情况，"+"表示名次提升，"-"表示名次下降，"0"表示名次没有发生变化。

四 指数变异系数分析

表 6.12 为中国 20 个城市文化产业创新能力指数的变异系数值，反映了各个城市文化产业创新能力指数的波动特征。对比各城市变异系数的大小可以发现，20 个城市文化产业创新能力指数的变异系数差异较为明显，说明各个城市创新能力指数得分值的波动相对较大。从各城市具体表现看，济南的创新能力指数值的变异系数最大，为 0.6990，无锡和苏州分别位列第二和第三，变异系数分别为 0.6395 和 0.5937，创新能力指数的变异系数超过 0.5 的有 6 个城市，说明这几个城市文化产业创新能力指数值的波动性较强。变异系数最小的城市是东莞，仅有 0.1241，其余城市的值均在 0.2 以上，说明大部分城市文化产业创新能力指数值的波动性较强，差异性较为明显。

表 6.12　　2015—2019 年创新能力指数得分值变异系数及排名

项目 城市	均值	标准差	变异系数	排名
广州	6.25	2.3085	0.3694	9
北京	17.08	4.6573	0.2726	15
上海	9.29	3.1805	0.3424	10
深圳	17.00	4.2411	0.2495	17
杭州	6.06	1.4217	0.2347	18
成都	5.00	2.5486	0.5095	5
西安	3.70	0.9895	0.2676	16
武汉	4.13	0.9301	0.2254	19
南京	6.11	1.8721	0.3064	11
苏州	1.79	1.0607	0.5937	3
重庆	5.40	2.7151	0.5024	6
天津	3.76	1.9259	0.5119	4
厦门	1.50	0.7310	0.4877	7
宁波	2.62	0.7736	0.2956	13
大连	1.45	0.4091	0.2813	14
哈尔滨	1.22	0.3637	0.2982	12
济南	1.56	1.0896	0.6990	1
长沙	3.44	1.3949	0.4052	8
无锡	1.53	0.9780	0.6395	2
东莞	1.26	0.1561	0.1241	20
均值	5.01	1.5474	0.3090	

第四节　创新投入指数特征变动分析

现有数据测算结果显示，2015—2019 年，中国城市文化产业创新投入指数值在整体上有较大的变化，创新投入指数得分值变化差异性较强。

一 指数得分值变动特征

由图 6.3 可知，2015—2019 年中国 20 个城市中，所有城市的文化产业创新投入指数值变化差异性出现一定的分化，北京、武汉和南京 3 个城市的文化产业创新投入指数得分增长较为明显，西安的创新投入指数得分值有较大幅度下滑。

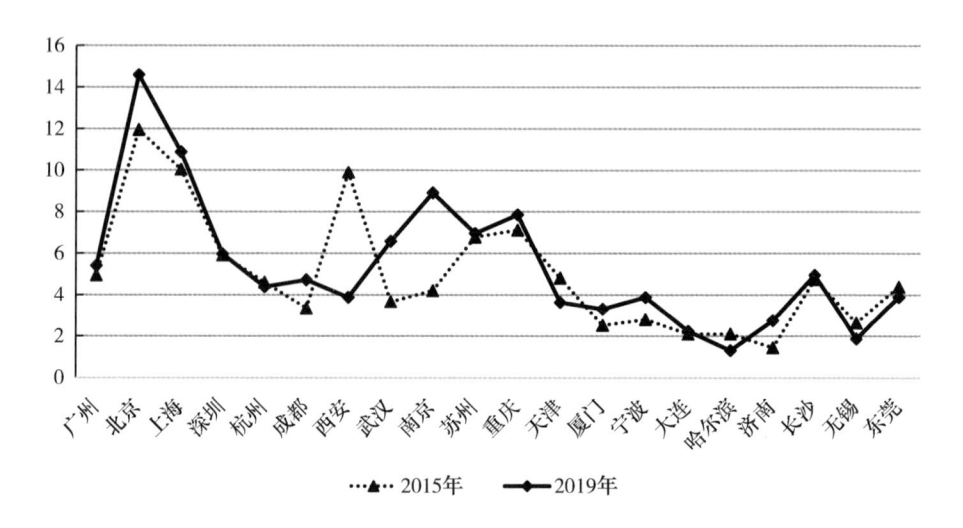

图 6.4 2015 年和 2019 年创新投入指数得分变化图

表 6.13 所示数据显示了 2015—2019 年中国 20 个城市历年文化产业创新发展投入指数得分值及创新投入指数的变动情况。从样本城市整体创新投入指数值变化来看，与 2015 年相比，2019 年中国 20 个城市的文化产业创新投入指数均值增长了 0.40，增长幅度相对不大，说明中国 20 个城市文化产业创新投入指数的整体水平变动不大。从各城市具体表现，所有样本城市的文化产业创新投入指数值相比 2015 年均有不同程度的变动。有 14 个城市的创新投入指数出现正增长，其中，南京、武汉和北京三市涨幅位居前三，分别增长了 4.71、2.91 和 2.63，涨幅在 1 以上的城市有 6 个。有 10 个城市的涨幅在 1 以下。有

6个城市出现负增长,其中西安的排名降幅最大,下降了6.02,其次是天津,下降了1.18,杭州和哈尔滨也出现一定程度的下滑。从整体上看,中国20个城市的文化产业创新投入指数在提升,但提升幅度不高。

表6.13　　　　2015—2019年创新投入指数得分值变动情况

年份 城市	2015	2016	2017	2018	2019	五年变动值	排名
广州	4.95	5.22	5.04	5.78	5.40	0.45	10
北京	11.96	12.92	12.81	13.71	14.59	2.63	3
上海	10.03	10.05	10.12	10.60	10.89	0.86	7
深圳	5.91	6.52	6.07	6.24	5.97	0.06	14
杭州	4.61	3.08	3.49	4.23	4.39	-0.22	15
成都	3.35	3.35	3.65	3.53	4.72	1.37	4
西安	9.90	2.93	3.35	3.76	3.88	-6.02	20
武汉	3.66	3.37	2.64	5.00	6.57	2.91	2
南京	4.20	4.44	5.19	5.52	8.91	4.71	1
苏州	6.78	6.10	6.02	7.09	6.96	0.18	12
重庆	7.11	6.65	5.24	7.10	7.85	0.74	9
天津	4.81	4.12	3.83	3.93	3.64	-1.17	19
厦门	2.52	2.23	2.28	2.99	3.31	0.79	8
宁波	2.81	3.15	4.05	3.34	3.88	1.07	6
大连	2.11	1.50	1.65	2.14	2.24	0.13	13
哈尔滨	2.11	1.35	1.22	0.68	1.31	-0.80	18
济南	1.45	1.38	1.37	2.81	2.76	1.31	5
长沙	4.74	5.87	6.53	6.11	4.95	0.21	11
无锡	2.65	2.54	2.10	2.15	1.87	-0.78	17
东莞	4.38	4.41	4.03	4.12	3.89	-0.49	16
均值	5.00	4.56	4.53	5.04	5.40	0.40	

二　指数增速变动特征

表6.14所示结果显示,2016—2019年各城市文化产业创新

投入指数值的增长率呈现出较大的差异性。从创新投入指数的整体变化趋势上看，2016—2019 年，20 个城市文化产业创新投入指数的增长速度呈现出一定的增加态势，平均增速开始由负转正，2016—2019 年创新投入指数值增速分别为 -8.86%、-0.53%、11.19% 和 7.09%，平均增速为 2.22%。从各城市表现看，有 16 个城市的年均增速为正，其中年均增速在 20% 以上的城市有 3 个，分别是济南、武汉和南京，增速分别为 24.50%、22.79% 和 22.56%，其他城市的增速均在 10% 以内。有 4 个城市的年均增速为负值，分别是西安、无锡、天津和东莞，这四个城市的年均增速分别为 -10.19%、-7.95%、-6.58% 和 -2.82%。

表6.14　　　2016—2019 年创新投入指数得分值增速变动情况　　（单位：%）

年份 城市	2016	2017	2018	2019	年均增速	排名
广州	5.52	-3.36	14.55	-6.50	2.55	10
北京	8.08	-0.83	6.96	6.48	5.17	7
上海	0.12	0.77	4.67	2.74	2.08	12
深圳	10.40	-6.97	2.81	-4.35	0.47	16
杭州	-33.12	13.27	21.12	3.82	1.27	13
成都	-0.01	8.94	-3.06	33.49	9.84	5
西安	-70.39	14.17	12.47	3.01	-10.19	20
武汉	-8.00	-21.58	89.16	31.58	22.79	2
南京	5.77	16.72	6.39	61.37	22.56	3
苏州	-10.05	-1.38	17.95	-1.94	1.15	14
重庆	-6.54	-21.18	35.57	10.46	4.58	8
天津	-14.49	-6.90	2.66	-7.57	-6.58	18
厦门	-11.72	2.43	30.89	10.81	8.10	6
宁波	12.19	28.57	-17.66	16.33	9.86	4
大连	-29.02	10.34	29.69	4.82	3.96	9

续表

年份 城市	2016	2017	2018	2019	年均增速	排名
哈尔滨	-36.22	-9.72	-43.89	92.29	0.62	15
济南	-4.46	-0.85	105.20	-1.89	24.50	1
长沙	23.77	11.37	-6.57	-18.94	2.41	11
无锡	-4.09	-17.37	2.53	-12.87	-7.95	19
东莞	0.64	-8.68	2.28	-5.54	-2.82	17
均值	-8.86	-0.53	11.19	7.09	2.22	

注：2016—2019年城市文化产业创新发展综合指数增速值测算方式为"增速=（当年值/上一年值-1）×100%"，年均增速为历年增速均值。

三 指数排名变动特征

表6.15为2015—2019年中国20个城市文化产业创新投入指数排名及排名较上一年变动情况。从各城市历年排名变化情况来看，2015—2019年中国20个城市文化产业创新投入指数的排名变动较大。从历年具体表现看，2015年排名前十的城市中有7个城市仍在2019年排名的前十当中，杭州、西安和天津3个城市被挤出前十，其中这3个城市分别由2015年的第10位、第3位和第8位，降至2019年的第11位、第14位和第15位，西安的排名降幅最大，名次下降了11位，天津的降幅也比较大，排名下降了7位。此外，成都、武汉和南京3个城市成功挤进2019年的前十位，这3个城市分别由2015年的第14位、第13位和第12位，挤进了2019年的第10位、第6位和第3位，南京的排名进步幅度最大，前进了9位，武汉的排名也提升了7位，较为明显。从历年变化特征来看，由于投入指标的变异性较大，造成2015—2019年间每一年城市之间的排名都有较大变化。

从各城市创新投入指数的排名变化情况看，2015—2019年有5个城市的排名没有发生变化，有7个城市的排名有所提升，其中排名提升最明显的城市是南京，提升了9位，其次是武汉，提升了7位，成都提升了4位。有8个城市排名有所下降，其中西安的降幅最大，下滑了11位，天津下滑了7位降幅相对明显，无锡下滑3位，其他城市各下滑1位。可见，中国城市文化产业创新投入指数的排名竞争相对激烈，城市之间的均衡性相对较弱。

表6.15　2015—2019年创新投入指数得分值排名及变动情况

年份 城市	2015 排名	2016 排名	变动	2017 排名	变动	2018 排名	变动	2019 排名	变动	五年排名变动
广州	7	7	0	8	-1	7	+1	8	-1	-1
北京	1	1	0	1	0	1	0	1	0	0
上海	2	2	0	2	0	2	0	2	0	0
深圳	6	4	+2	4	0	5	-1	7	-2	-1
杭州	10	14	-4	13	+1	10	+3	11	-1	-1
成都	14	12	+2	12	0	14	-2	10	+4	+4
西安	3	15	-12	14	+1	13	+1	14	-1	-11
武汉	13	11	+2	15	-4	9	+6	6	+3	+7
南京	12	8	+4	7	+1	8	-1	3	+5	+9
苏州	5	5	0	5	0	4	+1	5	-1	0
重庆	4	3	+1	6	-3	3	+3	4	-1	0
天津	8	10	-2	11	-1	12	-1	15	-3	-7
厦门	17	17	0	16	+1	16	0	16	0	+1
宁波	15	13	+2	9	+4	15	-6	13	+2	+2
大连	19	18	+1	18	0	19	-1	18	+1	+1
哈尔滨	18	20	-2	20	0	20	0	20	0	-2
济南	20	19	+1	19	0	17	+2	17	0	+3
长沙	9	6	+3	3	+3	6	-3	9	-3	0
无锡	16	16	0	17	-1	18	-1	19	-1	-3
东莞	11	9	+2	10	-1	11	-1	12	-1	-1

注：排名变化为当前得分名次较上一年得分名次变化情况，"+"表示名次提升，"-"表示名次下降，"0"表示名次没有发生变化。

四 指数变异系数分析

表6.16为中国20个城市文化产业创新投入指数的变异系数值,反映了各个城市文化产业创新投入指数的波动特征。对比各城市变异系数的大小可以发现,20个城市文化产业创新投入指数的变异系数差异较大,说明各个城市创新投入指数得分值的波动相对较大。从各城市具体表现看,西安的创新投入指数值的变异系数最大,为0.6078,济南和哈尔滨分别位列第二和第三,变异系数分别为0.3888和0.3831,创新投入指数的变异系数超过0.3的有5个城市,说明这几个城市文化产业创新投入指数值的波动性相对较强,创新投入变异系数在0.1—0.3的城市有9个,在0.1以下的城市有6个,变异系数最小的城市是上海,仅有0.0372。从各城市创新投入变异系数分布看,样本城市创新投入具有明显的差异性特征,说明样本城市文化产业创新投入指数值的失衡性特征较强。

表6.16 2015—2019年创新投入指数得分值变异系数及排名

项目 城市	均值	标准差	变异系数	排名
广州	5.28	0.3292	0.0624	17
北京	13.20	0.9969	0.0755	16
上海	10.34	0.3846	0.0372	20
深圳	6.14	0.2474	0.0403	19
杭州	3.96	0.6453	0.1631	8
成都	3.72	0.5731	0.1541	9
西安	4.76	2.8941	0.6078	1
武汉	4.25	1.5550	0.3660	4
南京	5.65	1.8962	0.3355	5
苏州	6.59	0.4993	0.0758	15

续表

项目 城市	均值	标准差	变异系数	排名
重庆	6.79	0.9673	0.1425	11
天津	4.07	0.4524	0.1112	14
厦门	2.67	0.4685	0.1756	6
宁波	3.45	0.5150	0.1495	10
大连	1.93	0.3318	0.1722	7
哈尔滨	1.33	0.5106	0.3831	3
济南	1.96	0.7603	0.3888	2
长沙	5.64	0.7672	0.1360	13
无锡	2.26	0.3221	0.1424	12
东莞	4.17	0.2255	0.0541	18
均值	4.91	0.3639	0.0742	

第五节 创新绩效指数特征变动分析

现有数据测算结果显示，2015—2019 年，中国城市文化产业创新绩效指数值在整体上有较大程度的提升，创新绩效指数得分值提升幅度具有一定差异性。

一 指数得分值变动特征

由图 6.5 可知，2015—2019 年中国 20 个城市中，大部分城市的文化产业创新绩效指数值变化差异性出现一定的提升，广州、北京、上海、深圳、杭州等综合指数值排名靠前的城市增长幅度较为明显，其他排名相对靠后的城市也呈现出一定的增长特征。值得注意的是，样本城市中仅长沙的创新绩效值略有下降。

表 6.17 所示数据显示了 2015—2019 年中国 20 个城市历年文化产业创新发展绩效指数得分值及创新绩效指数的变动情况。

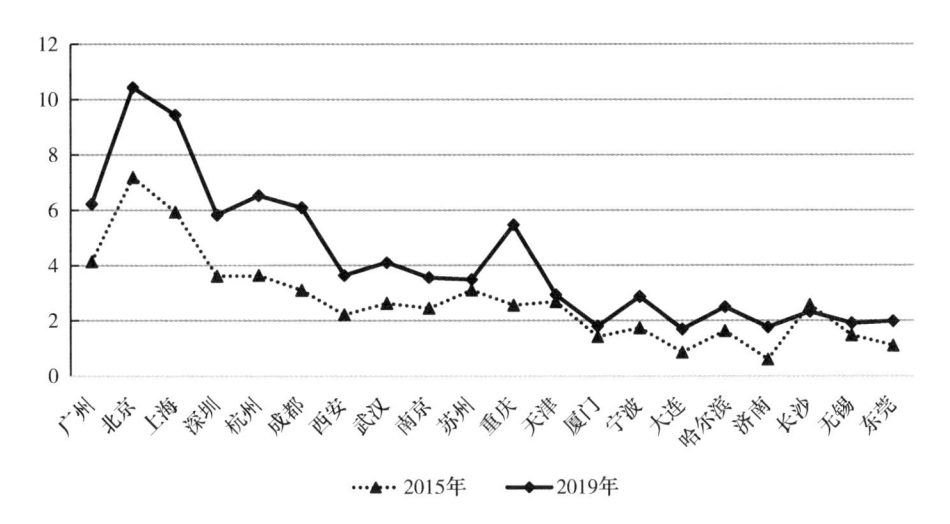

图 6.5　2015 年和 2019 年创新绩效指数得分变化图

从样本城市整体创新绩效指数值变化来看，与 2015 年相比，2019 年中国 20 个城市的文化产业创新绩效指数均值整体增长了 1.50。从各城市具体表现，所有样本城市的文化产业创新绩效指数值相比 2015 年均有不同程度的变动。有 19 个城市的创新绩效指数出现正增长，其中，上海、北京和成都三市涨幅位居前三，分别增长了 3.51、3.25 和 2.99，涨幅在 2 以上的城市有 7 个。有 8 个城市的涨幅在 1 以下，长沙涨幅最低，为 -0.25。从整体上看，中国 20 个城市的文化产业创新绩效指数整体上呈现出提升态势，但提升幅度存在一定的差异性。

表 6.17　2015—2019 年创新绩效指数得分值变动情况

年份 城市	2015	2016	2017	2018	2019	五年变动值	排名
广州	4.14	4.51	5.15	5.60	6.22	2.08	7
北京	7.19	8.74	11.13	9.67	10.44	3.25	2
上海	5.93	7.16	8.01	8.31	9.44	3.51	1
深圳	3.61	4.73	5.17	5.60	5.83	2.22	6

续表

年份\城市	2015	2016	2017	2018	2019	五年变动值	排名
杭州	3.64	4.82	5.51	6.13	6.53	2.89	5
成都	3.10	3.81	4.43	5.48	6.09	2.99	3
西安	2.21	2.46	3.33	4.12	3.64	1.43	9
武汉	2.62	3.02	3.49	3.73	4.10	1.48	8
南京	2.45	2.64	2.94	3.31	3.55	1.10	12
苏州	3.10	3.11	3.37	3.52	3.48	0.38	18
重庆	2.56	2.90	3.53	4.89	5.47	2.91	4
天津	2.68	2.82	2.38	2.97	2.93	0.25	19
厦门	1.42	1.34	1.45	1.93	1.80	0.38	17
宁波	1.74	2.56	2.14	2.83	2.87	1.13	11
大连	0.85	1.04	1.51	1.48	1.69	0.84	15
哈尔滨	1.63	1.82	2.05	2.43	2.49	0.86	14
济南	0.60	0.83	2.18	2.04	1.76	1.16	10
长沙	2.57	2.71	3.07	2.17	2.32	-0.25	20
无锡	1.47	1.67	1.91	1.99	1.91	0.44	16
东莞	1.10	1.27	1.80	1.86	1.98	0.88	13
均值	2.73	3.20	3.73	4.00	4.23	1.50	

二 指数增速变动特征

表6.18所示结果显示，2016—2019年各城市文化产业创新绩效指数值的增长率呈现快速增长态势。从创新绩效指数的整体变化趋势上看，2016—2019年，20个城市文化产业创新绩效指数的增长速度相对较大，2016—2019年创新绩效指数值增速分别为17.11%、16.60%、7.36%和5.60%，平均增速为11.67%。从各城市表现看，除长沙外，其他19个城市的年均增速均为正，其中年均增速在10%以上的城市有14个，济南、重庆和大连3个城市的创新绩效年均增速排名前三，分别为45.34%、21.38%和19.90%。

表 6.18　　　　2016—2019 年创新绩效指数得分值增速变动情况　　（单位：%）

年份 城市	2016	2017	2018	2019	年均增速	排名
广州	8.84	14.14	8.76	11.15	10.72	14
北京	21.63	27.35	-13.15	7.94	10.94	13
上海	20.80	11.83	3.72	13.64	12.50	10
深圳	31.02	9.35	8.31	4.07	13.18	9
杭州	32.69	14.18	11.19	6.54	16.15	6
成都	22.81	16.53	23.56	11.17	18.52	4
西安	11.19	35.16	23.68	-11.69	14.59	8
武汉	14.97	15.77	6.92	9.88	11.89	11
南京	7.70	11.59	12.62	7.32	9.81	15
苏州	0.16	8.43	4.55	-1.18	2.99	19
重庆	13.17	22.00	38.55	11.80	21.38	2
天津	5.16	-15.82	25.19	-1.44	3.27	18
厦门	-5.53	8.38	33.03	-6.88	7.25	16
宁波	47.14	-16.14	32.00	1.30	16.07	7
大连	22.13	45.54	-2.43	14.37	19.90	3
哈尔滨	11.67	12.59	18.26	2.79	11.33	12
济南	39.25	162.36	-6.44	-13.83	45.34	1
长沙	5.40	13.59	-29.55	7.22	-0.84	20
无锡	13.37	14.18	4.12	-4.07	6.90	17
东莞	15.76	41.63	3.60	6.13	16.78	5
均值	17.11	16.60	7.36	5.60	11.67	

注：2016—2019 年城市文化产业创新发展绩效指数增速值测算方式为"增速=（当年值/上一年值-1）×100%"，年均增速为历年增速均值。

三　指数排名变动特征

表 6.19 为 2015—2019 年中国 20 个城市文化产业创新绩效指数排名及排名较上一年变动情况。从各城市历年排名变化情况来看，2015—2019 年中国 20 个城市文化产业创新绩效指数的排名变动较大。从历年具体表现看，2015 年排名前十的城市中

有7个城市仍在2019年排名的前十当中，苏州、天津和长沙3个城市被挤出前十，其中这3个城市分别由2015年的第6位、第8位和第10位，降至2019年的第11位、第12位和第15位，其中苏州和长沙的名次分别降了5位，天津降了4位。此外，西安、南京和重庆3个城市成功挤进2019年的前十位，这3个城市分别由2015年的第13位、第12位和第11位，挤进了2019年的第9位、第10位和第7位，西安和重庆的排名各提升了4位，南京提升了2位。从历年变化特征来看，部分城市产出绩效波动较大是造成城市组间排名发生变动的主要原因。

从各城市创新绩效指数的排名变化情况看，2015—2019年，除排名前两位的北京和上海名次没有发生变化外，有10个城市的排名有所提升，其中排名提升最明显的城市是西安和重庆，各提升了4位，其次是成都、南京和东莞，各提升了2位，其他城市均提升1位。有8个城市排名有所下降，其中苏州和长沙的降幅最大，分别下滑了5位，天津下滑了4位，降幅相对较大，其他城市各下滑1位。

表6.19　2015—2019年创新绩效指数得分值排名及变动情况

年份 城市	2015 排名	2016 排名	变动	2017 排名	变动	2018 排名	变动	2019 排名	变动	五年排名变动
广州	3	5	−2	5	0	5	0	4	+1	−1
北京	1	1	0	1	0	1	0	1	0	0
上海	2	2	0	2	0	2	0	2	0	0
深圳	5	4	+1	4	0	4	0	6	−2	−1
杭州	4	3	+1	3	0	3	0	3	0	+1
成都	7	6	+1	6	0	6	0	5	+1	+2
西安	13	14	−1	10	+4	8	+2	9	−1	+4
武汉	9	8	+1	8	0	9	−1	8	+1	+1
南京	12	12	0	12	0	11	+1	10	+1	+2

续表

年份 城市	2015 排名	2016 排名	2016 变动	2017 排名	2017 变动	2018 排名	2018 变动	2019 排名	2019 变动	五年排名变动
苏州	6	7	-1	9	-2	10	-1	11	-1	-5
重庆	11	9	+2	7	+2	7	0	7	0	+4
天津	8	10	-2	13	-3	12	+1	12	0	-4
厦门	17	17	0	20	-3	18	+2	18	0	-1
宁波	14	13	+1	15	-2	13	+2	13	0	1
大连	19	19	0	19	0	20	-1	20	0	-1
哈尔滨	15	15	0	16	-1	14	+2	14	0	+1
济南	20	20	0	14	+6	16	-2	19	-3	+1
长沙	10	11	-1	11	0	15	-4	15	0	-5
无锡	16	16	0	17	-1	17	0	17	0	-1
东莞	18	18	0	18	0	19	-1	16	+3	+2

注：排名变化为当前得分名次较上一年得分名次变化情况，"+"表示名次提升，"-"表示名次下降，"0"表示名次没有发生变化。

四 指数变异系数分析

表 6.20 为中国 20 个城市文化产业创新绩效指数的变异系数值，反映了各个城市文化产业创新绩效指数的波动特征。对比各城市变异系数的大小可以发现，20 个城市文化产业创新绩效指数的变异系数差异性相对较大，说明各个城市创新绩效指数得分值的波动相对较大。从各城市具体表现看，济南的创新绩效指数值的变异系数最大，为 0.4871，重庆和大连分别位列第二和第三，变异系数分别为 0.3268 和 0.2679，创新绩效指数的变异系数超过 0.2 的有 7 个城市，说明这几个城市文化产业创新绩效指数值的波动性相对较强，创新绩效变异系数在 0.1—0.2 的城市有 11 个，在 0.1 以下的城市有 2 个，变异系数最小的城市是苏州，仅有 0.0607。

表6.20　2015—2019年创新绩效指数得分值变异系数及排名

项目 城市	均值	标准差	变异系数	排名
广州	5.12	0.8322	0.1624	15
北京	9.43	1.5392	0.1631	14
上海	7.77	1.3133	0.1690	12
深圳	4.99	0.8780	0.1760	10
杭州	5.32	1.1423	0.2146	7
成都	4.58	1.2154	0.2653	4
西安	3.15	0.7984	0.2533	5
武汉	3.39	0.5839	0.1720	11
南京	2.98	0.4595	0.1543	16
苏州	3.32	0.2014	0.0607	20
重庆	3.87	1.2646	0.3268	2
天津	2.76	0.2411	0.0875	19
厦门	1.59	0.2603	0.1641	13
宁波	2.43	0.4817	0.1985	8
大连	1.32	0.3523	0.2679	3
哈尔滨	2.09	0.3740	0.1793	9
济南	1.48	0.7218	0.4871	1
长沙	2.57	0.3528	0.1374	17
无锡	1.79	0.2123	0.1186	18
东莞	1.60	0.3915	0.2445	6
均值	3.58	0.6098	0.1704	

第六节　本章小结

在本章节中，笔者从指数的分值、指数增长速度变化、指数排名变动以及指数变异系数变化四个方面深度分析了2015—2019年中国20个城市文化产业创新发展的综合指数和四大一级指标得分值的动态特征，主要研究结论如下。

（1）对综合指数的动态特征分析发现：一是 2015—2019年，中国城市文化产业创新发展综合指数值在整体上呈现出逐渐增长的趋势，即各城市文化产业创新发展的综合水平在整体上呈逐步上升趋势；二是 20 个城市综合指数得分值整体呈现出波动性增长态势，增长率大小因年度而异；三是从各城市历年排名变化情况来看，大部分城市文化产业创新发展综合指数的排名变动相对不是很大；四是样本城市文化产业创新发展指数变异系数存在较大差异性。

（2）对创新基础的动态特征分析发现：一是大部分城市的文化产业创新基础指数值均呈现出一定程度的提升，重庆、宁波两市的文化产业创新基础指数得分增长较为明显；二是样本城市文化产业创新基础指数的增长速度呈现出波动性变化态势，2016—2019 年创新基础指数值增速分别为 2.57%、2.79%、2.43% 和 2.54%，平均增速为 2.58%；三是从各城市历年排名变化情况来看，样本城市文化产业创新基础指数的排名变动相对稳定；四是样本城市文化产业创新基础指数的变异系数相差不大，说明各个城市创新基础指数得分值的变动相对均衡。

（3）对创新能力的动态特征分析发现：一是所有城市的文化产业创新能力指数值均呈现出一定程度的提升，北京、深圳和重庆 3 个城市的文化产业创新能力指数得分增长较为明显，哈尔滨和东莞两市的创新能力指数得分提升幅度最不明显；二是样本城市文化产业创新能力指数的增长速度呈现出波动性变化态势，2016—2019 年创新能力指数值增速分别为 45.44%、8.29%、4.69% 和 44.36%，平均增速为 25.69%；三是样本城市文化产业创新能力指数的排名变动相对不明显，2015 年排名前十的城市中有 8 个城市仍在 2019 年排名的前十当中；四是样本城市文化产业创新能力指数的变异系数差异较为明显，说明各个城市创新能力指数得分值的波动相对较大。

（4）对创新投入的动态特征分析发现：一是所有城市的文化产业创新投入指数值变化差异性出现一定的分化，北京、武汉和南京3个城市的文化产业创新投入指数得分增长较为明显，西安的创新投入指数得分值有较大幅度下滑；二是样本城市文化产业创新投入指数的增长速度呈现出一定的增加态势，平均增速开始由负转正，2016—2019年创新投入指数值增速分别为-8.86%、-0.53%、11.19%和7.09%，平均增速为2.22%；三是城市文化产业创新投入指数的排名变动较大。主要原因在于投入指标的变异性较大，造成2015—2019年间每一年城市之间的排名都有较大变化；四是样本城市文化产业创新投入指数的变异系数差异较大，说明各个城市创新投入指数得分值的波动相对较大，主要原因在于创新投入具有明显的差异性。

（5）对创新绩效的动态特征分析发现：一是大部分城市的文化产业创新绩效指数值变化差异性出现一定的提升，广州、北京、上海、深圳、杭州等综合指数值排名靠前的城市增长幅度较为明显，其他排名相对靠后的城市也呈现出一定的增长特征；二是样本城市文化产业创新绩效指数的增长速度相对较大，2016—2019年创新绩效指数值增速分别为17.11%、16.60%、7.36%和5.60%，平均增速为11.67%；三是样本城市文化产业创新绩效指数的排名变动较大，部分城市产出绩效波动较大是造成城市组间排名发生变动的主要原因；四是城市文化产业创新绩效指数的变异系数差异性相对较大。

第七章 城市文化产业创新发展特征变动原因分析（2015—2019年）

第一节 综合指数变动特征原因分析

在上一章中，笔者主要对2019年中国20个城市的文化产业创新发展指数进行界面分析，了解了2019年中国20个城市文化产业创新发展的基本情况，仅通过截面分析从横向对比角度对20个城市文化产业创新发展情况进行了比较分析，但并没有分析20个城市文化产业创新发展在时间上的演变规模。为进一步深入分析中国20个城市文化产业创新发展情况，在本章节中，我们将综合分析在时间和空间因素下，20个样本城市文化产业创新发展动态变化规模，以期分析出我国20个城市文化产业创新发展的时空规模以及影响个别城市文化产业创新发展的特殊因素。考虑到指标量化的客观性以及数据的可获取性和可比性，在本章中，笔者将分析2015—2019年间中国20个城市文化产业创新发展指数的变动情况，反映样本城市文化产业创新发展的动态变化情况，深入分析不同要素对各样本城市文化产业创新发展的影响，发现各城市文化产业创新发展的优势和短板，为进一步了解中国城市文化产业创新发展的普遍规模和深层次原因提供研究依据。

中国城市文化产业创新发展综合指数从整体上反映了一个城市文化产业创新发展的综合水平。现有数据测算结果显示，2015—2019年，中国城市文化产业创新发展综合指数值在整体上呈现出逐渐增长的趋势，即各城市文化产业创新发展的综合水平在整体上呈逐步上升趋势。

结合本章构建的中国城市文化产业创新发展指数指标体系，我们从创新基础、创新能力、创新投入和创新绩效四大维度分析造成各城市文化产业创新发展指数产生较大变化的原因。

一 综合指数变动原因分析

表7.1为2015—2019年各城市文化产业创新发展综合指数和四大一级指标的得分及排名变化情况。根据表7.1所示分析结果，我们可以发现，创新能力的变动是造成城市文化产业创新发展综合指数产生变动的主要原因。从整体上看，2015—2019年中国20个城市文化产业创新发展综合指数值增长了6.70，创新基础、创新能力、创新投入和创新绩效变动值分别为0.51、4.29、0.40和1.50，占综合指数变动值的比重分别为7.69%、64.04%、5.93%和22.35%。由此可以认为，总体上看，对综合指数得分贡献程度从大到小分别为创新能力、创新产出、创新投入和创新绩效，而且创新能力的贡献程度远超其他三个一级指标。

从四个一级指标具体表现看，在四大一级指标中，创新能力变动幅度最大的城市有广州、北京、上海、深圳等16个。武汉和南京两个城市则是创新投入作为主要动力的城市，而哈尔滨和东莞两个城市则是创新绩效变动幅度最大。由此可见，就本章所选20个样本城市而言，多数城市文化产业创新发展的主要因素在于创新能力的提升上。

表 7.1　2015—2019 年综合指数及一级指标得分变动情况　（贡献率：%）

指标 城市	综合指数 变动	创新基础 变动	排名	创新能力 变动	排名	创新投入 变动	排名	创新绩效 变动	排名
广州	9.21	0.38	4	6.30	1	0.46	3	2.08	2
北京	18.72	-0.14	4	12.97	1	2.64	3	3.25	17
上海	13.52	0.17	4	8.98	1	0.85	3	3.51	26
深圳	14.06	1.33	3	10.45	1	0.06	4	2.22	16
杭州	6.25	0.57	3	3.02	1	-0.22	4	2.89	46
成都	12.06	0.81	4	6.88	1	1.37	3	2.99	25
西安	-1.58	0.47	3	2.55	1	-6.02	4	1.42	-90
武汉	7.10	0.20	4	2.51	2	2.91	1	1.48	21
南京	10.72	0.36	4	4.55	1	4.70	3	1.11	10
苏州	3.61	0.67	2	2.38	1	0.18	4	0.38	10
重庆	12.64	1.32	3	7.67	1	0.73	4	2.91	23
天津	5.21	0.82	2	5.32	1	-1.18	4	0.25	5
厦门	2.77	0.11	4	1.49	1	0.79	2	0.38	14
宁波	5.57	1.41	2	1.96	1	1.07	4	1.13	20
大连	1.96	0.12	4	0.87	1	0.14	3	0.84	43
哈尔滨	0.79	0.18	3	0.54	2	-0.80	4	0.86	109
济南	5.14	0.72	3	1.94	1	1.31	2	1.16	23
长沙	3.27	0.32	2	2.99	1	0.21	3	-0.25	-8
无锡	2.03	0.31	3	2.06	1	-0.77	4	0.43	21
东莞	0.88	0.16	3	0.33	2	-0.49	4	0.88	100
均值	6.70	0.51		4.29		0.40	4	1.50	

注：变动值为综合指数和一级指标 2019 年得分值减去 2015 年得分值的差值。排名同一个城市为一级指标大小排名。

表 7.2 给出了 2015—2019 年 20 个城市综合指数和四大一级指标得分值的历年增速变化情况。从整体上来看，2015—2019 年，中国 20 个城市文化产业创新发展综合指数年均增速为 9.39%，其中创新能力的年均增速为 25.69%，远大于其他三个一级指标。从各城市表现看，大部分样本城市创新能力得分年

均增速也远高于其他三个一级指标。由此可见，创新能力是带动大部分样本城市文化产业创新发展综合水平提升的主要动力。

表 7.2　2015—2019 年综合指数及一级指标得分年均变化率　（单位：%）

指标 城市	综合指数 增速	创新基础 增速	排名	创新能力 增速	排名	创新投入 增速	排名	创新产出 增速	排名
广州	12.13	2.38	11	35.16	10	2.55	10	10.72	14
北京	9.73	-0.24	20	23.35	14	5.17	7	10.94	13
上海	9.34	0.39	19	35.81	9	2.08	12	12.50	10
深圳	11.31	8.24	3	15.92	19	0.47	16	13.18	9
杭州	7.63	2.25	13	19.44	16	1.27	13	16.15	6
成都	18.79	4.94	4	46.98	5	9.84	5	18.52	4
西安	-0.87	1.15	17	28.18	13	-10.19	20	14.59	8
武汉	11.59	1.12	18	20.98	15	22.79	2	11.89	11
南京	16.69	2.35	12	37.42	8	22.56	3	9.81	15
苏州	5.17	2.89	10	40.77	6	1.15	14	2.99	19
重庆	13.16	3.53	8	71.02	2	4.58	8	21.38	2
天津	8.37	3.91	6	52.94	3	-6.58	18	3.27	18
厦门	9.61	1.77	15	51.51	4	8.10	6	7.25	16
宁波	13.78	11.00	2	30.26	11	9.86	4	16.07	7
大连	7.81	1.42	16	18.95	18	3.96	9	19.90	3
哈尔滨	3.12	2.04	14	19.07	17	0.62	15	11.33	12
济南	23.85	12.14	1	142.16	1	24.50	1	45.34	1
长沙	6.68	4.14	5	28.50	12	2.41	11	-0.84	20
无锡	6.27	2.91	9	40.21	7	-7.95	19	6.90	17
东莞	2.79	3.59	7	7.48	20	-2.82	17	16.78	5
均值	9.39	2.58		25.69		2.22		11.67	

二　变异系数变动原因分析

表 7.3 为 2015—2019 年中国 20 个城市文化产业创新发展综合指数和一级指标的变异系数及城市一级指标排名情况。从整体上看，2015—2019 年中国 20 个城市文化产业创新发展综合指

数的变异系数均值为0.136，其中创新基础、创新能力、创新投入和创新绩效的变异系数分别为0.040、0.309、0.074和0.170，由此可见，创新能力的变异系数最大，表明创新能力的均衡性程度最弱，即创新能力失衡性较强是造成整体综合指数产生失衡的主要原因，其次是创新绩效和创新投入，创新基础的失衡对综合水平均衡性影响最小。

从各城市具体表现看，大部分样本城市创新综合指数产生失衡的主要原因在于创新能力失衡性强。表7.3所示，样本城市中，广州、北京、上海等15个城市的创新能力变异系数在四个一级指标中最大，说明这些城市的文化产业创新发展综合指数产生失衡的主要原因在于创新能力的失衡。西安、武汉、南京3个城市的创新投入变异系数最大，即这三个城市的文化产业创新发展综合指数产生失衡的原因在于创新投入失衡；东莞的创新绩效变异系数最大。值得注意的是，变异系数排名第二的一级指标主要集中在创新绩效和创新投入领域，其中有12个城市的创新绩效变异系数在各自城市排名第二，有4个城市的创新投入变异系数在各自城市排名第二。表明，创新绩效和创新投入也是重要影响因素。

表7.3　　2015—2019年一级指标得分年变异系数及排名

指标 城市	综合指数 变异系数	创新基础 变异系数	排名	创新能力 变异系数	排名	创新投入 变异系数	排名	创新绩效 变异系数	排名
广州	0.169	0.045	4	0.369	1	0.062	3	0.162	2
北京	0.130	0.020	4	0.273	1	0.076	3	0.163	2
上海	0.123	0.020	4	0.342	1	0.037	3	0.169	2
深圳	0.168	0.124	3	0.250	1	0.040	4	0.176	2
杭州	0.113	0.037	4	0.235	1	0.163	3	0.215	2
成都	0.258	0.077	4	0.510	1	0.154	3	0.265	2

续表

指标\城市	综合指数 变异系数	创新基础 变异系数	排名	创新能力 变异系数	排名	创新投入 变异系数	排名	创新绩效 变异系数	排名
西安	0.087	0.030	4	0.268	2	0.608	1	0.253	3
武汉	0.171	0.016	4	0.225	2	0.366	1	0.172	3
南京	0.208	0.038	4	0.306	2	0.336	1	0.154	3
苏州	0.097	0.045	4	0.594	1	0.076	2	0.061	3
重庆	0.186	0.058	4	0.502	1	0.142	3	0.327	2
天津	0.122	0.068	4	0.512	1	0.111	2	0.087	3
厦门	0.170	0.026	4	0.488	1	0.176	2	0.164	3
宁波	0.175	0.157	3	0.296	1	0.149	4	0.198	2
大连	0.145	0.022	4	0.281	1	0.172	3	0.268	2
哈尔滨	0.084	0.054	4	0.298	2	0.383	1	0.179	3
济南	0.364	0.172	4	0.699	1	0.389	3	0.487	2
长沙	0.092	0.057	4	0.405	1	0.136	3	0.137	2
无锡	0.117	0.049	4	0.640	1	0.142	2	0.119	3
东莞	0.048	0.058	3	0.124	2	0.054	4	0.245	1
均值	0.136	0.040		0.309		0.074		0.170	

注：排名同一个城市为一级指标变异系数大小排名。

第二节　创新基础指数特征变动原因分析

现有数据测算结果显示，2015—2019年，中国城市文化产业创新发展综合指数值在整体上变化不大。

一　创新基础指数得分值变动原因分析

表7.4为2015—2019年各城市文化产业创新基础指数和两个二级指标的得分及排名变化情况。根据表7.4所示分析结果，我们可以发现，从整体上看，资源基础的变动是造成城市文化

产业创新基础指数提升的主要原因。2015—2019年中国20个城市文化产业创新基础指数值增长了0.51，设施基础和资源基础均值分的变动值分别为0.21和0.30，对创新基础指数得分值增长的贡献率分别是41.18%和58.82%，由此可见，资源基础的提升对创新基础的贡献度更强。从二级指标具体表现看，有16个城市设施基础得分有所提升，4个城市的设施基础得分有所下降，在设施基础得分提升的城市中，宁波的设施基础得分提升了0.80，提升幅度最大。无锡的设施基础得分降幅最大，下降了0.19，其他城市变化均相对较小。北京、哈尔滨的设施基础是提升创新基础的主要动力，其他城市创新基础得分提升的动力主要是由资源基础带动的。

表7.4　2015—2019年创新基础指数及二级指标得分变动情况

城市\指标	创新基础	设施基础 变动	设施基础 排名	资源基础 变动	资源基础 排名
广州	0.38	-0.07	18	0.45	7
北京	-0.14	0.53	4	-0.67	20
上海	0.17	-0.12	19	0.30	10
深圳	1.33	0.46	5	0.87	2
杭州	0.57	0.23	9	0.34	9
成都	0.81	0.29	8	0.52	5
西安	0.47	0.10	11	0.37	8
武汉	0.20	0.00	16	0.20	14
南京	0.36	0.12	10	0.24	13
苏州	0.67	0.06	14	0.61	4
重庆	1.32	0.41	6	0.91	1
天津	0.82	0.58	2	0.24	12
厦门	0.11	0.02	15	0.10	17
宁波	1.41	0.80	1	0.61	3
大连	0.12	-0.02	17	0.14	16

续表

指标\城市	创新基础	设施基础 变动	设施基础 排名	资源基础 变动	资源基础 排名
哈尔滨	0.18	0.34	7	-0.15	19
济南	0.72	0.54	3	0.18	15
长沙	0.32	0.08	13	0.24	11
无锡	0.31	-0.19	20	0.50	6
东莞	0.16	0.08	12	0.08	18
均值	0.51	0.21		0.30	

从创新基础的二级指标得分年均增速上看，2015—2019年，中国20个城市的文化产业创新发展基础指数整体年均增速为2.58%，其中设施基础得分值年均增速为2.51%，资源基础得分值年均增速为2.65%，高于设施基础。从各城市具体表现上看，宁波的设施基础年均增速最高，为16.98%，深圳和济南的设施基础年均增速也均在10%以上，年均增速分别为13.47%和12.55%，无锡、广州、上海和大连4个城市的年均增速为负值，分别为-3.15%、-1.34%、-0.57%和-0.53%。济南的资源基础年均增速为11.34%，在样本城市中最高，无锡和宁波分别位列第2和第3位，分别为10.46%和7.88%，哈尔滨和北京的资源设施得分年均增速为负值，分别为-6.93%和-1.46%，其他城市资源基础的年均增速均为正，且增速大小各有不同，具有明显的差异性。

表7.5　2015—2019年创新基础指数及二级指标得分年均增速　（单位：%）

指标\城市	创新基础 年均增速	设施基础 年均增速	设施基础 排名	资源基础 年均增速	资源基础 排名
广州	2.38	-1.34	19	4.06	10
北京	-0.24	6.19	5	-1.46	19

续表

指标 城市	创新基础 年均增速	设施基础 年均增速	排名	资源基础 年均增速	排名
上海	0.39	-0.57	18	0.86	18
深圳	8.24	13.47	2	7.28	4
杭州	2.25	2.74	9	2.02	16
成都	4.94	3.59	7	6.36	5
西安	1.15	0.34	15	5.84	7
武汉	1.12	0.01	16	2.22	15
南京	2.35	1.63	12	3.02	13
苏州	2.89	1.17	13	3.42	12
重庆	3.53	2.40	10	4.48	9
天津	3.91	7.56	4	1.93	17
厦门	1.77	0.68	14	2.38	14
宁波	11.00	16.98	1	7.88	3
大连	1.42	-0.53	17	3.50	11
哈尔滨	2.04	4.29	6	-6.93	20
济南	12.14	12.55	3	11.34	1
长沙	4.14	2.12	11	6.17	6
无锡	2.91	-3.15	20	10.46	2
东莞	3.59	3.11	8	4.58	8
均值	2.58	2.51		2.65	

二 设施基础得分变动分析

设施基础指城市文化产业创新发展基础性平台要素，涉及文化馆、博物馆和公共图书馆三个指标。下面我们将通过典型指标进行具体分析。

表7.5分析结果显示，2015—2019年中国20个城市文化产业创新发展的设施基础指数得分值年均增长率为2.51%，增速相对缓慢。在本章中，通过对比分析样本城市的文化馆、博物馆和公共图书馆变化情况，具体分析设施基础变动的具体原因。

(一) 文化馆变动情况分析

与2015年相比,2019年大部分样本城市的文化馆指标得分没有发生变化,主要由于文化馆作为基础设施,就城市发展而言属于慢变量,在较短时间内城市文化馆数量很难发生变化,从而导致大部分城市在该指标得分上变动相对较慢。但值得注意的是,也有部分城市的文化馆指标得分发生了变动,但从表7.6可以看出,变动幅度均不大,广州、深圳、杭州等10个城市得分没有发生变化,说明这10个城市在2015—2019年间的文化馆数量保持不变,北京、上海、天津等7个城市的文化馆指标得分有所降低,说明这几个城市文化馆数量有一定程度的减少,成都、西安、济南3个城市的得分有所提升,说明这3个城市的文化馆有所增加。值得注意的是,西安的文化馆指标得分远高于其他城市,文化馆指标对设施基础得分的贡献度较大。

表7.6　　　2015年和2019年样本城市创新发展文化馆得分表

年份 城市	2015年 得分	2015年 排名	2019年 得分	2019年 排名	五年变动值
广州	0.3823	12	0.3823	12	0
北京	0.6603	6	0.6255	6	-0.0348
上海	0.8341	3	0.7993	3	-0.0348
深圳	0.2433	18	0.2433	17	0
杭州	0.4865	8	0.4865	8	0
成都	0.6951	4	0.7298	4	0.0347
西安	6.8810	1	6.9853	1	0.1043
武汉	0.4865	8	0.4865	8	0
南京	0.4518	10	0.4518	10	0
苏州	0.3475	14	0.3475	14	0
重庆	1.3901	2	1.3901	2	0

续表

年份 城市	2015年 得分	2015年 排名	2019年 得分	2019年 排名	五年变动值
天津	0.5908	7	0.5213	7	-0.0695
厦门	0.2433	18	0.2433	17	0
宁波	0.3823	12	0.3475	14	-0.0348
大连	0.4518	10	0.3823	12	-0.0695
哈尔滨	0.6951	4	0.6603	5	-0.0348
济南	0.3475	14	0.4170	11	0.0695
长沙	0.3128	16	0.3128	16	0
无锡	0.3128	16	0.2433	17	-0.0695
东莞	0	20	0	20	0

（二）博物馆指标变动分析

2015—2019年中国20个城市中大部分城市的文化产业创新发展基础维度中博物馆指标得分均有所提升。2015年中国20个城市博物馆指标平均得分为0.65，到2019年平均得分已经上升到0.88，增长了35.4%，提升幅度较大。样本城市中博物馆指标得分提升最大的城市是宁波，宁波从2015年的0.2363上升到2019年的1.071，增长了3.5倍，此外，天津、济南、深圳和北京4个城市的得分均有较大幅度提升，增长幅度都在1倍以上。但值得注意的是，广州、上海和无锡3个城市的博物馆指标得分有所降低，说明这3个城市的博物馆数量有所降低。

（三）公共图书馆指标变动分析

2015—2019年中国20个城市中大部分城市的文化产业创新发展基础维度中公共图书馆指标得分没有太大变动，有11个城市的得分没有发生变化。2015年中国20个城市公共图书馆指标平均得分为0.5729，到2019年平均得分为0.5618，略有下降，但下降幅度并不大。样本城市中公共图书馆指标得分提升最大的城市是济南，从2015年的0.3696上升到2019年的0.4805，

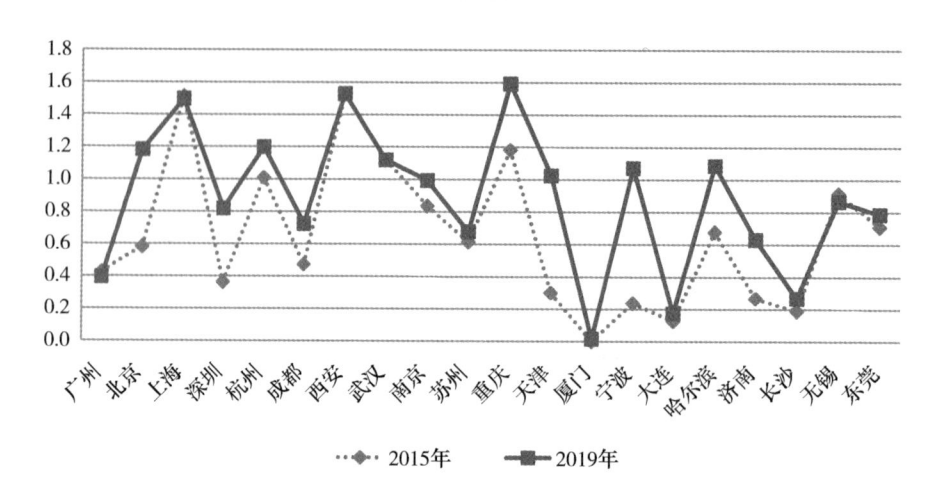

图7.1　2015年和2019年样本城市创新发展博物馆指标得分对比图

增长了30%，杭州也增长了7.14%，幅度相对较大。但值得注意的是，广州、北京、上海等7个城市的公共图书馆指标得分有所降低，说明这7个城市的公共图书馆数量有所减少。

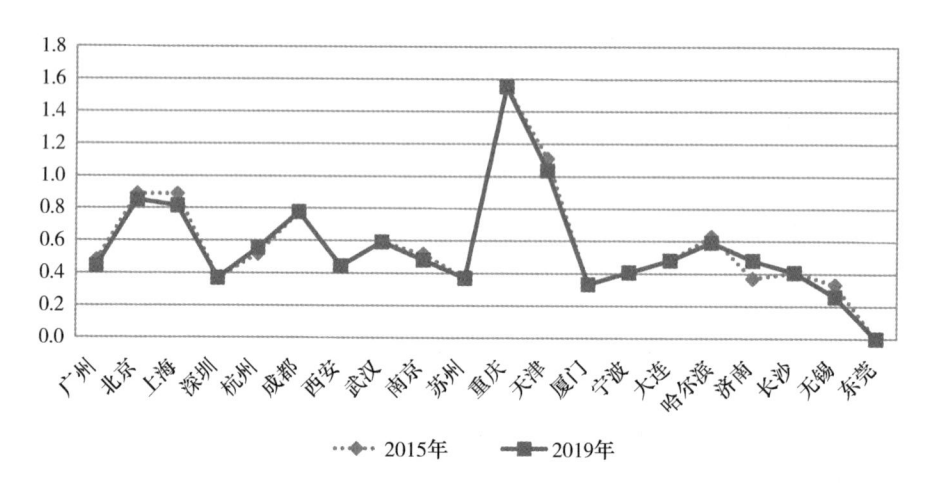

图7.2　2015年和2019年样本城市创新发展公共图书馆指标得分对比图

（四）设施基础得分变动原因分析

通过上述分析可以看出，构成设施基础的三个基础指标均为慢变量指标，在2015—2019年得分变化相对不大，通过对比这三个基础指标变化程度来看，博物馆指标得分的变动幅度整体上要大于其他两个指标，是造成设施基础得分变动的主要原因。

三 资源基础得分变动分析

资源基础涉及国家及以上级别非物质文化遗产、公共图书馆藏书量、5A景区数量3个基础指标。下面我们将通过典型指标进行具体分析。

表7.5分析结果显示，2015—2019年中国20个城市文化产业创新发展的资源基础指数得分值年均增长率为2.65%，增速也相对缓慢。在本章中，通过对比分析样本城市的国家及以上级别非物质文化遗产、公共图书馆藏书量、5A景区数量3个指标得分的变化情况，具体分析资源基础变动的具体原因。

（一）国家及以上级别非物质文化遗产指标变动分析

2015—2019年中国20个城市中所有城市的文化产业创新发展基础维度中国家及以上级别非物质文化遗产指标得分没有发生变动，如图7.3所示。

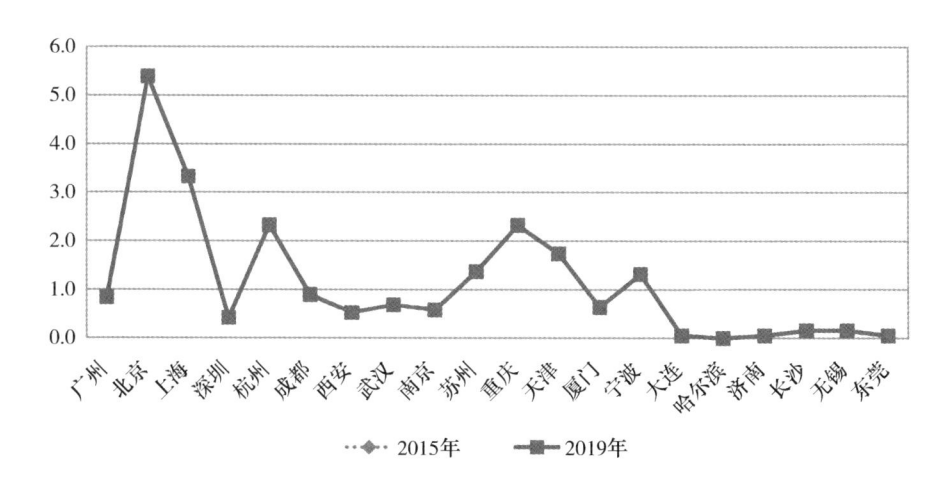

图7.3 2015年和2019年国家及以上级别非物质文化遗产指标得分对比图

(二) 公共图书馆藏书量指标变动分析

2015—2019 年中国 20 个城市中大部分城市的文化产业创新发展基础维度中公共图书馆藏书量指标得分均有一定程度的提升。2015 年中国 20 个城市公共图书馆藏书量指标平均得分值为 0.8873，到 2019 年平均得分值为 1.1072，增长了 24.78%，增长幅度相对较大。样本城市中公共图书馆藏书量指标得分值提升幅度最大的城市是无锡，从 2015 年的 0.0719 上升到 2019 年的 0.2986，增长了 3.2 倍，厦门、宁波和长沙的涨幅也比较大，增速均在 1 倍以上。但值得注意的是，北京和哈尔滨的公共图书馆藏书量指标得分值有所降低，如图 7.4 所示。

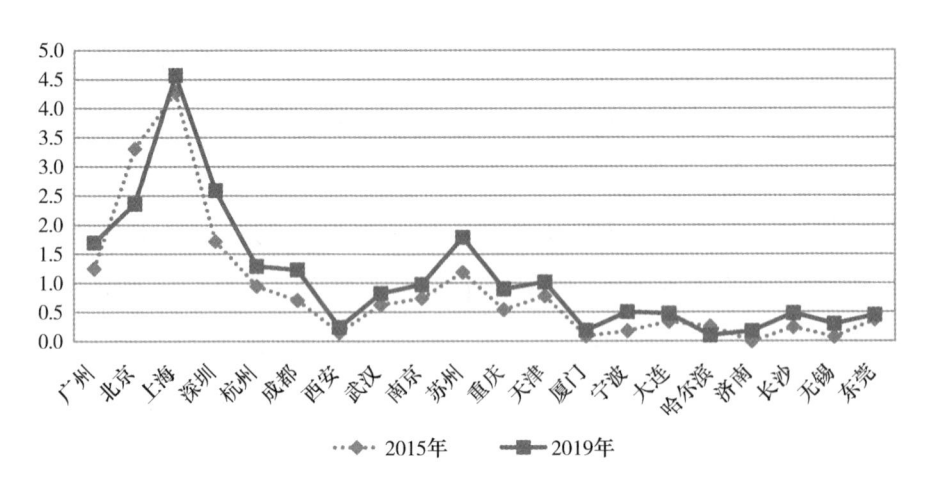

图 7.4　2015 年和 2019 年样本城市公共图书馆藏书量指标得分对比图

(三) 5A 景区指标变动分析

2015—2019 年中国 20 个城市中部分城市的文化产业创新发展基础维度中 5A 景区指标得分均有一定程度的提升，大部分样本城市提升幅度不明显。2015 年中国 20 个城市 5A 景区指标平均得分值为 0.7283，到 2019 年平均得分值为 0.8073，增长了 10.85%。样本城市中 5A 景区指标得分值提升幅度最大的城市

第七章 城市文化产业创新发展特征变动原因分析（2015—2019年） 227

是宁波，从2015年的0.2784上升到2019年的0.5568，增长了1倍，无锡、西安、重庆和北京4个城市也有一定的增长，如图7.5所示。

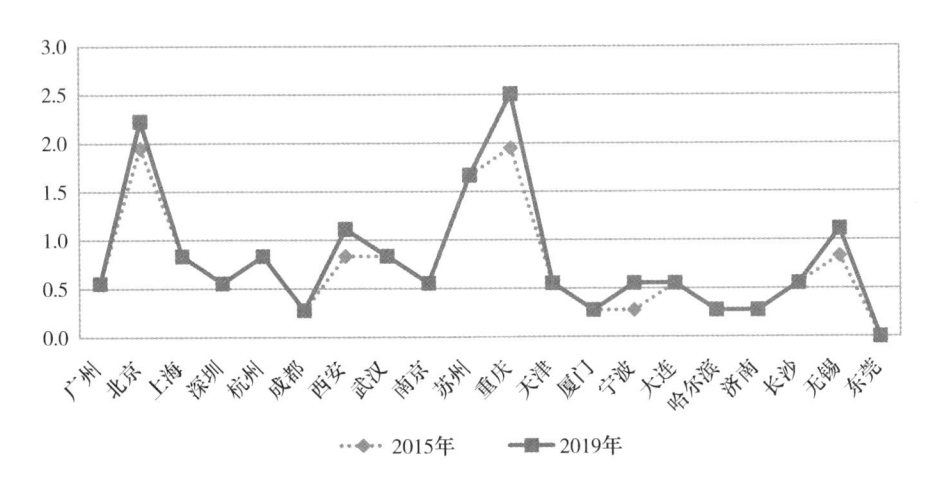

图7.5 2015年和2019年样本城市景区指标得分对比图

（四）资源基础得分变动原因分析

通过上述分析可以看出，构成资源基础的三个基础指标也都是慢变量指标，在2015—2019年得分变化相对不大，通过对比这三个基础指标变化程度来看，公共图书馆藏书量指标得分值的变动幅度整体上要大于其他两个指标，是推动资源基础得分变动的主要原因。

第三节 创新能力指数特征变动原因分析

一 创新能力指数得分值变动原因分析

表7.7为2015—2019年各城市文化产业创新能力指数和两个二级指标的得分及排名变化情况。根据表7.7所示分析结果，我们可以发现，从整体上看，业态融合的变动是造成城市文化

产业创新能力指数提升的主要原因。2015—2019年中国20个城市文化产业创新能力指数值增长了4.29，业态融合和市场活力均值分的变动值分别为3.14和1.15，对创新能力指数得分值的贡献率分别是73.19%和26.81%，由此可见，业态融合的提升对创新能力的贡献度更强。从二级指标具体表现来看，除东莞外，其余19个城市的业态融合指标得分有所提升，北京的业态融合指标得分提升了10.35，提升幅度最大。东莞的得分有所下滑，下降了0.06，其他城市均有不同程度提升。样本城市中有16个城市业态融合得分变动值超过创新能力得分变动值50%，说明这16个城市文化产业创新发展能力提升的主要动力在于业态融合的增强，广州、深圳、哈尔滨和东莞4个城市的市场活力得分提升幅度则大于50%，说明这4个城市创新能力的提升动力为市场活力的增强。

表7.7 2015—2019年创新能力指数及二级指标得分变动情况

指标 城市	创新能力	业态融合 变动	排名	市场活力 变动	排名
广州	6.30	2.24	10	4.05	2
北京	12.97	10.35	1	2.62	3
上海	8.98	7.36	3	1.63	4
深圳	10.45	2.78	7	7.67	1
杭州	3.02	2.74	8	0.27	15
成都	6.88	5.73	4	1.15	5
西安	2.55	2.19	11	0.35	12
武汉	2.51	2.61	9	-0.11	20
南京	4.55	3.53	6	1.02	6
苏州	2.38	2.10	13	0.28	14
重庆	7.67	7.44	2	0.23	18
天津	5.32	5.06	5	0.26	16
厦门	1.49	1.23	17	0.26	17

续表

指标 城市	创新能力	业态融合 变动	业态融合 排名	市场活力 变动	市场活力 排名
宁波	1.96	1.76	14	0.19	19
大连	0.87	0.39	18	0.48	9
哈尔滨	0.54	0.02	19	0.52	8
济南	1.94	1.50	16	0.45	10
长沙	2.99	2.11	12	0.87	7
无锡	2.06	1.75	15	0.30	13
东莞	0.33	-0.06	20	0.39	11
均值	4.29	3.14		1.15	

从创新能力构成的二级指标得分年均增速上看，2015—2019年，中国20个城市的文化产业创新发展能力指数整体年均增速为25.7%，增速较高，其中业态融合得分值年均增速为42.60%，市场活力得分值年均增速为12.84%，说明从整体上看，业态融合能力的提升是创新能力指标得分值提升的主要动力。从各城市具体表现上看，长沙的业态融合得分值年均增速最高，为145.62%，东莞的年均增速为负值，为-2.56%。广州的市场活力得分年均增速为39.94%，在样本城市中最高，济南和大连分别位列第2和第3位，分别为38.05%和36.93%，武汉的平均增速为-1.76%，在样本城市中排名最低，其余城市的市场活力指数得分值增速均为正，且增速大小各有不同，具有明显的差异性。

表7.8　　　2015—2019年创新能力指数及二级指标得分年均增速　　（单位：%）

指标 城市	创新能力 年均增速	业态融合 年均增速	排名	市场活力 年均增速	排名
广州	35.2	31.35	17	39.94	1

续表

指标\城市	创新能力 年均增速	业态融合 年均增速	排名	市场活力 年均增速	排名
北京	23.3	77.37	5	7.12	19
上海	35.8	69.19	6	12.21	14
深圳	15.9	44.18	12	13.32	13
杭州	19.4	42.63	13	7.90	18
成都	47.0	57.48	11	33.79	4
西安	28.2	33.60	16	14.18	10
武汉	21.0	35.24	15	-1.76	20
南京	37.4	65.57	8	15.05	9
苏州	40.8	66.29	7	12.14	17
重庆	71.0	85.41	3	13.48	12
天津	52.9	59.62	10	32.25	6
厦门	51.5	82.26	4	19.04	7
宁波	30.3	36.90	14	12.20	15
大连	19.0	26.56	18	36.93	3
哈尔滨	19.1	18.02	19	32.97	5
济南	142.2	91.79	2	38.05	2
长沙	28.5	145.62	1	12.15	16
无锡	40.2	60.21	9	16.48	8
东莞	7.5	-2.56	20	14.02	11
均值	25.7	42.60		12.84	

二 业态融合得分变动分析

业态融合涉及文化创新媒体声量强度、全域旅游示范区数量、国家文化和科技融合示范基地数量3个基础指标。下面我们将通过典型指标进行具体分析。

表7.8分析结果显示,2015—2019年中国20城文化产业创新发展的业态融合指数得分值年均增长率为42.6%,增速较高。在本章中,通过对比分析样本城市的文化创新媒体声量强度、全域旅游示范区数量、国家文化和科技融合示范基地数量3个

基础指标得分的变化情况,具体分析业态融合变动的具体原因。

（一）文化创新媒体声量强度指标变动分析

2015—2019年中国20个城市中所有城市的文化产业创新发展能力维度中文化创新媒体声量强度指标得分产生了一定程度的差异性变动。2015年中国20个城市文化创新媒体声量强度指标平均得分值为0.8704,到2019年平均得分值为0.8242,有所下降。有9个城市的文化创新媒体声量强度指标得分值所有提升,提升幅度最大的城市是深圳,从2015年的0.9632上升到2019年的1.0923,增长了13.4%,厦门的下降幅度最大,从2015年的0.5064下降至2019年的0。如图7.6所示。

图7.6 2015年和2019年文化创新媒体声量强度指标得分对比图

（二）全域旅游示范区数量指标变动分析

2015—2019年中国20个城市中大部分城市的文化产业创新发展基础维度中全域旅游示范区数量指标得分均有一定程度的提升。由于全域旅游示范区最早由国家旅游局于2016年2月首次公布名单,因此,2015年全域旅游示范区指标得分值均为0,

但随着国家旅游局认定示范区的不断提升,到 2019 年,样本城市中大部分城市均申请到全域旅游示范区称号。从测算结果看,2019 年样本城市该指标得分均值为 2.78,样本城市中仅有大连、哈尔滨和东莞三个城市没有该示范区,得分仍为零。

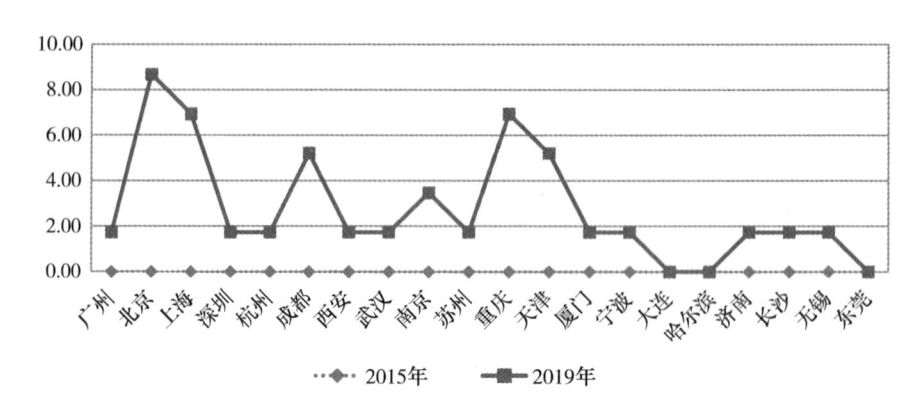

图 7.7　2015 年和 2019 年样本城市全域旅游示范区数量指标得分对比图

（三）国家文化和科技融合示范基地数量

2015—2019 年中国 20 个城市中部分城市的文化产业创新发展基础维度中国家文化和科技融合示范基地数量指标得分有一定程度的提升,大部分样本城市提升幅度不明显。2015 年中国 20 个城市国家文化和科技融合示范基地数量指标平均得分值为 0.3896,到 2019 年平均得分值为 0.802,增长了 105.85%,提升幅度较大。样本城市中国家文化和科技融合示范基地指标得分值提升幅度最大的城市是北京,从 2015 年的 0.4583 上升到 2019 年的 2.2915,增长了 4 倍,广州、上海、深圳等 12 个城市有较大幅度的提升,南京、天津、厦门等 8 个城市的得分没有发生变化,说明这几个城市在这几年中拥有的国家文化和科技融合示范基地数量没有发生变化。

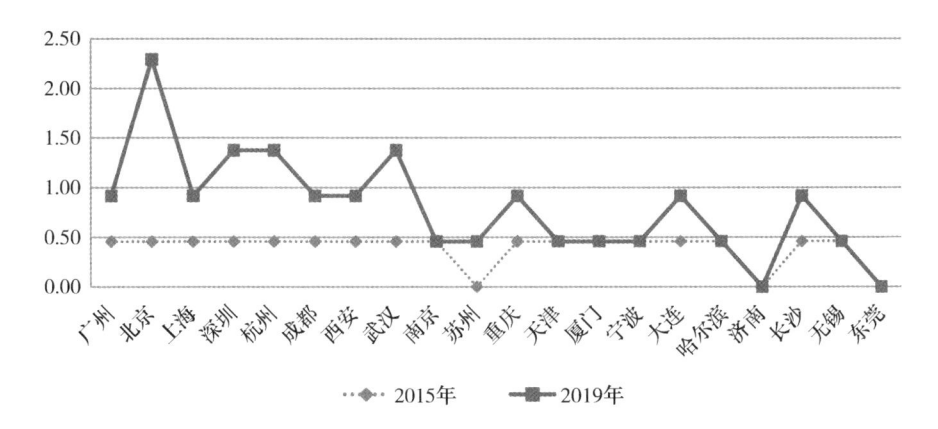

图7.8　2015年和2019年样本城市国家文化和科技融合
示范基地数量指标得分对比图

（四）业态融合得分变动原因分析

通过上述分析可以看出，构成业态融合的三个基础指标也都是慢变量指标，在2015—2019年得分变化相对不大，通过对比这三个基础指标变化程度来看，全域旅游示范区数量和国家文化和科技融合示范基地数量2个基础指标得分值的变动幅度相对较大，是拉动业态融合指标得分提升的主要原因。

三　市场活力得分变动分析

市场活力涉及全市居民人均教育文化娱乐消费支出、中国文化企业品牌价值TOP50企业总价值、文化传媒上市企业上市个数3个基础指标。下面我们将通过典型指标进行具体分析。

表7.8分析结果显示，2015—2019年中国20城文化产业创新发展的市场活力指数得分值年均增长率为12.84%，增速相对较高。在本章中，通过对比分析样本城市的全市居民人均教育文化娱乐消费支出、中国文化企业品牌价值TOP50企业总价值、文化传媒上市企业上市个数3个基础指标得分的变化情况，具体分析市场活力变动的具体原因。

(一) 全市居民人均教育文化娱乐消费支出指标变动分析

2015—2019 年中国 20 个城市中所有城市的文化产业创新发展能力维度中全市居民人均教育文化娱乐消费支出指标得分具有普遍的提升。2015 年中国 20 个城市全市居民人均教育文化娱乐消费支出指标平均得分值为 0.3287，到 2019 年平均得分值为 0.5756，增长了 75.11%，如图 7.9 所示。

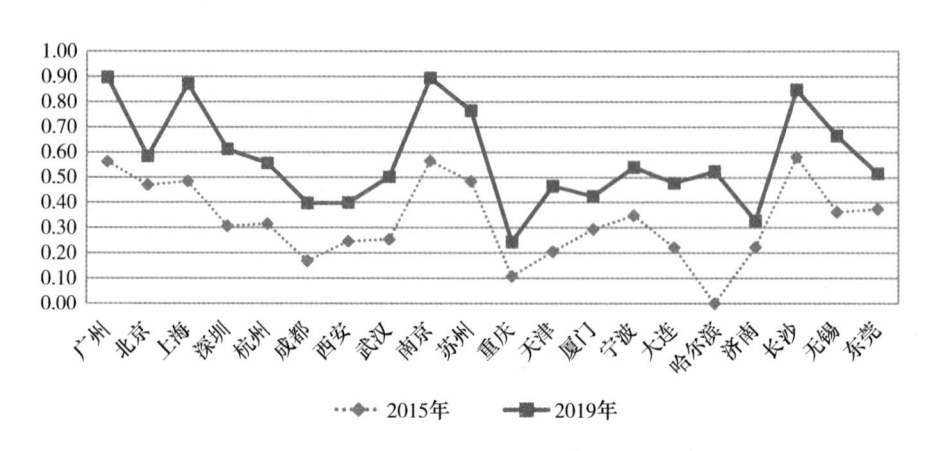

图 7.9 2015 年和 2019 年全市居民人均教育文化娱乐消费支出指标得分对比图

(二) 中国文化企业品牌价值 TOP50 企业总价值指标变动分析

2015—2019 年中国 20 个城市中大部分城市的文化产业创新发展基础维度中中国文化企业品牌价值 TOP50 企业总价值指标得分均存在较大差异性。从测算结果看，深圳的得分远高于其他城市，除深圳外其他城市的变动幅度均相对较小。

(三) 文化传媒上市企业上市个数指标得分分析

2015—2019 年中国 20 个城市中部分城市的文化产业创新发展基础维度中文化传媒上市企业上市个数指标得分有一定程度的提升，大部分样本城市提升幅度不明显。2015 年中国 20 个城市文化传媒上市企业上市个数指标平均得分值为 0.6897，到

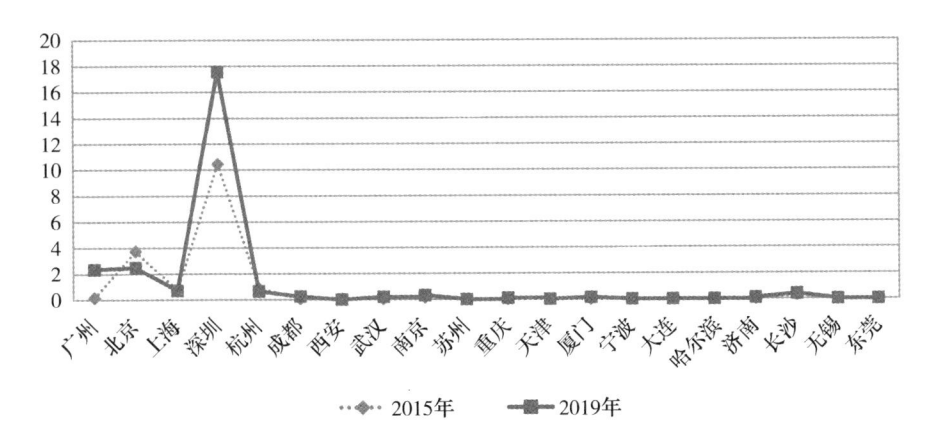

图 7.10　2015 年和 2019 年样本城市全域旅游示范区数量指标得分对比图

2019 年平均得分值为 1.1537，增长了 67.28%，提升幅度较大。样本城市中提升幅度最大的城市是北京，从 2015 年的 4.2637 上升到 2019 年的 8.0259，增长了 88.24%，广州、上海、深圳等 12 个城市呈现不同幅度的提升，苏州、天津、厦门、宁波、哈尔滨 5 个城市的得分均为 0，且没有发生变化，说明这几个城市尚未有文化传媒上市企业。

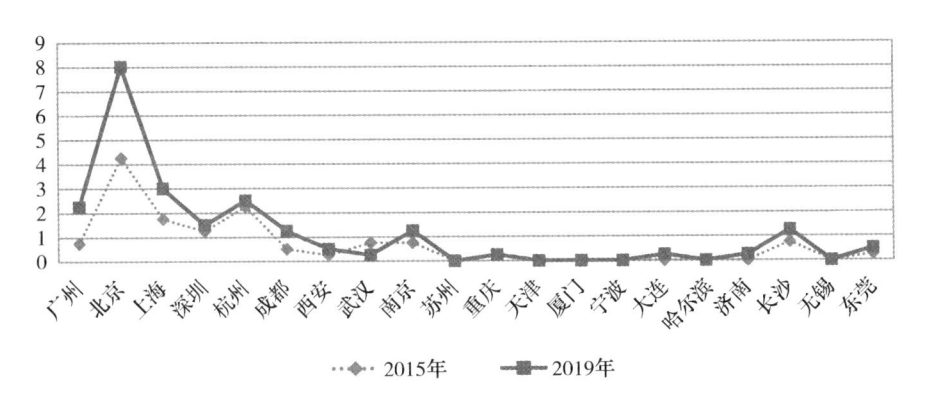

图 7.11　2015 年和 2019 年文化传媒上市企业上市个数指标得分对比图

（四）市场活力得分变动原因分析

通过上述分析可以看出，构成市场活力的三个基础指标变化相对较大。从整体上看，在2015—2019年得分增速较为明显，通过对比这三个基础指标变化程度可知，均是由于拉动市场活力指标得分提升。就各城市具体表现看，各城市市场活力变动的原因因城而异。

第四节 创新投入指数特征变动原因分析

一 创新投入指数得分值变动原因分析

表7.9为2015—2019年各城市文化产业创新投入指数和两个二级指标的得分及排名变化情况。根据表7.9所示分析结果，我们可以发现，从整体上看，人力投入的变动是造成城市文化产业创新投入指数提升的主要原因。2015—2019年中国20个城市文化产业创新投入指数值增长了0.4，人力投入和资本投入均值分的变动值分别为0.49和-0.09，对创新投入指数得分值的贡献率分别是123.24%和-23.24%，由此可见，人力资本的提升对创新投入的贡献度更强。从二级指标具体表现看，有14个城市的人力投入指标得分有所提升，南京的人力投入指标得分提升了2.15，增幅最大。深圳、大连、济南等6个城市得分略有下滑，但下滑幅度均不大。有10个城市的资本投入得分有所上升，其中，南京的资本投入增幅最大，得分值增加了2.55，广州、上海、杭州等10个城市的资本投入得分有所下滑，下滑幅度最大的是西安，得分值下滑了6.66。

表7.9　2015—2019年创新投入指数及二级指标得分变动情况

城市 \ 指标	创新投入	人力投入 变动	排名	资本投入 变动	排名
广州	0.46	0.56	10	-0.11	11
北京	2.64	1.84	2	0.80	6

续表

指标 城市	创新投入	人力投入 变动	人力投入 排名	资本投入 变动	资本投入 排名
上海	0.85	1.14	4	-0.29	13
深圳	0.06	-0.39	18	0.45	8
杭州	-0.22	1.14	5	-1.36	18
成都	1.37	0.07	14	1.30	4
西安	-6.02	0.64	9	-6.66	20
武汉	2.91	1.81	3	1.10	5
南京	4.70	2.15	1	2.55	1
苏州	0.18	0.81	7	-0.63	16
重庆	0.73	1.09	6	-0.36	15
天津	-1.18	0.20	11	-1.38	19
厦门	0.79	0.15	12	0.64	7
宁波	1.07	0.67	8	0.40	9
大连	0.14	-0.17	17	0.31	10
哈尔滨	-0.80	0.11	13	-0.91	17
济南	1.31	-0.12	15	1.43	3
长沙	0.21	-1.22	20	1.43	2
无锡	-0.77	-0.57	19	-0.20	12
东莞	-0.49	-0.14	16	-0.35	14
均值	0.40	0.49		-0.09	

从创新能力构成的二级指标得分年均增速上看，2015—2019年，中国20个城市的文化产业创新投入指数整体年均增速为2.2%，相对偏低，其中业态融合指标得分值年均增速为4.07%，市场活力指标的得分值年均增速为0.40%，说明从整体上看，业态融合的增加是创新投入指标得分提升的主要动力。从各城市具体表现上看，哈尔滨的业态融合指标得分值年均增速最高，为35.91%，济南的年均增速最低，为-18.53%。济南的市场活力指标得分年均增速为57.74%，在样本城市中最

高，武汉和南京分别列第 2 和第 3 位，分别为 50.02% 和 41.63%，天津的平均增速为 -16.33%，在样本城市中排名最低，其他城市得分具有明显的差异性。

表 7.10　　2015—2019 年创新能力指数及二级指标得分年均增速　　（单位：%）

指标 城市	创新能力 年均增速	业态融合 年均增速	排名	市场活力 年均增速	排名
广州	2.6	3.86	10	-0.94	13
北京	5.2	4.79	9	7.48	11
上海	2.1	3.38	12	-3.81	15
深圳	0.5	-1.90	16	19.66	6
杭州	1.3	12.65	5	-8.65	17
成都	9.8	1.10	14	18.32	7
西安	-10.2	14.94	4	-14.39	19
武汉	22.8	22.07	2	50.02	2
南京	22.6	16.42	3	41.63	3
苏州	1.1	3.86	11	-3.69	14
重庆	4.6	10.12	7	1.56	12
天津	-6.6	6.12	8	-16.33	20
厦门	8.1	2.69	13	16.68	9
宁波	9.9	11.99	6	9.18	10
大连	4.0	-3.37	17	17.41	8
哈尔滨	0.6	35.91	1	41.26	4
济南	24.5	-18.53	20	57.74	1
长沙	2.4	-10.34	19	24.52	5
无锡	-8.0	-8.04	18	-7.33	16
东莞	-2.8	-0.91	15	-9.33	18
均值	2.2	4.07		0.40	

二　人力投入指标得分变动分析

人力投入涉及规上企业文化产业从业人员比例、国家级非物质文化遗产代表性项目代表性传承人总量、规上企业文化产业从业人员总量3个基础指标。下面我们将通过典型指标进行具体分析。

表7.10分析结果显示，2015—2019年中国20城文化产业创新发展的人力投入指标得分值年均增长率为4.07%，增速较高。在本章中，通过对比分析样本城市的规上企业文化产业从业人员比例、国家级非物质文化遗产代表性项目代表性传承人总量、规上企业文化产业从业人员总量3个基础指标得分的变化情况，具体分析业态融合变动的具体原因。

（一）规上企业文化产业从业人员比例指标变动分析

2015—2019年中国20个城市的文化产业创新发展投入维度中，规上企业文化产业从业人员比例指标得分变动因城而异，整体呈增加态势。2015年中国20个城市规上企业文化产业从业人员比例指标平均得分值为0.8605，到2019年平均得分值为0.8778，增幅为2.01%，增幅相对不明显。有9个城市的规上企业文化产业从业人员比例指标得分值所有提升，得分值提升幅度最大的城市是南京，从2015年的1.2785上升到2019年的2.4137，增长了88.8%，说明这些城市的从业人员在提升。有11个城市的得分值有所降低，降幅最大的城市是深圳，从2015年的2.0832下降至2019年的1.4925，下降了28.36%，说明这些城市规上企业文化产业领域的从业人员比重在降低。

（二）国家级非物质文化遗产代表性项目代表性传承人总量指标变动分析

2015—2019年中国20个城市中大部分城市的文化产业创新投入维度中国家级非物质文化遗产代表性项目代表性传承人总量指标得分有较大幅度的提升。2015年中国20个城市国家级非物质文化遗产代表性项目代表性传承人总量指标平均得分值为1.0417，到2019年平均得分值为1.3855，增幅为33.0%，增幅大于其他两个指标，较为明显。除济南、长沙和无锡3个城市

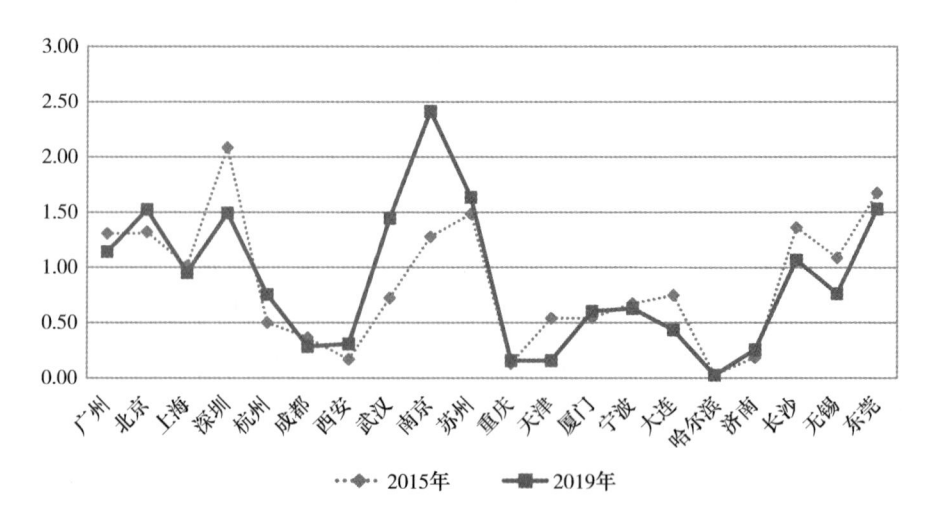

图 7.12 2015 年和 2019 年规上企业文化产业从业人员比例指标得分对比图

外，其他城市的国家级非物质文化遗产代表性项目代表性传承人总量指标得分值均有不同程度的提升。得分值提升幅度最大的城市是北京，从 2015 年的 5.1707 上升到 2019 年的 6.2249，增长了 20.39%，如图 7.13 所示。

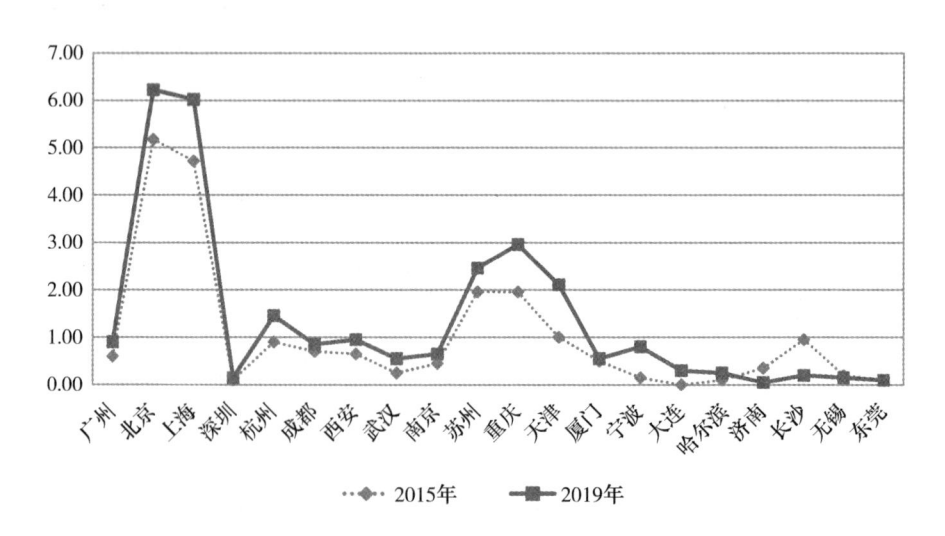

图 7.13 2015 年和 2019 年国家级非物质文化遗产代表性项目代表性传承人总量指标得分对比图

（三）规上企业文化产业从业人员总量指标得分变动分析

2015—2019年中国20个城市文化产业创新投入维度中规上企业文化产业从业人员总量指标得分整体上有所提升。2015年中国20个城市规上企业文化产业从业人员总量指标平均得分值为1.0069，到2019年平均得分值为1.1350，增长了12.72%。样本城市中提升幅度最大的城市是南京，从2015年的0.8779上升到2019年的1.6943，增长了近1倍，上海、成都、天津等7个城市有一定程度的下降，其中天津降幅最为明显，从2015年的0.8589降至2019年的0.34，下降了60.41%。

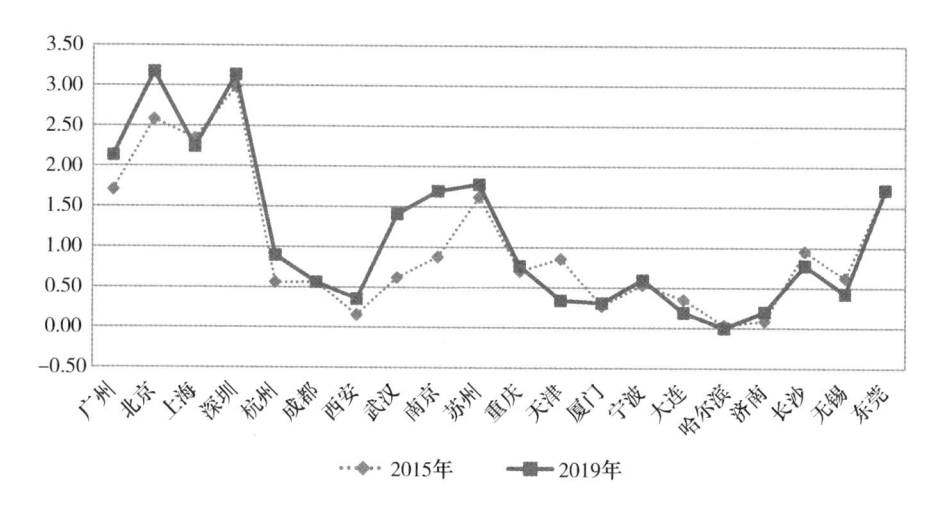

图7.14　2015年和2019年规上企业文化产业从业人员总量指标得分对比图

（四）人力投入得分变动原因分析

通过上述分析可以看出，构成人力投入的3个基础指标都是快变量指标，城市之间的差异性较为明显，在2015—2019年得分变化较大，通过对比这3个基础指标变化程度来看，国家级非物质文化遗产代表性项目代表性传承人总量指标得分值的变动幅度相对较大，是拉动人力投入指标得分提升的主要原因。

三 资本投入得分变动分析

资本投入涉及全文化体育与传媒财政支出占 GDP 比重、纳入国家文化和旅游部文化产业重点项目规划投资金额、文化体育和娱乐业固定资产投资 3 个基础指标。下面我们将通过典型指标进行具体分析。

表 7.10 分析结果显示，2015—2019 年中国 20 个城市文化产业创新发展的资本投入得分值年均增长率为 0.40%，增速相对偏低。在本章中，通过对比分析样本城市的文化体育与传媒财政支出占 GDP 比重、纳入国家文化和旅游部文化产业重点项目规划投资金额、文化体育和娱乐业固定资产投资 3 个基础指标得分的变化情况，具体分析资本投入变动的具体原因。

（一）文化体育与传媒财政支出占 GDP 比重指标变动分析

2015—2019 年中国 20 个城市的文化产业创新投入维度中文化体育与传媒财政支出占 GDP 比重指标得分整体上有略微的下滑，在一定程度上拉低了资本投入指标的得分值。2015 年中国 20 个城市文化体育与传媒财政支出占 GDP 比重指标平均得分值为 0.5280，到 2019 年平均得分值降为 0.4955，得分值下滑了 6.16%，如图 7.15 所示。

（二）纳入国家文化和旅游部文化产业重点项目规划投资金额指标变动分析

2015—2019 年中国 20 个城市文化产业创新投入维度中，纳入国家文化和旅游部文化产业重点项目规划投资金额指标得分整体上降幅较大。从测算结果看，有 15 个城市的得分值出现不同幅度的下降，其中西安的得分降幅远高于其他城市，仅深圳、南京、宁波等 5 个城市的得分有所提升，说明国家层面的整体投入力度在减弱。

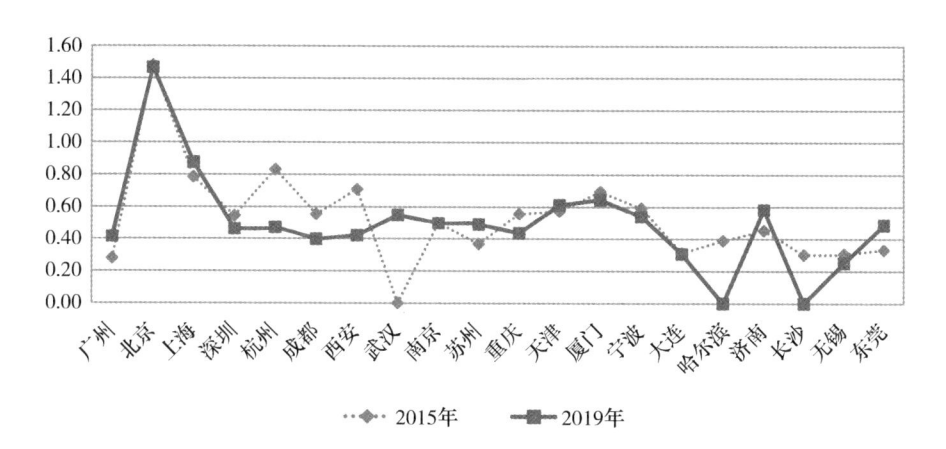

图7.15 2015年和2019年文化体育与传媒财政支出占GDP比重指标得分对比图

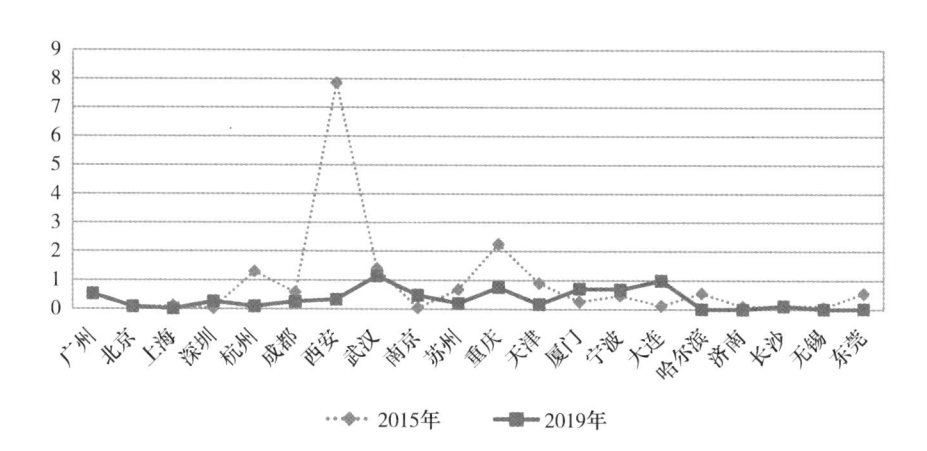

图7.16 2015年和2019年纳入国家文化和旅游部文化产业重点项目规划投资金额指标得分对比图

（三）文化体育和娱乐业固定资产投资指标得分分析

2015—2019年中国20个城市中部分城市的文化产业创新发展投入维度中，文化体育和娱乐业固定资产投资指标得分有较大幅度的提升，大部分样本城市提升幅度不明显。2015年中国20个城市文化体育和娱乐业固定资产投资指标平均得分值为

0.6663，到2019年平均得分值为1.1645，增长了74.77%，提升幅度较大。样本城市中提升幅度最大的城市是南京，从2015年的1.0539上升到2019年的3.1692，增长了2倍多，北京、成都、西安等城市均有较大幅度的提升，但广州、上海、苏州等6个城市则有不同程度的下降，说明这几个城市在文化体育和娱乐业固定资产投资规模方面有所下降。

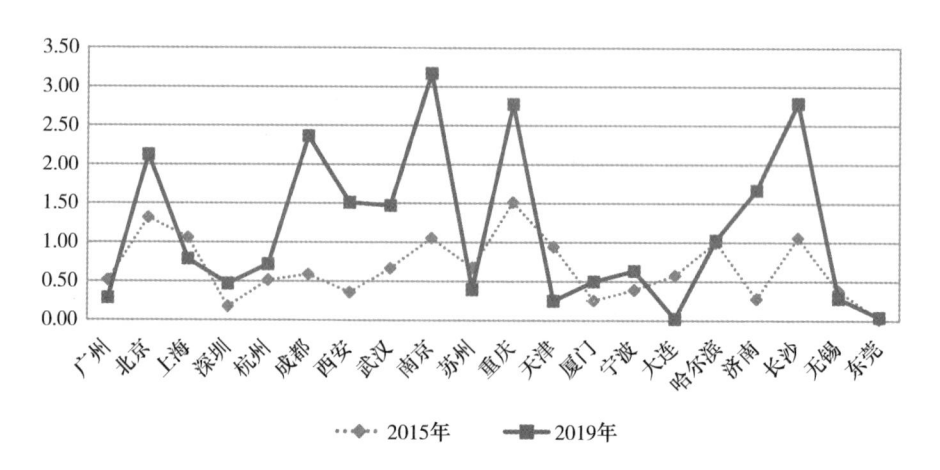

图7.17　2015年和2019年文化、体育和娱乐业固定资产投资指标得分对比图

（四）资本投入得分变动原因分析

通过上述分析可以看出，构成资本投入的三个基础指标变化相对较大。从整体上看，在2015—2019年得分增速相对不高，通过对比这三个基础指标变化程度可以看出，影响资本投入指标得分值提升的因素在于文化体育与传媒财政支出占GDP比重和纳入国家文化和旅游部文化产业重点项目规划投资金额两个指标得分的下滑，而文化体育和娱乐业固定资产投资是拉动资本投入指标得分提升的主要原因。

第五节　创新绩效指数特征变动原因分析

一　创新绩效指数得分值变动原因分析

表7.11为2015—2019年各城市文化产业创新投入指数和两个二级指标的得分及排名变化情况。根据表7.9所示分析结果，我们可以发现，从整体上看，产出规模的提升是造成城市文化产业创新绩效指数提升的主要原因。2015—2019年中国20个城市文化产业创新绩效指数值增长了1.50，产出规模和产出质量均值分的变动值分别为1.35和0.15，对创新投入指数得分值的贡献率分别是90%和9.10%，由此可见，产出规模的提升对创新绩效的贡献度更高。从二级指标具体表现看，所有样本城市的产出规模指标得分均有所提升，上海的产出规模指标得分提升了2.88，增幅最大，其他城市均呈现出不同程度的提升。有15个城市的产出质量指标得分有所上升，其中，上海的产出质量增幅最大，得分值增加了0.63，苏州、天津、厦门等5个城市的产出质量得分有所下滑，除长沙外，其他城市的下滑幅度均相对较小，长沙的得分下滑了2.63倍。

表7.11　2015—2019年创新绩效指数及二级指标得分变动情况

指标 城市	创新绩效	产出规模 变动	产出规模 排名	产出质量 变动	产出质量 排名
广州	2.08	1.87	7	0.20	9
北京	3.25	2.82	2	0.43	6
上海	3.51	2.88	1	0.63	1
深圳	2.22	2.05	6	0.17	12
杭州	2.89	2.47	4	0.42	7
成都	2.99	2.51	3	0.48	3

续表

指标 城市	创新绩效	产出规模 变动	产出规模 排名	产出质量 变动	产出质量 排名
西安	1.42	1.32	8	0.10	14
武汉	1.48	1.30	9	0.17	11
南京	1.11	1.04	10	0.07	15
苏州	0.38	0.80	12	-0.42	19
重庆	2.91	2.30	5	0.61	2
天津	0.25	0.61	15	-0.37	18
厦门	0.38	0.58	18	-0.20	17
宁波	1.13	0.96	11	0.17	13
大连	0.84	0.38	20	0.46	5
哈尔滨	0.86	0.60	17	0.26	8
济南	1.16	0.70	13	0.47	4
长沙	-0.25	0.60	16	-0.85	20
无锡	0.43	0.54	19	-0.11	16
东莞	0.88	0.69	14	0.19	10
均值	1.50	1.35		0.15	

从创新绩效构成的二级指标得分年均增速上看，2015—2019年，中国20个城市的文化产业创新绩效指数整体年均增速为11.7%，相对较高，其中产出规模指标得分值年均增速为15.13%，产出质量指标的得分值年均增速为4.00%，说明从整体上看，产出规模的增加是创新绩效指标得分提升的主要动力。从各城市具体表现上看，厦门的产出规模指标得分值年均增速最高，为37.93%，天津的年均增速最低，为7.45%。济南的产出质量指标得分年均增速为35.33%，在样本城市中最高，大连和重庆分别列第2和第3位，分别为24.72%和21.05%，长沙的年均增速为-17.26%，在样本城市中排名最低，其他城市

得分具有明显的差异性。

表7.12　2015—2019年创新绩效指数及二级指标得分年均增速　（单位：%）

指标 城市	创新绩效 年均增速	产出规模 年均增速	排名	产出质量 年均增速	排名
广州	10.7	12.01	15	5.72	12
北京	10.9	10.64	18	15.28	5
上海	12.5	11.88	16	18.39	4
深圳	13.2	15.62	11	5.55	14
杭州	16.2	21.14	9	7.66	8
成都	18.5	21.99	7	10.79	6
西安	14.6	23.46	3	6.61	10
武汉	11.9	14.14	13	5.60	13
南京	9.8	14.31	12	1.81	16
苏州	3.0	8.94	19	-10.65	19
重庆	21.4	22.09	5	21.05	3
天津	3.3	7.45	20	5.33	15
厦门	7.3	37.93	1	-2.58	17
宁波	16.1	22.13	4	10.78	7
大连	19.9	16.40	10	24.72	2
哈尔滨	11.3	22.00	6	6.53	11
济南	45.3	21.66	8	35.33	1
长沙	-0.8	11.36	17	-17.26	20
无锡	6.9	14.05	14	-3.36	18
东莞	16.8	32.05	2	7.00	9
均值	11.7	15.13		4.00	

二　产出规模指标得分变动分析

产出规模涉及文化产业增加值规模、电影票房规模、旅游总收入3个基础指标。下面我们将通过典型指标进行具体分析。

表 7.12 分析结果显示，2015—2019 年中国 20 个城文化产业创新发展的产出规模指标得分值年均增长率为 15.13%，增速相对较高。在本章中，通过对比分析样本城市的文化产业增加值规模、电影票房规模、旅游总收入 3 个基础指标得分的变化情况，具体分析业态融合变动的具体原因。

（一）文化产业增加值规模指标变动分析

2015—2019 年中国 20 个城市的文化产业创新绩效维度中文化产业增加值规模指标得分整体呈增加态势。2015 年中国 20 个城市文化产业增加值规模指标平均得分值为 0.4973，到 2019 年平均得分值为 0.9468，增幅为 90.4%，增幅较大，说明样本城市整体上文化产业产值规模有较大提升。样本城市中除天津和长沙外，其他城市的文化产业增加值规模指标得分值均有所提升，得分值提升幅度最大的是北京，从 2015 年的 1.7834 上升到 2019 年的 3.2099，增长了 79.99%。

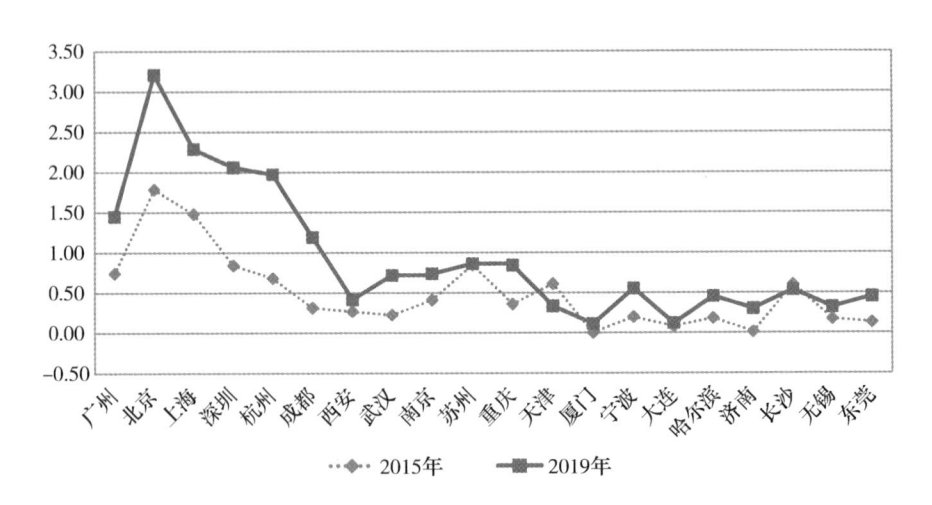

图 7.18 2015 年和 2019 年文化产业增加值规模指标得分对比图

（二）电影票房规模指标变动分析

2015—2019 年中国 20 个城市文化产业创新绩效维度中，电影票房规模指标得分均有一定程度的提升。2015年中国20个城市电影票房规模指标平均得分值为0.7569，到2019年平均得分值为1.1572，增幅为52.89%。从各城市具体表现看，上海的指标得分值提升最大，由2015年的2.4848提升至2019年的3.6539，增长了47.05%。得分值提升幅度最小的城市是哈尔滨，从2015年的0.1205上升到2019年的0.1937，如图7.19所示。

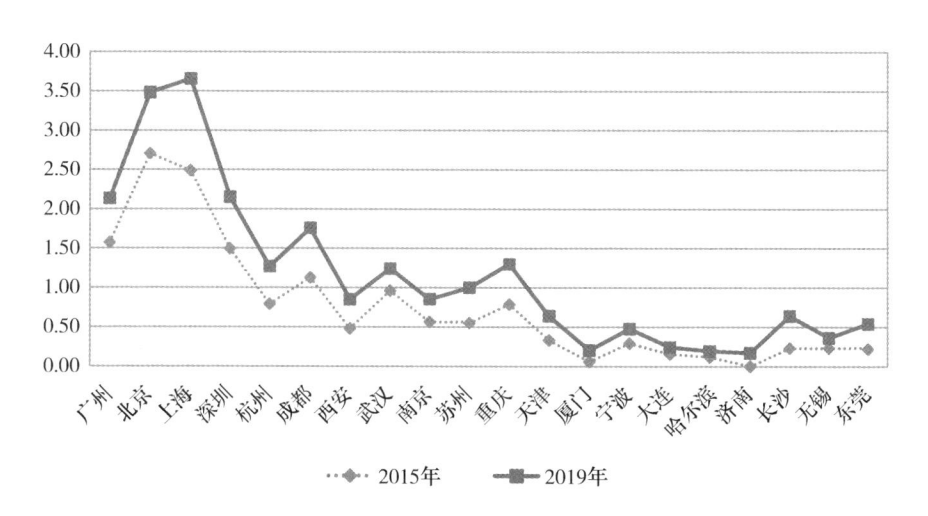

图 7.19 2015年和2019年电影票房规模指标得分对比图

（三）旅游总收入指标得分变动分析

2015—2019年中国20个城市文化产业创新绩效维度中，旅游总收入指标得分均有所提升。2015年中国20个城市旅游总收入指标平均得分值为0.5428，到2019年平均得分值为1.044，增长了92.34%，增幅较大。样本城市中提升幅度最大的城市是重庆，从2015年的0.7498上升到2019年的2.0547，增长了1.74倍，东莞的增幅最小，从2015年的0增至2019年的0.0497。

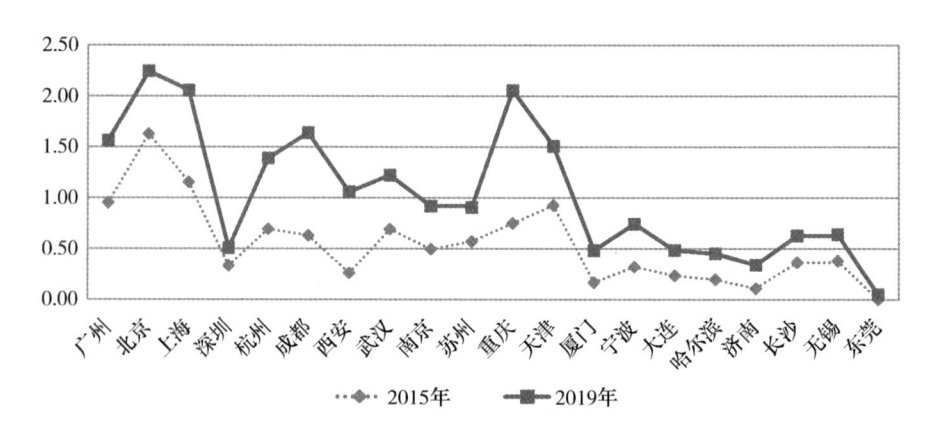

图 7.20　2015 年和 2019 年旅游总收入指标得分对比图

（四）产出规模得分变动原因分析

通过上述分析可以看出，构成产出规模的三个指标均呈较大幅度的提升态势，共同拉动产出规模指标得分的大幅提升。

三　产出质量得分变动分析

产出质量涉及文化产业增加值占 GDP 比重、旅游收入规模增长率、文化产业增加值增长率 3 个基础指标。下面我们将通过典型指标进行具体分析。

表 7.12 分析结果显示，2015—2019 年中国 20 个城市文化产业创新发展的产出质量得分值年均增长率为 4.0%，增速相对偏低。在本章中，通过对比分析样本城市的文化产业增加值占 GDP 比重、旅游收入规模增长率、文化产业增加值增长率 3 个基础指标得分的变化情况，具体分析产出质量变动的具体原因。

（一）文化产业增加值占 GDP 比重指标变动分析

2015—2019 年中国 20 个城市的文化产业创新绩效维度中，文化产业增加值占 GDP 比重指标得分整体上有一定程度的提升。2015 年中国 20 个城市文化产业增加值占 GDP 比重指标平均得分值为 0.4269，到 2019 年平均得分值增长至 0.5174，得分值增长了21.2%。有16个城市的得分值呈增加态势，西安、苏州、天津和长沙4个城市有一定程度的降低。杭州的得分值增长幅度最大，2015年至2019年得分值增长了0.5923，涨幅76.12%。

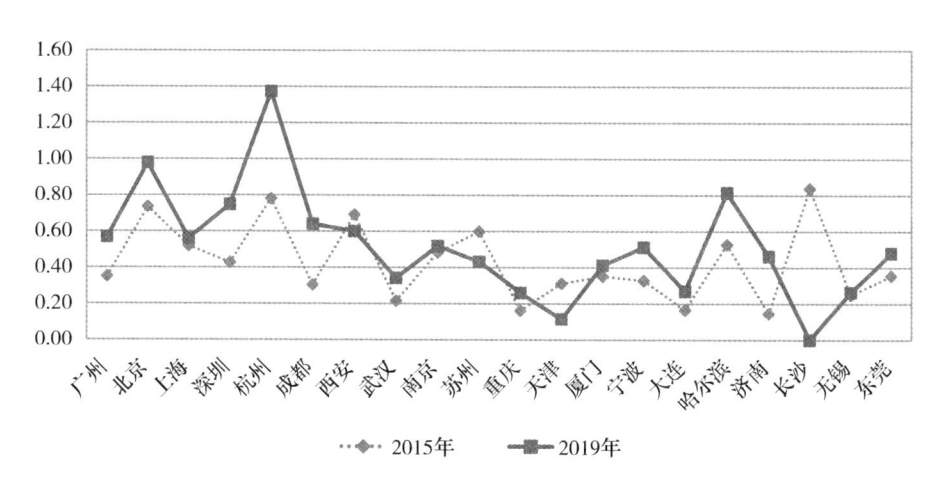

图7.21 2015年和2019年文化产业增加值占GDP比重指标得分对比图

（二）旅游收入规模增长率指标变动分析

2015—2019年中国20个城市文化产业创新绩效维度中，旅游收入规模增长率指标得分整体上呈现出较大幅度的提升。从测算结果看，有10个城市的得分值有所提升，其中上海的得分提升幅度最高，为0.6277，其他10个城市得分有所降低，但下降幅度相对不大，从整体上看增长幅度大于下降幅度，呈现出整体增长态势。

（三）文化产业增加值增长率指标得分分析

2015—2019年中国20个城市中，部分城市的文化产业创新绩效维度中的文化产业增加值增长率指标得分呈现出较大的差异性，整体上有所提升。2015年中国20个城市文化产业增加值增长率指标平均得分值为0.2286，到2019年平均得分值为0.2418，增长了5.77%。有11个城市的指标分值有所提升，提

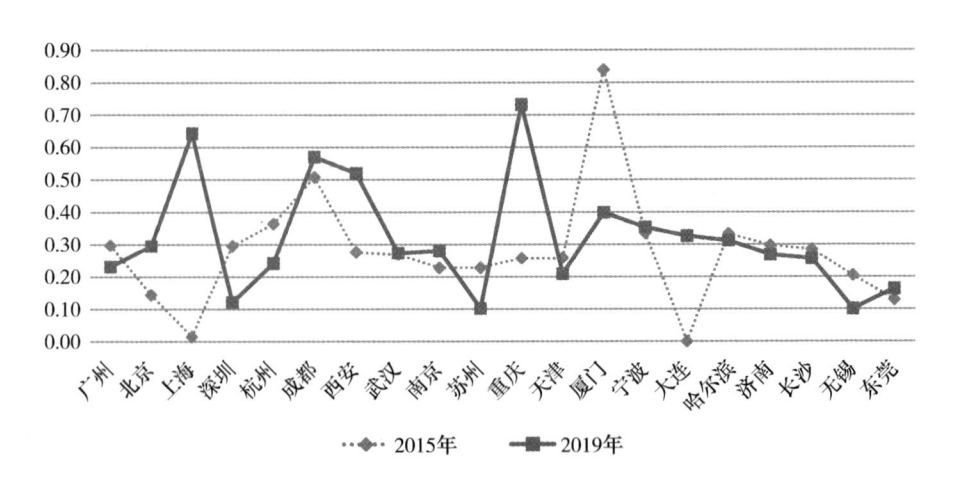

图 7.22　2015 年和 2019 年旅游收入规模增长率指标得分对比图

升幅度最大的城市是厦门，从 2015 年的 0 上升到 2019 年的 0.1855，北京、深圳、杭州等城市均有较大幅度的提升，但上海、杭州、西安等 9 个城市则有不同程度的下降，说明这几个城市的文化产业增加值增长率有所下降。

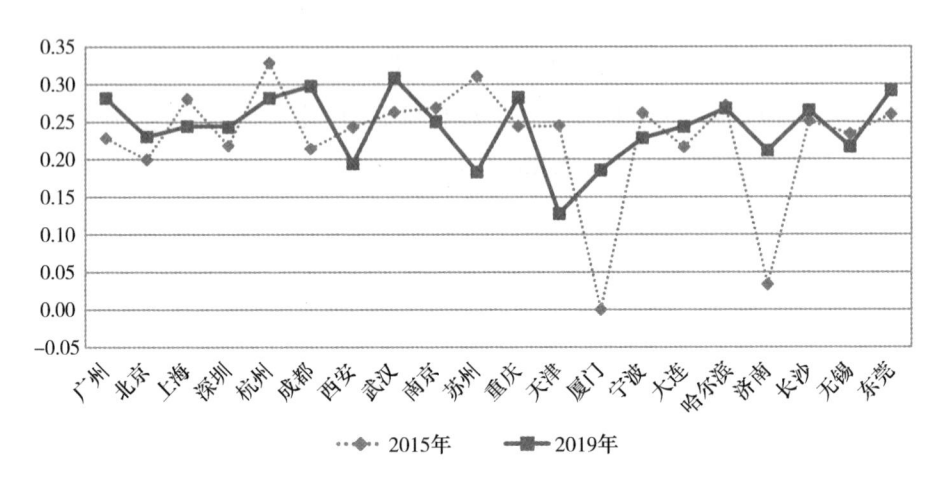

图 7.23　2015 年和 2019 年文化产业增加值增长率指标得分对比图

（四）产出绩效得分变动原因分析

通过上述分析可以看出，构成产出绩效的 3 个指标均呈一定幅度的提升态势,其中文化产业增加值占 GDP 比重和旅游收入规模增长率 2 个指标得分值增速较高,是拉动产出绩效指标得分大幅提升的主要原因。

第六节 本章小结

在本章中,对造成 2015—2019 年中国 20 个城市文化产业创新发展综合指数和四大一级指标的动态变化产生的原因进行了深入分析,分析结论如下。

(1) 对综合指数产生动态变动的原因进行分析后,研究发现:第一,通过对综合指数动态变动原因分析,我们发现,创新能力的变动是造成城市文化产业创新发展综合指数产生变动的主要原因。对综合指数得分贡献程度从大到小分别为创新能力、创新产出、创新投入和创新绩效,而且创新能力的贡献程度远超其他三个一级指标。第二,创新能力失衡性较强是造成整体综合指数产生失衡的主要原因,其次是创新绩效和创新投入,创新基础的失衡对综合水平均衡性影响最小。

(2) 对创新基础指数产生动态变化的原因进行分析后,研究发现,从整体上看,相对于设施基础而言,资源基础的变动是造成城市文化产业创新基础指数提升的主要原因,而从构成资源基础的基础指标变化情况看,公共图书馆藏书量指标得分值的变动幅度较大是推动资源基础得分变动的主要原因。

(3) 对创新能力指数产生动态变化的原因进行分析后,研究发现,从整体上看,相对于市场活力而言,业态融合的变动是造成城市文化产业创新能力指数提升的主要原因,从构成业态融合的基础指标变化情况来看,全域旅游示范区数量和国家文化和科技融合示范基地数量 2 个基础指标得分值的变动幅度相对较大,是拉动业态融合指标得分提升的主要原因。

（4）对创新投入指数产生动态变化的原因进行分析后，研究发现，相对于资本投入而言，人力投入的变动是造成城市文化产业创新投入指数提升的主要原因，而从人力资本的基础指标变化情况看，国家级非物质文化遗产代表性项目代表性传承人总量指标得分值的变动幅度相对较大，是拉动人力投入指标得分提升的主要原因。

（5）对创新绩效指数产生动态变化的原因进行分析后，研究发现，相对于产出绩效而言，产出规模的提升是造成城市文化产业创新绩效指数提升的主要原因，而从产出规模的基础指标变化情况看，文化产业增加值、电影票房规模和旅游总收入三个指标得分变化波动性较大，均是造成产出规模得分提升的重要因素。

第八章 国内外城市文化产业创新发展经验分析及启示

第一节 国外主要城市文化产业创新发展经验分析

一 新加坡

自20世纪80年代以来,文化管理部门先后出台了一系列文化产业发展政策,新加坡文化产业竞争力显著提高,目前已成为世界上文化产业最为发达的国家之一。[①] 综合来看,新加坡文化产业创新发展的成功经验和做法有以下几个方面。

(一)定位高远,全面规划文化产业的中长期发展战略

战略定位、目标体系以及发展规划的科学和合理成型,是新加坡文化产业崛起的重要前提。[②] 在全球化浪潮和国际竞争日益激烈的大背景下,新加坡日益认识到"文化是推动经济发展的原动力和提高国民素质的重要基础"[③],并根据不同的发展现状制定相应的文化发展规划及政策,文化产业被全方位上升为国家战略。文化产业受到新加坡政府的高度重视。在2000年的

---

① 庞英姿:《新加坡文化产业发展的经验及启示》,《东南亚南亚研究》2013年第4期。
② 何植民、陈齐铭:《新加坡文化产业发展政策及经验》,《中国社会科学报》2016年10月20日第6版。
③ 许红:《对新加坡文化建设的体会和思考》,《韶关日报》2012年11月3日第A03版。

《文艺复兴城市》中明确提出要在21世纪把新加坡建设成为"亚洲主要城市和世界级文化中心"。在此基础上，新加坡根据文化产业成长与发展的实际情况，详细制定了不同发展阶段的产业发展规划，并配套相应的扶持政策，全面系统地确立了文化产业在国家社会总体发展战略中的核心地位。

（二）出台一系列举措发展地方特色文化

注重保存和维护城市历史文化遗产一直是新加坡城市设计的价值取向。[①] 在加快建设全球化城市文化的进程中，新加坡不断调整文化开发和保护政策，充分保留了其多元文化特征。在新加坡城市建设中，使得多元文化社会下的不同民族的建筑与生活方式、语言、习俗等移民文化特征在其城市建设中都得到了充分的体现。新加坡还积极整合各种特色文化资源，将遗留城市景观与城市规划有机融合，做到既尊重历史传统，又与时代需求结合，实现了城市建筑布局传统和现代、东西方的完美结合。

（三）重视教育提升国民文化艺术修养与综合素质

政府认为，文化艺术是"集体灵魂"的重要内容，对国民综合素质的提高至关重要。因此，新加坡每年拨出大量经费用于普及文化艺术、扶持社区文化艺术活动，以培育和提升国民文艺素质。丰富多彩的群众文化活动，在提升新加坡全民艺术普及工作质量中发挥了积极作用，对增强国民文化艺术修养与综合素质具有关键现实意义。例如，通过将每年的元旦、春节等列为"博物馆开放日"，邀请国民免费参观博物馆，对于提升国民的文化艺术素质成效显著。

（四）重视创意人才的引进和培养

新加坡政府特别重视创意人才的培养，早在1993年就启动

---

① 蔡新元、吴珍、唐思慈：《新加坡"设计之都"发展路径研究》，《城市建筑》2020年第34期。

了艺术教育项目，建立相对完备的渐进式创意产业教育体系，进行本土创意人才的培育。政府还加强与国际顶尖文化机构的广泛合作，在高校设置设计、艺术和媒体相关的学位，着力培养创意产业高级人才。此外，还举办丰富的人才合作项目，广泛吸纳、引进外部创意人才，建立完备的人才保护体系等措施留住人才，为文化产业发展奠定了坚实基础，提供了源源不断的动力支持。

二 伦敦

英国是世界上最早确立"创意产业"概念的国家。在英国向世界推广创意经济的过程中，创意产业年产值超过250亿英镑，早在2004年就成为仅次于金融服务业的伦敦第二大产业[1]，创意产业也成为推动伦敦城市整体顺利转型的重要支撑。2017年英国创意产业创造的产值达920亿英镑，英国几乎有三分之一（31.8%）的创意产业工作集中在伦敦。[2] 长期以来，伦敦不仅是世界的经济、金融、贸易中心，也是公认的文化之都和创意产业之都，主要得益于以下经验做法。

（一）文化战略的战略引领作用

伦敦政府强调文化创意产业，不仅出台文化战略对创意产业规划引导，而且从资金、政策上给予创意产业大力支持。伦敦文化战略是市长实现他的文化主张及目标最主要的手段。[3] 2003年，伦敦政府先后发布《伦敦：文化资本——市长文化战略草案》《文化大都市——伦敦市长2009—2012年的文化重点》，提出要把伦敦打造成世界卓越的创意和文化中心及世界级

---

[1] 彭皋丽：《伦敦创意城市发展策略对秦皇岛市之启示》，《经济师》2016年第5期。
[2] 朱毅、徐彦猛：《英国伦敦西区的文化创意产业重生与演变》，《北京文化创意》2018年第5期。
[3] 黄正骊：《文化大都会2010伦敦文化战略的传播》，《时代建筑》2010年第6期。

文化城市，这两份草案均从战略层面对伦敦文化产业的发展进行了全面规划。除此以外，政府出台一系列措施鼓励文化及相关产业的市场竞争并配套相应的政策，给予大量的财政资金投入，促进本市文化与创意产业的发展。可以说，伦敦所采取的文化产业政策措施是具体而明晰的，这些完善的产业政策体系为该市文化及相关产业的发展提供了重要保障。

（二）成立发展文化创意产业的专门工作小组或机构

为推动本市文化创意产业的大发展，伦敦政府先后成立多个专门机构统筹推进，支持创意产业的发展。早在1997年，伦敦专门成立创意产业行动小组，由部门首长、政府高官以及文化创意产业的相关知名人士，共同推动创意产业发展。1999年，伦敦设立了文化战略委员会，负责规划、协调和发展本市的各类文化机构。2003年，伦敦设立了一个专门对本市文化创意产业发展进行评估的委员会。2004年，伦敦创立了"创意伦敦"工作协调小组，通过与民间组织或团体合作，负责收集与文化创意产业有关的各种建议，并提出具有针对性的措施。[①] 伦敦市长还针对文化战略的发展成立了一个顾问小组——"伦敦文化战略集团"，成员来自全市各类文化部门和机构，以保证文化战略内容真正符合伦敦市民的发展需求。

（三）重视对创意人才的培养

创意城市的核心竞争力在于创意人才在城市聚集而成的创意阶层和充满风格、智慧与灵性的创意。正是基于这一认识，伦敦在创意人才培养方面推出了一系列举措。首先，政府层面特别重视、研究、规划创意人才的教育培养方案。例如，注重对青少年的艺术教育和创造力培养，鼓励更多高校设立创意专

[①] 张国：《伦敦文化创意产业发展对北京的启示》，载《2011京津冀区域协作论坛论文集》，2011年9月4日。

业，并为毕业生提供实习岗位和继续深造的机会。其次，在培养创意人才方面，各政府相关部门通力协作，以开发创意人才的潜力。最后，社会组织也在培养创新人才中发挥了积极的推动作用。伦敦以文化艺术机构与中小学合作的方式，为学生和教师提供电视广播、互联网、舞蹈、电视和戏剧的创作制作技能培训支持。2005 年，伦敦还专门设立"创意之都基金"，专门扶持和帮助才华突出、创意力强的个人创造者。

（四）文化创意企业呈现较小型化和聚集生长特征

在文化创意产业中，工作环境远比公司重要，这就对文化产业所在的城市环境氛围、社区集群提出了更为严格的要求。城市社区文化多样性越突出、越有特色，文化创意人群也会越来越聚集，这也使得大量发展潜力强劲的小型创意公司逐渐实现集群发展。伦敦文化创意产业以小公司为主体，且在业务主创上大多实现文创与商贸的结合。在城市复兴过程中，伦敦特别注重扶持创意产业集聚区发展，通过本市有优势、最名片化的老旧城区与创意产业相融合，综合规划创意产业的空间布局，打造城市创意中心。另外，大公司往往更能形成产业规模。在国际市场上，伦敦政府借助国家力量，依靠跨国公司来积极推动创意产业的跨国合作，发挥大公司的主导和聚集作用，扩大文化的全球影响力。

三 纽约

20 世纪 30 年代，凭借其他城市无可比拟的文化资源优势，纽约取代了巴黎成为新的全球文化艺术中心。纽约文化产业始终保持了快速增长态势。2006—2016 年十年间，纽约市创意产业的增速远高于其他行业，全行业平均增速达到 12%，其中电视电影增速为 53%，美术类 33%，表演艺术类 26%，广告类 24%，视觉艺术类 24%，设计应用类 17%，远高于金融保险

0.1%的增速。[①] 艺术从业人员规模大幅度增加，2018年占全部从业人员的比重达到2.63%。如今的纽约是金融重镇，是科技新城，更是文化之都。纽约产业的发展经验可以归纳如下。

（一）政府侧重政策环境营造，私营资本发挥重要作用

不同于伦敦，纽约市并没有设立专门的文化产业管理机构，主要以市场为调节机制，坚持服务大众。另外，纽约市政府在制定文化政策时只注重创造一个良好的环境，如为文化产业提供税收优惠，低租金场所等，对文化产业的财政投入并不大。纽约文化产业的发展主要依靠私营资本投资来实现。另有一些文化活动则采取公私合营的方式进行。多种资本力量介入，为文化市场发展提供了充足的资金支持。

（二）市场发挥基础作用，全球化优势尽显

与美国自由竞争的市场经济环境相适应，纽约文化产业在资源配置方面也是以市场为基础的，而不是依据行政方式进行分配。同时，在市场配置中也体现出价格机制的作用，对文化资源中用于营利的部分往往需要交付资源占用费，而不是无偿占用。全球化趋势下，跨国公司在纽约市的文化产业拓展中起到了关键作用。例如，输出版权尤其是核心版权是这些跨国公司充分利用全球化优势而采取的赢利模式。百老汇是纽约文化产业发挥全球化优势的典型代表，它的成功有赖于经济全球化的实现。

（三）坚持本土培养为主，兼顾吸引全球优秀人才

纽约政府极度重视研究智库的作用，充分发挥各种专业研究智库在学术和专业层面的能力和素养，设立了多种多样的专门研究机构。同时，根据产业发展对各专业文化创意人才的需求状况和特征，大力优化、调整学校及研究机构的人才培养计

---

① 陈雪琴：《纽约产业的"里子"和"面子"》，《中国战略新兴产业》2020年第1期。

划，注重本土化文化专业人才的培养。另外，对世界其他国家的文化产业优秀人才，也持续大力度、宽尺度，不断吸引人才流入，扩充创意人才队伍。

（四）文化旅游融合发展

繁荣的文化造就了纽约发达的文化产业。目前，纽约文化产业已经成为纽约著名的"旅游景点"，观看百老汇演出、听一场纽约交响乐团音乐会成为全球旅客赴美旅游的重要内容。美国知名作家汤姆·沃尔夫曾对纽约的文化发表过这样的形象评论："文化似乎弥漫在空气中，仿佛已是天气的一部分。"在美国经济依旧不景气的时候，这并不是个别现象。即使在2008年金融危机的剧烈冲击和影响下，纽约许多行业遭受重创，但纽约文化产业受到的影响明显小于其他行业，这离不开旅游业的重要支撑。在2008年金融危机发生之后，不论是在百老汇剧场、林肯中心、卡内基音乐厅，还是大都会博物馆、现代艺术博物馆、自然历史博物馆，文化旅游观光人数均没有明显减少。

四 东京

进入21世纪后，日本政府不断加大文化创意产业支持力度，日本文化产业发展迅速，成为世界第二大文化产业强国，文化产业已成为日本国民经济的第二大经济支柱。东京是日本的文化艺术之都，也是日本的文化产业之都，东京的文化产业占东京经济的80%。[1] 近十年来，在日本经济缓慢增长的大背景下，科技含量很高的内容产业逐渐成为东京拉动经济发展的亮点。当前东京从事文化创意产业的人员占总就业人口15%[2]，其中，动漫产业是文化创意产业中发展最好的部门。东京作为动

---

[1] 王晖：《世界城市文化科技融合之研究》，载《2012 城市国际化论坛——世界城市：规律、趋势与战略选择论文集》，2012 年。

[2] 数据来源：https://www.sohu.com/a/277019400_99917590。

漫之都，动漫产业高度发达，流行文化底蕴丰厚，不断发展成为世界时尚与设计产业的重要城市、当代亚洲流行文化的传播中心。概括而言，东京主要从以下几个方面发展文化产业。

（一）贯彻"文化立国"战略，通过"行政指导"支持产业发展

日本推行"文化立国"战略，东京动漫产业的发展得到了政府的大力支持。政策支持的一个重要特色就是"行政指导"，东京政府担当指引、中介和宏观调控的角色，制定政策扶持企业发展，而企业也拥有发展自主权。对于创新型企业，政府给予各类优惠的金融、财政、税收政策。为了保护动漫创意资源，政府建立了一套比较完备的知识产权保护体系。

（二）以动漫游戏为核心，积极发展衍生产品产业链

东京动漫产业已经形成了一种行之有效的开发模式，亦可看作日本文化产业开发的典型模式。在东京，参与一部动画作品制作的往往包括影视公司、广告公司、游戏软件公司、玩具商，法国巴黎卢浮宫、日本东京漫画展还有动漫作品原创出版商等，众多部门形成一条成熟的产业链。当前，东京动漫业的发展出现新变化，一些大公司在东京主要负责研发原创动漫产品，产品加工则放到中国台湾、香港、上海以及新加坡等地区，这意味着动漫业的利润更多地由知识产权、衍生产品构成，同时表明网络、传播技术的发展在文化产业中的地位更加重要。

东京大力扶持动漫产业集群化发展及其市场运作机制的培育，集聚大量动画工作室、动画衍生品零售店与动画旅游协会，形成动画制作、衍生品贩卖、文化旅游三位一体的动漫产业链条；2016年，东京拥有542家动画工作室，占全国动画工作室总数的87.1%。通过动漫产业、动漫文化的大力发展，东京成为展现日本文化魅力的重要窗口，并借此树立城市国际形象，受到了国内外市场的关注和消费者的追捧，极大促进了东京旅

游业的发展。

（三）推进文化科技融合

东京政府十分重视文化科技创新融合。随着数字技术的发展，东京将内容产业作为文化科技融合的重点领域，运用出版、印刷、包装等"第一制造业"，结合数字化视听设备增强流行文化内容体验的多样性、直观性与真实性，占据版权开发、文化产业链上游的竞争优势。东京出台了系列相关战略与政策扶持内容产业。通过设立内容产业孵化中心，扶持内容产业相关的中小型及初创企业，加速企业成长。自 2008 年起，每年 10 月在东京的日本科学未来馆会举行一场数字内容博览会，为文化科技类企业寻找发展机会，促进数字内容技术的流通。而东京大学也通过"内容创作科学协作教育计划"，培养既懂文化艺术又会技术和管理的复合型内容产业人才。

（四）促进文化旅游融合发展

文化旅游是通过鉴赏人类文化的具体内容从而满足精神和文化需要的一种活动，以文化资源为依托。东京在文化旅游产业的发展中善于利用和挖掘文化资源，进行有效的创新开发，使旅游更具有文化地缘和独特魅力，促进了文化旅游的融合发展。首先，对传统祭文化的开发利用是东京文化旅游的一大特色。例如，通过四季"祭"文化发展起来的樱花祭、藤花祭、紫阳花祭、梅花祭等文化活动，文化和旅游的融合不仅增强了当地游客的黏性，也吸引了大量对日本文化感兴趣的海外游客。其次，利用大众文化资源打造创意 IP，以增强东京文旅吸引力。例如，基于快速发展的动漫产业，东京秋叶原以购买动漫产品及相关旅游纪念品为主要动机，以综合性观光体验为特点，将动漫旅游资源与城市观光的食、住、游、购、娱结合。最后，积极发展工业文化旅游。作为亚洲第一个实现工业化的国家，日本工业文化资源丰富。基于这一实际，东京善于利用丰富的工业文化资源，开发工业文化旅游。例如，建设有关历史文化博物馆、开发场景体验线路等，受到海内外游客的欢迎。

五 巴黎

巴黎以文化包容的多样性享誉世界。巴黎作为法国的首都和历史文化名城，其"文化产业"从20世纪70年代以来随着城市经济的转型呈现蓬勃发展的势头。进入21世纪，巴黎"文化产业"的领域与空间也在不断变化与扩展，成为世界著名的浪漫、时尚、艺术、文化之都。巴黎文化产业发展的启示在于以下几个方面。

（一）以文化保护为主要内容的文化发展战略

巴黎是全球城市网络中的重要节点，凭借其深厚的历史资源，巴黎就文化产业制定了积极的文化发展战略。顺应法国"文化例外""文化多样性"的基本国策，保护文化遗产是文化政策的首要任务。巴黎的文化战略强调保持作为艺术之都的世界地位，积极保护民族艺术、巴黎老城区的历史古迹、艺术建筑和文化遗产，培养城市的文化氛围，延续城市的历史文化风貌。巴黎拥有大量的文化遗产，在进行城市规划时就已经进行了文化布局，非常重视文化的重塑与再开发，并与巴黎的整个经济和社会发展相辅相成。2011年法国决定启动"大巴黎计划"，其初衷是要通过大规模的扩建将现有的"博物馆城市"打造为世界之都。从2001年起，巴黎重新规划了它的文化政策路线：保护和再利用优秀的文化遗产；支持创意和文化传播；普及文化和发展艺术教育。

（二）设立专门的公共文化管理机制

对于公共文化事务的管理，法国在中央层面设立文化部，由总秘书处、文化遗产司、艺术创造司、媒体与文化产业司四个部门，在地方层面设立文化事务局。作为巴黎主要的政府性文化机构，巴黎文化事务局（DAC）的主要职能是促进巴黎本土文化乃至全法文化的繁荣发展，并制定符合当下形势的文化政策。为满足群众日新月异的文化需求，该事务处还定期组织一些大型多元的先锋性文化活动。除上述政府主要文化机构外，巴黎还成立了一个城市艺术委员会，该委员会由专家和部分被推选的巴黎市民共同组成，致力于让巴黎市的文化决策更符合民众需求，更透明可信，此举大大加强了政府与普通民众在艺术层面的对话，使艺术的定位标准更能跟得上时代的节奏。[①]

（三）宽容的文化环境

巴黎宽松的文化环境主要体现在：一是兼容并包。巴黎对文化要素的开放包容使它成为欧洲甚至在某种程度上也是世界的"文化之都"，吸引了来自全国各地甚至全球的文化高端人才。二是求同存异。巴黎建立了科学高效的人才管理政策，对这种文化人才尤为包容。管理者从政策、资金方面扶持文化创意创新的发展，并且鼓励创意创新文化的发展。三是倡导文化多样性与文化民主化，重视文化普及。巴黎一直强调维护文化独立性。在美国文化产品全球泛滥的背景下，法国为了维护本国文化，在世贸组织谈判中坚持"文化例外"原则。法国政府把文化视为每个公民的基本权利，实行"文化民主化"原则，把文化权利作为一项福利提供给公民，提倡平等参与并享受文化活动，促进文化普及。

（四）文化科技融合提升国际影响力

巴黎依托丰厚的历史遗存与先进的科技创新理念，逐步实现了文化全球影响力的构建。此后又基于文化的国际发展与城市的国际认可，进一步推动创新生态系统开放多元、知识共享能力的建设，使其成为城市增加科技研发投入与产出的主要

[①] 尹明明：《巴黎文化政策初探》，《现代传播》（中国传媒大学学报）2010年第12期。

载体。

合理运用中世纪、文艺复兴、现代主义等艺术家留下的卢浮宫、凯旋门、埃菲尔铁塔等历史文化遗产，增强文化旅游全球吸引力与竞争力；积极推广理性主义、科技创新等理念，借助联合国教科文组织总部对于各国科学、教育、文化等领域的影响，加强城市文化科学传播性与国际话语权。在此基础上，巴黎逐步构筑通往全球城市的独特路径与重要支撑，城市文化全球影响力日益增强。文化国际发展提升创新生态开放协作能力。城市文化的发展推动巴黎国际影响力与世界形象的确立，进一步形成以国际性大学、国际化人才、国际研发能力为基础的开放多元、知识共享的创新生态系统；系统由初创企业、大型企业、高等院校、公共部门、投资者，以及加速器、孵化器、联合办公空间、开放实验室等创新平台组成，助力巴黎大区成为欧洲研发经费支出最多、研究人员数量最多、专利申请最多的地区。

第二节　国内主要城市文化产业创新发展经验分析

一　香港

文化产业，在香港被定义为"创意产业"[①]。多年来，香港充分发挥作为国际大都市所拥有的优势，一跃成为全球知名的"创意之都"，在数码娱乐、电影、设计、漫画及出版等领域具有广泛的影响力。据特区政府统计处统计，2018年，香港文化及创意产业实现增加值约1178亿港元，较上年增加5.37%，对本地生产总值贡献为4.4%。2008—2018年，文化及创意产业

---

① 陈新华：《香港文化产业及其对深圳的启示》，《特区实践与理论》2007年第4期。

增加值年均增幅达到9.6%。截至2018年底,香港约有4.21万家文创企业,从业人员由2008年的19.13万人增至2018年21.73万人,占香港全部就业人数的5.6%。香港文化创意产业整体发展态势较好,在经济转型中发挥着巨大的催化和推动作用,促进了整体经济向知识型经济迈进,并在战略制定、人才培养、融合发展以及对外推广等方面,形成了许多有益经验。具体而言,可以归纳为以下几个方面。

(一) 制定文化创意产业发展战略

香港20世纪90年代末首次提出"创意产业"概念,在1999年的香港特区政府施政报告中,就提出欲将西九龙填海区发展成集文化、娱乐及艺术于一身的创意基地。2004年成立"创意及设计中心"。香港特区政府把文化创意产业列入六大优势产业之一,并制定文化创意产业发展战略,出台政府专项的文化创意产业的配套政策,保证其发展的资金和人才支撑。

(二) 市场主导,政府多渠道扶持

自由市场经济是香港经济最基本的特征。充分的市场竞争,塑造了香港所特有的商业文化、消费文化和流行文化,也造就了人们强烈的竞争意识、生存意识和香港企业家敏锐的市场触觉与把握机遇的能力,这为香港的文化及创意产业发展奠定了坚实的基础,并提供了活力源泉。与之相对应,政府在香港文化及创意产业发展过程中,更多的是充当着"裁判员"和"教练员"的角色,其主要职能体现在:紧守"大市场、小政府"原则,实施"拆墙松绑"策略,出台各种扶持政策和措施,为企业提供必要的公共服务和培育发展环境与氛围。例如,2015年政府提出了四项策略促进香港电影业发展并为"电影发展基金"注资,2017年政府宣布向创意智优计划拨款十亿元港币加强产业扶持。2018年施政报告中明确提出,大力支持设计业和电影业发展,推动设计业和其他各创意产业的发展。

（三）培育壮大人才队伍

人才是文化创意产业发展的灵魂。离开人才，文化创意产业发展就成为无水之源、无本之木。香港特区政府重视创意人才的培养，建立了积极有效的创意人才机制。在人才引进方面，秉持自由开放的态度，放宽和吸引内地人才来港发展事业，为此制定了一系列优厚的人才政策。例如，实施"优秀人才入境计划"。该计划起始于2006年，旨在吸引新入境而不具有进入香港和在香港逗留权利的优秀人才来港定居，借以提升香港在全球市场的竞争力。2015年1月，香港开始对原计划进行优化，即在原"优秀人才入境计划"基础上，又增设了"一般就业政策""输入内地人才计划"，进一步加大对人才的吸纳。在专项人才培养方面，立足长远、肯花"血本"。无论是创意香港还是康文署的文化事务部，都高度重视对专业人才特别是青少年创意人才的培养。以创意香港为例，近年来通过整合协会、团体和企业等社会力量，组织实施了"人才培育计划"，为文化及创意产业发展提供了方方面面的人才资源。

（四）公正的司法制度和完善的知识产权保护体系

文化及创意产业是典型的大脑经济、智慧经济，其核心竞争力是知识产权的形成与开发。如果没有完善的法律制度和高效的司法环境作为保障，那么文化及创意产业的发展也就无从谈起。众所周知，香港是法治社会，具有公正的司法制度和法治精神，保证了文化创意产业发展的法律环境。知识产权保护方面，香港向来拥有良好的国际信誉，全面的法律体系、严厉的执法措施、高度普及的公众教育与宣传给知识产权以有效的保护。成立于1985年的香港国际仲裁中心，如今已是全球主要仲裁地之一，能为仲裁提供经验丰富的各行各业专家，包括会计师、律师、建筑师、工程师、银行家等。公正的司法制度和法治精神，完善的知识产权保护法律体系，在有效保护知识产权的同时，也为文化及创意产业的发展营造了一个良好的法律环境，对香港的音乐、电影等创意产业的繁荣提供了重要保证。

二 北京

文化产业发展是北京全国文化中心的重要组成内容。经过十年的发展，文化产业已经成为北京市的重要支柱产业，全国文化中心的地位进一步凸显。根据北京统计局数据，2018年北京文化产业实现增加值3075亿元，占全市GDP的9.3%，比全国平均水平高4.8个百分点，文化产业已经成为拉动首都经济发展的重要增长极。多年来，北京文化产业的发展速度和质量都处于全国领先水平，有力助推了全市经济转型升级，其成功经验主要包括以下几个方面。

（一）高度定位文化产业战略地位，设计文化产业发展蓝图

国家首都的定位决定了北京文化创意产业的首都性质和首都特征，要建设具有全国辐射力的中国文化创意产业城市。北京也越来越重视文化在城市建设和发展中的作用，相关政策文件绘制了北京清晰的产业发展蓝图，提供了良好的政策环境。早在2004年，北京就发布了《北京市文化产业发展规划（2004—2008年）》，也是第一次系统研究制定文化产业发展规划。2005年，《北京市"十一五"期间文化产业规划研究》将北京市定位"成为世界的创意中心，提高北京文化产业的国际化水平，成为能与纽约、伦敦等创意城市相提并论的、在世界文化产业发展方面占有重要地位的世界城市"。2016年6月，北京市"十三五"时期加强全国文化中心建设规划首次将加强全国文化中心建设规划列为市级重点专项规划。2018年6月，市委、市政府印发《关于推进文化创意产业创新发展的意见》，确立了由"两大主攻方向、九大重点领域环节"构成的文化产业高精尖内容体系，并提出九大产业促进行动，为北京市文化产

业下一阶段发展锚定方向、指明路径。2020年4月，《北京市推进全国文化中心建设中长期规划（2019年—2035年）》提出文化产业要成为首都"高精尖"经济结构的增长极，文化产业要在全国发挥更多的创新引领作用，成为"九中心九都"。

（二）推动文化与相关领域融合，重点发展"文化+"新业态

在重点发展"文化+"新业态、新产品、新模式方面，北京市强化科技对文化的支撑作用、加快文化与旅游深度融合、推进文化与体育互融互促、推动文化与其他产业融合发展等4项重点工作，重点加大政策扶持力度，扎实推动建立"文化+"产业融合发展机制。为推动文化与相关产业融合发展，北京市专门出台《北京市关于推进文化创意和设计服务与相关产业融合发展的行动计划（2015—2020年）》。《关于推进文化创意产业创新发展的意见》明确把数字创意和内容版权作为两大主攻方向。《北京市促进文化科技融合发展的若干措施》推动首都文化科技融合高质量发展。文化与科技的融合进一步加快了信息产业、新媒体产业等的发展；文化创意产业与现代服务业先进制造业的融合，带动了相关产业的不断转型升级。

（三）加快文化金融融合，拓宽文创产业投融资渠道

为了进一步发挥金融对于文化行业的促进作用，北京市实施一系列文化金融政策，构建"投、融、担、贷、孵、易"首都文化投融资服务体系，形成了"优政策、建体系、搭平台、强服务"的文化金融融合"北京模式"。首先，通过多政策联动，降低文化企业的融资成本。近年来，北京市相关部门联合出台《关于促进首都文化金融发展的意见》等一系列政策，形成了支持北京文化金融融合发展的强大合力。其次，通过文化金融"超市"拓宽融资渠道。通过举办文化产业扶持政策辅导、文化金融沙龙等活动服务了许多有融资需求的企业。再次，加

快文化金融体系建设,构建文化金融生态圈。北京市推动多家银行设立文化产业专营机构,开发特色文化金融产品和服务。最后,强化服务,营造良好文化金融营商环境,带动相关企业发展。

三 上海

上海以"国际文化大都市"为发展定位,加快文化建设。《上海文化发展系列蓝皮书(2020)亮点综述》指出,文化建设已经成为上海迈向卓越全球城市的强大动力。文化产业是推动上海创新驱动高质量发展、经济结构转型优化的重要动力。数据显示,2018年,上海文化产业实现增加值2193.08亿元,占地区生产总值的比重为6.09%,占我国文化及相关产业总增加值41171亿元的比重为5.33%。归纳起来,上海发展文化产业的主要特色和经验如下。

(一)加快文化基础设施建设,不断健全和完善公共文化服务体系

一直以来,上海不断健全和完善公共文化服务体系建设,已经基本形成涵盖市、区、街道、村居的4级公共文化基础设施网络,实现"15分钟公共文化服务圈"。公共文化机构社会化、专业化管理水平不断提升,大大提高了公共文化服务质量的现代化水平。大力发展公共文化服务数字化,全面推进"文化上海云"建设。是全国第一个实现省级区域全覆盖的公共文化数字化服务平台,推动了公共文化服务转型,解决了公共文化服务知晓率、参与率和场馆利用率低的问题,同时激发了社会主体参与公共文化的主动性与积极性。

(二)深化跨界融合,拓展新兴产业发展业态

在上海文化领域的实践中,跨界融合对文化内容和形式进行了广泛而深刻的革新,不断产生新业态新模式。一是"文

化+"多点突破，丰富产业内涵。上海结合建设国际文化大都市和设计之都的要求，积极推动文化与金融、科技、教育、旅游、商业等多领域融合发展。二是"设计+"跨界渗透，提升产业品质。上海设计产业在提升产业附加值和生活品质中发挥越来越重要的作用，呈现出设计服务能力提升、设计市场活跃、设计引领新消费等发展新特征的同时也激发了上海创意设计的活力。三是"互联网+"浪潮涌动，新业态新模式勃发。传统制造业企业智能化发展加速，互联网金融新业态迅速崛起，互联网内容产业和娱乐产业质效提升。文化创意类授权产业起步。

（三）推进国内外合作交流，增强产业辐射力和影响力

首先，拓展合作交流平台，推动文创企业"走出去"。上海积极为文创企业"走出去"提供多种扶持和帮助，例如，组织企业参加国际文化专业交易展会，推动一批中国文化企业、产品和服务"走出去"。其次，创新文化交流合作机制。为加强与"一带一路"沿线国家的文化交流与合作，上海制订了《推进"一带一路"文化建设三年行动计划（2016—2018）》，提出开展"一带一路"国家艺术节、博物馆和音乐创演等五大合作机制。最后，上海创意设计实现"走出去"与"引进来"的双向发展。"上海设计走出去"与国际设计、时尚业的机构和企业合作，参与全球知名的展、节、周，搭建国际创意经济智库，全力引进优秀国际企业，构建上海"设计之都"国际大平台。同时，上海还注重借鉴国际文化大都市发展经验，在建设国际文化大都市的过程中，纽约、巴黎、东京、伦敦等先进城市成为上海市的学习借鉴对象，通过对标，发现自身差距和短板，进而寻找新的着力点。

四 杭州

自被确认为"全国文化创意中心"城市以来，杭州充分发

挥数字经济之城优势，积极创新文化消费新模式，提升文化消费新体验，助推文化产业高质量发展。2020年，杭州全市文化产业增加值实现2285亿元，同比增长8.2%，其文化产业竞争力已跃居全国主要城市前列。杭州文化产业的异军突起，蓬勃发展，引起了许多媒体和学界的高度关注，被誉为"杭州模式"。总体来看，"杭州模式"经验可以概括为以下几个方面。

（一）顺应潮流加快文化产业数字化转型

杭州充分发挥数字经济之城优势，鼓励文化产业加大互联网、大数据等新技术的研发和利用，加快推进文化产业数字化转型。特别是在疫情冲击下，政府对于文化企业开展文化直播、电商直销、线上办展等活动给予相应的扶持，推动文化产业积极探索新时代、新形势下的发展新路子。运用互联网经济和高新技术产业与文化融合发展具有独特的优势，建设杭州全国数字内容产业高地。在全市文化产业政策的引导和支持下，随着全市数字经济的加速发展，传统文化企业纷纷主动寻求数字文化产业转型，催化了文化产业新业态、新模式的迭代。杭州市统计局针对互联网文化产业的专题调研显示，2020年上半年，全市数字文化产业增加值增速高达9.1%，整体表现出强劲的产业发展势头。

（二）营造良好发展环境

在管理机构方面，杭州2001年成立发展文化产业指导委员会，负责研究制定杭州发展文化产业的规划和政策。在财政支持方面，《关于鼓励为文化创意企业提供融资服务的若干意见》《关于鼓励为文化创意企业提供融资担保的实施办法》等多项政策先后出台，对全市文化产业项目发展进行扶持。为着力推动全市文化产业发展，2011年，杭州成立了文创创业投资有限公司，以文化金融和文化实业为着力点，积极引导社会资本进入杭州文化产业领域，不断提供优质公共文化产品和服务，全面助力本市文化产业发展。在体制机制创新方面，杭州市通过大力推进文化市场综合执法改革、公益文化单位内部三项制度改革、经营性文化单位改制等文化体制改革，较好地解决了文化事业单位面临的突出问题，宏观管理体制得到进一步完善，为文化产业发展创造了良好的环境氛围。

（三）积极有效引导文化旅游产业的发展

作为著名的历史文化名城之一，杭州对文化旅游的融合发展也给予了充分重视。杭州的文化旅游资源十分丰富，涵盖地域文化、民俗文化及历史文化等等。政府很早就开始注重城市旅游和城市文化的融合发展，在实践中探索出一条具有独特性和创新性的道路。在开发文化旅游资源的过程中，杭州市政府发挥了主导作用，对旅游产业规划合理，注重文化考量，对文化资源利用得当且挖掘有深度，推动了当地文化创新与旅游融合的发展。在如何推动文化+旅游产业高质量发展这一问题上，杭州通过深化文旅消费供给侧改革，抓实文化消费的产业基础，大力推进数字娱乐、数字阅读、数字游戏等数字文化产品供给，统筹线上线下，强化品牌引领，丰富文化和旅游新供给，提升文化消费的质量和水平。

第三节　启示

世界各个城市的文化产业发展历程表明，某个地区的发展模式都不可能是对另外一个地区发展模式的简单拷贝，一个地区的实际情况与文化底蕴深深影响着地区文化产业的发展。

一　战略布局，营造产业发展良好环境

文化产业作为一种新兴的、战略性产业，需要由政府主导规划。广州市应深入实施"文化强市"战略，做好文化产业发

展的顶层设计，制定好产业发展战略规划，明确文化产业发展的总体部署、重点任务和保障措施。

政府要特别注重营造良好的产业发展环境。文化创意产业具有公共产品的属性，需要政府承担积极角色。考虑到广州文化产业发展实际，广州要突破传统政策局限，对于文化及相关产业的创新创意活动，政府都应该给予大力支持，从总体视野来制定发展政策，营造一种自由、开放、灵活的文化创意氛围，为广州文化产业发展保驾护航。同时，加大文化及相关产业的知识产权保护力度。文化及相关产业是典型的大脑经济、智慧经济，其核心竞争力是知识产权。如果没有完善的法律制度和高效的司法环境做保障，那么文化及相关产业的发展也就无从谈起。

二 真抓实干，加大文化创新型人才培养力度

作为一个新兴的产业，文化产业对知识和创意的依赖性较强，因此，文化人才的需求就显得更加迫切。在城市发展文化产业的过程中，高层次的文化人才是问题的关键所在。例如，全球领先城市伦敦市的文化创意产业的从业人员规模占比超过14%，这也是伦敦文化产业迅猛发展的关键所在。因此，加快文化产业创新发展，广州市必须把创意人才的培养和引进人才工作摆在突出位置，着力构建起比较完善的文化人才机制和政策体系，会聚一大批具有高水平、高层次、高素质的文化创新人才。

首先，营造一个适宜的良好人才环境，以便吸引和留住文化产业的优秀人才，尤其是那些既有深厚传统文化底蕴又具备宽阔国际视野的海归人才。

其次，重视本地文化产业人才的培养。在伦敦文化创意产业崛起的过程中，伦敦当地的教育机构，尤其是高等教育机构

所培养的大批高素质的创意人才发挥了主导性的作用。相对于伦敦而言，广州的本土文化人才相对不足，必须下大力气做好这方面的人才培养工作，以不断地提高专业方面的能力和水平，充实城市文化产业队伍。

最后，在文化产业高层次人才的培养方面，必须大力加强与海外相关高校和研究机构，尤其是要加强同伦敦、纽约、巴黎、东京等世界顶级文化创意产业城市的相关高校和研究机构的合作和交流，从而为本市培养出具有国际开阔视野的高品质人才。最终形成本市文化人才的高地，从而使得本市文化产业的发展后劲十足。

三 分工明确，政府与市场各司其职

对文化产业的发展壮大来说，政府与市场各司其职、分工明确十分重要。因为文化产品的特殊属性，政府必然承担部分基础文化设施的提供，而产业的创新和自发增长部分则应该由市场来满足。由于政府和市场的角色混乱，政府力量多、市场力量不足成为目前制约广州文化产业发展的明显短板和困境。因此，加强政府与市场的分工与合作，才能真正提升文化供给力量，满足文化消费需求新趋势、新特征，共同创造文化产业创新发展的新高度。对于政府来说，保障公共基本文化服务的政策、资金投入，给予宽松的营商环境，做好规范和监管，为文化创意产业发展保驾护航。对于市场来说，迅速对当前消费者的需求做出反应，积极地做出迎合市场需求的相关产品，提供高质量的文化产品和服务供给，真正发挥好广州文化资源优势，满足市场需求。

四 鼓励创新，重视文化产业融合发展

文化产业与其他产业融合发展，能够产生更高的附加值。

广州拥有良好的文化资源，且相关产业发达，尤其是金融、旅游、科技和服务业等。应尽快鼓励创新，重视文化产业与其他产业的融合发展，扩大文化产业的辐射力。增强文化产业与相关产业的融合，既能增加广州产业特色，也能带动文化及相关产业发展壮大，对于挖掘文化消费市场潜力意义重大。以旅游为例，当前世界著名的旅游目的地都伴有颇具特色的文化体验。广州如果能进一步拓展文化与旅游产业融合的深度和广度，既能增强旅游行业的竞争力，吸引更多的人来体验独特的广府文化，也能带动文化核心领域，如创意设计、内容创作等方面的创新，以多样性旅游消费需求为引导，不断激励广州文化产业自身发展壮大。

第九章 对策建议

第一节 中国城市文化产业创新发展 普遍存在的主要问题

以文化产业为代表的城市新兴高端产业，对城市的产业结构优化及其经济发展质量优化都有着非常重要的促进作用。因此，国内很多城市对文化及相关产业的发展壮大都给予了很高的关注度和重视度，专门制定了一系列的扶持政策和管理措施加大对文化及其相关产业的支持力度。应该说，当前国内城市的文化产业发展取得了不俗成绩，对城市经济发展发挥了积极作用。但也伴随许多亟待解决的文化产业共性问题，这必须引起城市管理者的充分重视。

一 文化产业结构发展不均衡

文化产业高质量发展作为推动国民经济高质量发展的重要方面，在满足人民群众对美好生活的期待方面发挥着重要效用。近年来，随着供给侧结构性改革的深入推进，国内城市的文化产业结构优化也得到了显著改进。但也面临文化产品和服务供给效率低下、供给质量不高的矛盾和显著问题，文化产业结构不平衡的短板十分突出，城市文化产业发展缺乏足够的主动性和积极性。具体来说，城市文化产业发展存在的问题主要表现在以下几个方面。

在文化产品和服务结构方面。首先是文化产品和服务的供给不充分。主要表现为城市文化产业文化产品的供给总量不足、增幅较缓、提速较慢等数量方面,以及文化创意创新发展不足、文化高端品牌缺失等质量层面,这一点与文化产业发达的国际先进城市差距十分明显。其次是文化产品和服务的供给和需求明显错位。随着国民大众的文化价值观日趋多元化,其文化消费需求的个性化、品质化特征越发突出,国内消费结构加速转型升级,居民消费需求不断呈现新趋势、新变化、新特点,当前城市文化产品的供给显得十分被动,不足以满足人民群众的美好生活需要。这在一定程度上导致文化资源的浪费和开发利用效率低下,最终影响了文化产品和服务的有效供给。最后,文化低端同质化产品过剩、高端产品供给不足,尤其是个性化、定制化文化产品和服务发展相对滞后。例如,网络文化选题高度同质化,不仅造成相关读者无优秀的文化产品可看,也整体上造成了整个网络文学作品质量的低层次化和粗糙化。

在文化产业结构方面。少数几个国内先进城市能够实现文化及相关产业的平稳健康发展,国内大部分城市的地区文化产业的低技术含量文化产业比重较高,仍然以资源消耗和数量扩张的文化产业传统发展模式为主,尤其是创新文化表现形式、运用现代化高科技手段改造提升传统文化产业的能力不高、水平较低。

在文化产业区域发展方面,呈现出东部远远领先于中西部的不平衡不协调发展趋势。文化产业已成为东南部地区的经济发展的重要支柱产业,而在中西部城市,文化产业增加值 GDP 占比仍然较低。

二 运行与保障机制有待完善

受历史因素影响,计划经济体制对城市文化产业发展产生了深刻影响，文化产业的发展受制于体制机制的制约，市场在文化产业发展中未能发挥充分作用。当前，各城市的文化产业运行体制机制还不够健全、完善，政府的财政税收、法律法规制度以及信贷制度等相关制度体系尚且滞后，在一定程度上阻碍了现阶段文化产业的发展壮大和产业创新。城市文化产业由于自身的发展限制，无法与其他产业间完美配合，暂未能满足城市高质量发展的现实需要。文化产业尚未形成长远的发展规划，发展机制和理念也相对滞后。此外，文化产业政策体系尚不健全。城市文化产业的发展离不开政策体系的支持，各城市根据自身发展需要出台了一系列的鼓励和支持文化产业发展的政策方针，但大部分仅仅局限在表层推广上，缺乏针对性和可操作性，并且部门政策制度等级不高。再就是文化立法相对滞后，尤其新兴业态的立法空白点较多，难以满足文化产业迅猛发展趋势和创造性的发挥。

三 产业跨界融合发展亟待加强

文化产业本身具有很强的产业渗透性和融合性。"文化+"是文化产业创新发展适应历史潮流的重要趋势。通过促进文化产业跨界融合，加快培育文化产业新业态、新模式、新趋势，延伸文化产业链，可以显著提高城市文化产业创新力和竞争力，实现文化产业又好又快发展。从国内城市文化产业发展实际看，文化产品数字化程度不高、数字化技术对传统文化产业的提升作用不够明显、文化资源优势不能很好地转化为产品优势，在一定程度上制约了文化产业的跨越式发展。同时，各城市文化及相关产业之间缺乏足够的联动效应和有机融合，相关产品的保值增值能力还很薄弱。比如说，按照国外的成功经验，国内动漫网游作品如果缺乏对相关文化资源的深入开发和联动发展，相关文化产品和服务的社会影响力及经济效益会受到深刻影响。

四 融资不足制约产业发展

任何一个产业要想高速发展，必须拥有较强的资本支持。当前，我国文化领域与其他行业一样，均存在不同程度的融资难、融资贵等问题，在一定程度上制约和影响着我国城市文化产业的创新发展。现阶段我国对于文化融资还停留在文化类知识产权方面的融资，对于难以量化评估的文化创意类项目或企业很难获得资本的青睐。同时，我国商业银行及其他金融机构为尽可能地降低贷款风险，在为文化类公司投放贷款时，仍然着重审核贷款公司的有形资产，不利于以轻资产为主的文化企业以低资金成本获取更多的贷款支持。此外，不少文化企业在创新创业初期，由于知名度一般与发展规模较小的局限性，使得自身的市场融资显得十分被动，不能及时获得融资支持。另外，文化创意产业的发展专项资金的杠杆作用发挥还不够充分，对创意项目或创意企业社会资本引导作用还不够充分。综合以上情况来看，文化企业融资难度大、创新创业资金不足的问题将成为我国城市文化产业创新发展的主要制约。

五 相关的专业人才严重短缺

文化产业高质量发展需要高质量的专业人才的持续投入。随着文化及相关产业体量逐步增长，文化相关的专业人才缺口问题越发凸显。这种文化人才缺口问题不仅表现在总量上不足，即相较于国际文化产业先进城市，国内城市的文化产业专业人才严重短缺，人才数量显著偏少；还表现在国内文化城市的区域分布、结构分布不均衡不协调。具体来说，当前，国内文化产业的高端人才多数分布在一线城市和新一线城市，而其他经济相对落后城市的文化人才严重不足。另外，国内城市的文化产业人才的架构和层次也存在不足，全球知名的文化高端人才十分匮乏，尤其是一些文化新业态新模式下的新兴人才规模还十分小，不能很好地满足国内城市文化产业创新发展的需求。

第二节 中国城市文化产业创新发展的对策分析

一 加快培育新型文化业态，助推文化产业结构优化升级

一是鼓励企业主动拥抱新技术，借助人工智能、5G 与大数据等新一代信息技术的新机遇、新趋势，一方面，深入改造提升城市传统文化产业业态的生产模式和经营方式，加快传统文化产业的改造升级速度；另一方面，借助"文化+科技"的融合发展模式，加快新技术在文化产业全产业链中的融合渗透，大力发展具有差异化、个性化特点和核心优势的文化产业新业态新模式，抢占文化产业与科技广泛融合的战略制高点。

二是重视文化产业内容的开发与创新。内容生产所带来的创新、创意和知识具有文化产业增长方式变革的文化链和资本链，因此，文化产业仍然要把内容作为核心竞争力的关键要素。借助现代信息技术创新，促进文化产业与旅游、教育、娱乐等关联性较强的文化相关产业的联动发展，大力发展高清视频、数字文化、电竞产业、文化创意等以内容创作为核心的、市场空间广阔、开发潜力大的新兴文化内容产业，激发高质量文化产品的有效供给。

二 以政策规划为方向，引领产业的创新发展

一是加强政策规划，完善顶层制度设计。在国内大循环、国内国际双循环的新发展格局下，各城市要制定实施好文化产业发展"十四五"规划和文化产业中长期发展规划，打造一批重大示范性项目，引领文化产业未来五年的创新发展。为了更

好地推进文化产业的发展，政府应当就政策、规划等方面进行完善，继续深化文化体制改革通过出台相关的法律法规，实现对产业的调控，以期为文化产业发展提供有力保障和支撑。

二是加强政策精准扶持，引导产业转型升级。针对新时期文化产业出现的新特点、新业态、新情况和新问题，及时修订完善现有的文化产业分项资金政策，有针对性地支持数字创意产业发展和新型园区建设。

三是构建良好的数字文化营商环境。进一步优化、完善城市公共文化服务体系建设，探索建立政府、企业等多个主体共同参与的公共文化服务机制。根据文化市场新趋势、新特点，适时完善相关的法律法规，加大对文化产业创新发展中的知识产业保护，加强对文化产业发展的动态监管，营造公开、公平、公正的文化产业创新发展环境。

三 以科技创新为着力点，助推文化产业数字化、智能化

一是加大文化共性技术研究投入力度，引导支持文化企业强化文化创新创意设计，加强内容生产、产品研发、数字创意等环节的研发力度。二是发挥5G等现代信息技术在文化产业中的创新应用，加快文化科技最新成果产品化、市场化，推动文化业态和模式创新，增强城市现代文化产业的核心竞争力。三是提高文化创新要素的聚集度，发挥文化科技产业园、高校、文化创意公司等机构和组织的创新能力，促进文化产业链条的自主优化和智能化发展。四是充分挖掘数字化转型和数字化消费的潜力，大力发展线上文化产业、线上文化消费等线上文化领域的新业态、新模式。聚焦文化领域的数据挖掘，主动适应多样化消费需求，为消费者提供广泛的数字化、智能化文化产品、文化服务和文化体验。

四 提高文化金融服务精准度，促进产业的健康快速发展

一是成立线上线下文化金融服务中心。依托文化金融服务的线下实体，吸引众多金融机构入驻，打造一站式文化金融服务超市，为文化企业提供政策咨询、投融资合作、业务交流与对接等便捷的一站式专业化服务。二是聚力延伸文化金融服务链条。聚焦文化创新创意企业，整合文化金融行业资源，畅通金融服务文化的产业链条和资本链，做到既为文创企业提供金融支持，各金融企业也能获得优质客户，全力打造文化金融服务链条。构建多元化文化金融投融资体系，探索金融资本、社会资本与文化资源、资产相结合的融资模式，为文化企业提供综合化金融服务。三是积极落实国家文化金融政策。在顶层设计上，制定出台文化金融方面的一系列扶持政策，从政策、资金、人才等方面加以支持引导，完善金融机构支持文创产业发展的风险补偿和政策激励。四是依托文化金融服务平台，强化文化与5G、金融产业的深度融合，打造综合性智能文化金融服务平台。

五 加强对创意产业人才的培养，完善文化产业人才激励机制

一是加大文化产业人才培养力度。文化产业要实现创新发展，人才资源是关键。当前，随着文化产业与高技术融合的程度不断加深，文化产业对专门人才的知识与能力结构的要求也越来越强，而且这种需求模式已成为国家和地区夺取文化产业未来发展制高点的重要制胜因素之一。各城市必须加快在培育和引进文化产业领域人才资源上进行顶层设计，鼓励文化企业加强与高职院校充分合作，加强国际文化人才交流，培育文化产业高端人才和复合型人才。

二是创新人才激励机制。留住文化创新人才的关键是重视物质激励和精神激励。加强对文化精英人才、创意人才、文化科技人才、管理精英等复合型文化创新人才的引进和支持，通过项目补助、绩效奖金、人才住房、子女教育、医疗配套等形式的物质激励手段吸引人才，通过充分尊重人才、关心人才、保障人才的合法权益等形式的精神激励真正留住人才，不断完善文化创新人才的管理和使用制度，充分调动文化创新人才的积极性、创新性。

参考文献

[1] 埃德娜·多斯桑托斯：《2008创意经济报告：创意经济评估的挑战，面向科学合理的决策》，三辰影库音像出版社2008年版。

[2] 卜敏现：《中国文化产业现状及发展战略研究》，硕士学位论文，燕山大学，2005年。

[3] 蔡尚伟、刘锐：《论新中国文化经济及文化产业政策的演变》，《思想战线》2010年第1期。

[4] 蔡新元、吴珍、唐思慈：《新加坡"设计之都"发展路径研究》，《城市建筑》2020年第34期。

[5] 曾贵：《基于文献综述的文化产业概念反思》，《创新》2010年第5期。

[6] 曾贵：《文化产业在经济危机中的抗衰性研究》，《哈尔滨市委党校学报》2010年第1期。

[7] 常凌翀：《文化产业的概念与分类》，《新闻爱好者》2013年第12期。

[8] 陈刚、佟宇竞、邹小华：《区域经济增长动力结构评价体系构建及评估——以广州市为例》，《生产力研究》2019年第3期。

[9] 陈新华：《香港文化产业及其对深圳的启示》，《特区实践与理论》2007年第4期。

［10］陈雪琴：《纽约产业的"里子"和"面子"》，《中国战略新兴产业》2020年第1期。

［11］丛海彬、高长春：《文化产业影响城市竞争力的机制分析》，《经济问题探索》2010年第4期。

［12］崔艳天：《重视平台化发展模式推动文化产业转型升级》，《行政管理改革》2018年第1期。

［13］戴艳萍、胡冰：《基于协同创新理论的文化产业科技创新能力构建》，《经济体制改革》2018年第2期。

［14］邓安球：《论文化产业概念与分类》，《湘潭大学学报》（哲学社会科学版）2008第5期。

［15］方宝璋：《略论中国文化产业的内涵与分类》，《当代财经》2006年第7期。

［16］高燕：《城市公共交通优先发展水平评价研究》，硕士学位论文，长安大学，2015年。

［17］龚大有：《江苏省经济转型与文化产业发展互动研究》，硕士学位论文，南京财经大学，2015年。

［18］郭琳媛：《我国电视综艺节目"三俗"问题及解决对策研究》，硕士学位论文，河南大学，2011年。

［19］郭梅君：《创意转型创意产业发展与中国经济转型的互动研究》，中国经济出版社2011年版。

［20］国际统计信息中心课题组：《国外关于文化产业统计的界定》，《中国统计》2004年第1期。

［21］韩璐：《城市文化产业多元融创研究——以韩国釜山市为例》，硕士学位论文，山东大学，2019年。

［22］郝挺雷：《科技创新视域下我国文化产业竞争力研究》，博士学位论文，华中师范大学，2017年。

［23］何勇军：《文化产业集聚模式及其机制研究——基于系统动力学的实证分析》，博士学位论文，天津大学，2013年。

[24] 何植民、陈齐铭：《新加坡文化产业发展政策及经验》，《中国社会科学报》2016年10月20日第6版。

[25] 胡彬：《文化产业促进城市发展的内容与途径》，《城市问题》2007年第7期。

[26] 胡惠林、王靖：《中国文化产业发展指数报告（CCIDI）》，上海人民出版社2013年版。

[27] 胡惠林：《文化产业发展与国家文化安全——全球化背景下中国文化产业发展问题思考》，《上海社会科学院学术季刊》2000年第2期。

[28] 黄巧华：《江西省文化产业政府管理对策研究》，硕士学位论文，合肥工业大学，2008年。

[29] 黄一璜：《韩国文化产业跨越式发展述评》，《湖北成人教育学院学报》2007年第1期。

[30] 黄正骊：《文化大都会2010伦敦文化战略的传播》，《时代建筑》2010年第6期。

[31] 贾佳、许立勇、李方丽：《区域文化科技融合创新指标体系研究》，《科技促进发展》2018年第12期。

[32] 《江泽民文选》第3卷，人民日报出版社2006年版。

[33] 解学芳：《基于科技创新的文化产业发展脉络研究》，《科技进步与对策》2008年第11期。

[34] 解学芳：《论科技创新主导的文化产业演化规律》，《上海交通大学学报》（哲学社会科学版）2007年第4期。

[35] 李凤亮、谢仁敏：《文化科技融合：现状·业态·路径——2013年中国文化科技创新发展报告》，《福建论坛》2014年第12期。

[36] 李建军、万翠琳：《文化创意产业与城市经济发展互动机制研究》，《上海经济研究》2018年第1期。

[37] 李江帆：《文化产业：范围、情景与互动效应》，《经济理

论与经济管理》2003 年第 4 期。

［38］李康化：《文化产业与城市再造——基于产业创新与城市更新的考量》，《江西社会科学》2007 年第 11 期。

［39］李雷霆：《农业企业孵化器运行机制及效用评价研究》，博士学位论文，重庆大学，2011 年。

［40］李艳平：《开封市文化产业园区开发模式探究》，硕士学位论文，河南大学，2015 年。

［41］李勇：《信访系统综合评价研究》，硕士学位论文，东北大学，2005 年。

［42］厉无畏：《创意产业与经济发展方式转变》，《社会科学研究》2016 年第 6 期。

［43］林拓：《世界文化产业与城市竞争力》，《马克思主义与现实》2003 年第 4 期。

［44］刘戈：《区域土地生态经济系统协调发展理论与实践研究》，博士学位论文，天津大学，2008 年。

［45］刘易斯·芒福德：《城市文化》，中国建筑工业出版社 2009 年版。

［46］陆添超、康凯：《熵值法和层次分析法在权重确定中的应用》，《电脑编程技巧与维护》2009 年第 22 期。

［47］栾晓梅：《文化产业政策与文化生态国内外研究述评》，《湖北社会科学》2013 年第 7 期。

［48］罗兵、温思美：《文化产业与创意产业概念的外延与内涵比较研究》，《甘肃社会科学》2006 年第 5 期。

［49］罗明义：《论文化与旅游产业的互动发展》，《经济问题探索》2009 年第 9 期。

［50］庞英姿：《新加坡文化产业发展的经验及启示》，《东南亚南亚研究》2013 年第 4 期。

［51］彭皋丽：《伦敦创意城市发展策略对秦皇岛市之启示》，

《经济师》2016年第5期。

[52] 彭翊：《中国省市文化产业发展指数报告》，中国人民大学出版社2015年版。

[53] 朴智渊：《延边地区文化产业发展研究》，硕士学位论文，延边大学，2013年。

[54] 钱兴成、陆强、王佳：《常用多指标综合评价方法述评》，载《中国水污染控制战略与政策创新研讨会会议论文》2010年。

[55] 施国芳、陈朝霞、周春儿等：《文化产业对上海城市经济转型发展的影响》，《浙江大学学报》（理学版）2016年第1期。

[56] 舒茂扬：《湖北省文化产业发展的问题与对策研究》，硕士学位论文，华中科技大学，2008年。

[57] 孙若风：《我国文化产业发展的政策基础与取向》，《前线》2015年第2期。

[58] 孙秀梅、侯士奇：《基于层次分析—模糊综合评价法的新旧动能转换绩效评价研究》，《山东理工大学学报》（社会科学版）2019年第1期。

[59] 万里：《关于"文化产业"定义的一些思考》，《湖南第一师范学报》2001年第1期。

[60] 汪海涛：《城市交通评价系统开发与设计》，硕士学位论文，沈阳建筑大学，2016年。

[61] 王晖：《世界城市文化科技融合之研究》，载《2012城市国际化论坛——世界城市：规律、趋势与战略选择论文集》2012年11月10日。

[62] 王丽岩：《黑龙江省文化产业发展中的问题与对策》，硕士学位论文，黑龙江大学，2010年。

[63] 王琳：《简析文化产业与城市发展的互动关系》，《天津社

会科学》2005年第5期。

［64］王猛、王有鑫:《城市文化产业集聚的影响因素研究——来自35个大中城市的证据》,《江西财经大学学报》2015年第1期。

［65］王文锋、何春雨:《中国文化产业政策研究》,云南人民出版社2015年版。

［66］王雪梅:《我国文化贸易逆差的原因及对策》,硕士学位论文,对外经济贸易大学,2011年。

［67］王雅霖:《民族文化产业生态化发展的理论与路径研究》,博士学位论文,兰州大学,2018年。

［68］王雅梅:《试析保护和发展文化产业对欧盟的重要意义》,《德国研究》2007年第2期。

［69］王艺媛:《同城化背景下宁镇扬文化产业协同发展研究》,硕士学位论文,扬州大学,2016年。

［70］王宇、罗荣华:《文化产业与经济增长关系的文献综述》,《北京印刷学院学报》2018年第6期。

［71］王志刚:《推进文化科技创新加强文化与科技融合》,《求是》2012年第2期。

［72］王资博:《文化强国战略下文化科技化的演进》,《求索》2013年第7期。

［73］翁旭青:《文化创意产业与地区产业结构优化的关联度研究——基于杭州市的实证分析》,《经济论坛》2015年第8期。

［74］吴明来:《城市文化产业对城市发展的影响研究》,硕士学位论文,福建师范大学,2014年。

［75］吴声声:《电力企业人因安全研究与应用》,博士学位论文,北京交通大学,2013年。

［76］吴忠泽:《科技创新:现代文化产业翱翔之翼》,《中国软

科学》2006 年第 2 期。

[77] 谢秋山、陈世香：《我国文化政策的演变与前瞻》，《中南大学学报》（社会科学版）2014 年第 4 期。

[78] 熊澄宇：《科技融合创新拓展文化产业空间》，《瞭望》2005 年第 7 期。

[79] 徐娟：《中国文化创意产业促进经济发展方式转变的机制与实现路径》，《改革与战略》2013 年第 10 期。

[80] 许红：《对新加坡文化建设的体会和思考》，《韶关日报》2012 年 11 月 3 日第 A03 版。

[81] 杨宇：《多指标综合评价中赋权方法评析》，《统计与决策》2006 年第 7 期。

[82] 尹宏：《发展创意文化产业 促进城市经济转型》，《宏观经济管理》2016 年第 3 期。

[83] 尹明明：《巴黎文化政策初探》，《现代传播》（中国传媒大学学报）2010 年第 12 期。

[84] 尤芬、胡惠林：《论技术长波理论与文化产业成长周期》，《上海交通大学学报》（哲学社会科学版）2007 年第 4 期。

[85] 于平、李凤亮：《文化与科技创新发展报告（2013）》，社会科学文献出版社 2013 年版。

[86] 于平：《全球化进程中的文化科技自觉》，《福建艺术》2010 年第 3 期。

[87] 余菲菲、张颖、孟庆军：《"文化—技术"融合视角下我国文化产业可持续发展研究》，《学术论坛》2013 年第 1 期。

[88] 詹美燕：《地方文化产业对区域竞争力的影响研究——以千岛湖"淳"牌有机鱼文化产业为例》，硕士学位论文，浙江大学，2011 年。

[89] 张曾芳、张龙平：《论文化产业及其运作规律》，《中国社

会科学》2002 年第 2 期。

[90] 张昌勇:《我国绿色产业创新的理论研究与实证分析》，博士学位论文，武汉理工大学，2011 年。

[91] 张成虎:《兰州市文化产业发展中的政府职能研究》，硕士学位论文，西北师范大学，2015 年。

[92] 张国:《伦敦文化创意产业发展对北京的启示》,《2011 京津冀区域协作论坛论文集》2011 年 9 月 4 日。

[93] 张晗:《批判与借鉴：欧美城市文化产业分析指标》,《深圳大学学报》(人文社会科学版) 2013 年第 5 期。

[94] 张惠丽、王成军、金青梅:《基于 ISM 的城市文化产业集群动力因素分析——以西安市为例》,《企业经济》2014 年第 4 期。

[95] 张涛:《基于成本效益分析的农网升级改造投资价值评估研究》，硕士学位论文，华北电力大学，2012 年。

[96] 张卫民、安景、文韩朝:《熵值法在城市可持续发展评价问题中的应用》,《数量经济技术经济研究》2003 年第 6 期。

[97] 张欣:《内蒙古文化产业"走出去"战略影响因素分析与对策研究》，硕士学位论文，内蒙古财经大学，2016 年。

[98] 张怡:《我国文化产业统计体系完善及发展趋势探讨》,《西部财会》2018 年第 9 期。

[99] 张瑜:《关于中国文化产业创新发展的几点思考》,《人民论坛》2014 年第 8 期。

[100] 赵志涛:《工业企业技术人员岗位技能培训转化效果研究》，硕士学位论文，山东大学，2010 年。

[101] 中国社会科学院文化研究中心:《2005—2006 年中国文化产业发展分析及建议》,《中国经贸导刊》2006 年第 6 期。

[102] 钟昌宝、魏晓平、聂茂林等:《一种考虑风险的供应链利

益两阶段分配法》,《中国管理科学》2010 年第 2 期。

[103] 周锦:《文化产业的创新体系和效率评价研究》,硕士学位论文,南京大学,2012 年。

[104] 周政:《创意产业价值链研究》,硕士学位论文,东南大学,2007 年。

[105] 朱毅、徐彦猛:《英国伦敦西区的文化创意产业重生与演变》,《北京文化创意》2018 年第 5 期。